W0306689

COLEX READER

COLEX

e-book gratuito en COLEX Online

- Acceda a la página web de la editorial **www.colex.es**
- Identifíquese con su usuario y contraseña (en caso de no disponer de una cuenta regístrese).
- Acceda en el menú de usuario a la pestaña "Activar Códigos" e introduzca el código que aparece en su libro.
- Una vez se valide el código, aparecerá una ventana de confirmación y su e-book estará disponible en la pestaña "Mis libros" en el menú de usuario.

Acceda a la legislación y jurisprudencia desde la versión e-book por cortesía del portal jurídico www.iberley.es

No se admitirá la devolución si el código promocional ha sido utilizado.

ADAPTACIÓN LOPD-GDD PASO A PASO

1ª EDICIÓN 2019

José Alejandro Veiga Mareque
Abogado
Especialista en nuevas tecnologías y protección de datos

Jéssica Fernández Lorenzo
Abogada
Especialista en nuevas tecnologías y protección de datos

COLEX 2019

Editorial Colex S.L., habilitará a través de la web www.colex.es un servicio online para acceder al texto con las eventuales correcciones de erratas. Además, como complemento a su libro, dispondrá de un servicio de actualizaciones operativo durante la vigencia de la edición adquirida.

© Editorial Colex, S.L.
Polígono Pocomaco, parcela I, Edificio Diana, portal centro 2,
A Coruña, 15190, A Coruña (Galicia)
info@colex.es
www.colex.es

SUMARIO

INTRODUCCIÓN

En los tiempos que corren, el ámbito de la privacidad y la protección de datos se presenta como uno de los principales desafíos a los que se enfrenta nuestra sociedad. A nadie se le escapa el hecho de que cada vez se digitaliza nuestra vida diaria en mayor proporción, desde el ámbito de nuestro ocio y tiempo libre (redes sociales o servicios de mensajería instantánea), hasta el aspecto profesional y de relaciones con nuestra empresa y los organismos de la Administración Pública.

Tal y como declara el legislador en la cuarta disposición del Preámbulo de la Ley Orgánica de Protección de Datos Personales y Garantía de los Derechos Digitales (en adelante, LOPD-GDD), Internet se ha convertido en una realidad omnipresente en la vida de todos los ciudadanos, lo que conlleva una serie de riesgos y oportunidades que el mundo de las redes puede proyectar sobre nuestra sociedad. Ello tiene una íntima relación con el interés en la defensa del derecho fundamental a la protección de datos de las personas físicas, de acuerdo con el mandato constitucional establecido en el artículo 18.4 de nuestra Carta Magna, y la indudable importancia y reconocimiento que debe ofrecerse a los nuevos derechos digitales.

Al objeto de dar respuestas efectivas a la necesidad de protección de los datos personas de las personas físicas (y no de las personas jurídicas, lo cual resulta relevante y será objeto de desarrollo más adelante), a nivel nacional y comunitario se han dictado diferentes normas con claro objetivo de confeccionar un marco regulatorio que limite los abusos que se puedan cometer sobre los datos de los ciudadanos. Sin embargo, no es nuestra voluntad realizar un análisis de cada una de las leyes que han regulado este ámbito en nuestro país y en la Unión Europea, sino ofrecer una aproximación práctica a la regulación de actual aplicación en nuestro país.

Además, cabe tener en cuenta que el ámbito de aplicación de la normativa aplicable sobre protección de datos tiene que ver, por regla general, con todo aquel tratamiento manual, automatizado o mixto que exista, con la exclusión de los tratamientos de datos de materias clasificadas, así como los efectuados por personas físicas en el ejercicio de actividades exclusivamente personales o domésticas y los tratamientos de datos de personas fallecidas.

No obstante, con respecto a los datos de las personas fallecidas, el artículo 3 de la LOPD-GDD otorga el derecho de acceso, rectificación o supresión a los familiares y herederos del causante, con la única excepción de que la persona fallecida lo hubiese prohibido expresamente o exista una prohibición legal, que en ningún caso afectará al acceso a los datos de carácter patrimonial de este. Cabe destacar que, en caso de que el fallecido sea un menor de edad, se proyectan estos derechos sobre sus representantes legales y, en su caso, por el Ministerio Fiscal. Situación que resultaría aplicable a las personas con discapacidad con la inclusión de los que hubiesen sido designados para el ejercicio de funciones de apoyo, si fuera el caso.

Así las cosas, lo que el lector encontrará en el presente trabajo tiene que ver con el conjunto de elementos prácticos que necesita conocer para entender el procedimiento de adaptación de una entidad privada a los preceptos y regulaciones de actual aplicación en nuestro país. Con ello, se deben tener en cuenta no solo las previsiones de nuestra LOPD-GDD, sobre la cual nos centraremos en el presente trabajo, sino que debemos mantener la vista fijada en todo momento en el Reglamento (UE) 2016/679 del Parlamento Europeo y del Consejo, de 27 de abril de 2016, relativo a la protección de las personas físicas en lo que respecta al tratamiento de datos personales y a la libre circulación de estos datos (más conocido como, y de aquí en adelante, RGPD). Recuérdese que el fundamento principal de nuestra norma nacional nace en la norma europea y, ante cualquier problema interpretativo o alcance de una disposición, será esta última la que revele la verdadera identidad o fundamento de la disposición y, en definitiva, la que oriente la aplicación práctica del artículo puesto en cuestión.

En las siguientes páginas valoraremos cada uno de los elementos que se deben entender para comprender el conjunto de circunstancias que determinan cómo se debe llevar a cabo la adaptación de una empresa a las disposiciones que le son de aplicación, así como la implantación de un Programa de Cumplimiento en el seno de la misma y, en definitiva, el fomento de una cultura de cumplimiento en materia de respeto a la privacidad a la protección de datos de carácter personal. Así, cada parte del presente trabajo está orientada a una fase o institución relevante dentro del procedimiento de adaptación, lo que consigue que se focalicen los elementos esenciales por separado y de forma gradual y ordenada. De este modo, se consigue un pleno entendimiento de cada concepto y, al mismo tiempo, se configura la explicación de un modo claramente formativo que habilita a cualquier profesional a poner en práctica el conocimiento adquirido en el tejido empresarial.

PARTE I.- ESTUDIO INICIAL DE LA ENTIDAD. NOCIONES BÁSICAS

BLOQUE I. Principios de protección de datos

1. Licitud, lealtad y transparencia

1.1. Licitud

Una de las primeras lecciones que deben quedar claras desde el inicio es que, en el ámbito de la protección de datos personales, existen unos principios rectores que deben integrar cada tratamiento y cada decisión en la que se vean involucrados estos. De esta manera, lo propio será abordar estas consideraciones, antes de entrar en materia eminentemente práctica, para que el lector se familiarice con todas las ideas que deben integrar la columna vertebral de cualquier labor relacionada con la privacidad.

Así, el primer principio al que debemos hacer referencia es el de **licitud**, de conformidad con el apartado a) del artículo 5.1 del RGPD, cuyo contenido se proyecta a lo largo de todo el articulado de nuestra LOPD-GDD. En efecto, parece lógico que cualquier tratamiento de datos de carácter personal deba ser llevado a cabo con observancia de su licitud, pues de otro modo estaríamos habilitando a cualquier empresario, responsable de los tratamientos, a recabar y utilizar nuestros datos a su libre criterio.

Por tanto, la licitud tiene que ver con que exista una justificación, suficientemente motivada, para poder llevar a cabo el tratamiento. Es decir, que se pueda explicar, en base a una norma o negocio concreto, que se van a recoger datos personales y se utilizarán para un fin determinado que no va a perjudicar o poner en peligro la integridad de la información personal que se haya recabado. Por tanto, antes de plantear cualquier tratamiento que pretendamos realizar, antes de pensar en el objetivo que queremos conseguir con él debemos pensar en si podemos justificarlo de alguna manera que se ajuste a la legislación vigente.

Para esta labor, el legislador ha estipulado los condicionantes del artículo 6 del RGPD, que nuestra LOPD-GDD no reproduce explícitamente, pero que igualmente se encuentra implícito en todo el texto normativo. Estos condicionantes a los que alude el precepto indicado son los siguientes:

- El interesado ha dado su consentimiento para el tratamiento de los datos con fines específicos.
- El tratamiento es necesario para la ejecución de un contrato en el que, o bien, el interesado es parte, o bien, para la aplicación de medidas precontractuales.

- El tratamiento es necesario para el cumplimiento de una obligación legal aplicable al responsable de tratamiento.
- El tratamiento es necesario para proteger intereses vitales del interesado o de otra persona física.
- En el tratamiento concurre interés público o se realiza en el ejercicio de poderes públicos.
- En el tratamiento concurre un interés legítimo en la figura del responsable o un tercero (siempre que no prevalezcan sobre los derechos e intereses del interesado).

De este modo, el primer paso que debe realizar cualquier empresario que pretenda llevar a cabo un tratamiento de datos personales es comprobar la licitud de sus planteamientos; esto es, deberá encajar dichas actividades en una o varias de las bases de legitimación citadas. Así, si no es capaz de encajar el tratamiento pretendido en alguna de aquellas, debe tomar una decisión preliminar: descartar el tratamiento o, en su defecto, modificarlo al objeto de adaptarlo a la normativa.

1.2. Lealtad y transparencia

Por lo que se refiere al mandato de **lealtad** y **transparencia** de los tratamientos, encontramos que se trata de dos conceptos íntimamente ligados entre sí que vienen a condicionar el modo en el que el tratamiento debe corresponderse con los intereses del interesado. Así, estos dos condicionantes vienen a exigir del responsable (empresario que pretende llevar a cabo el mismo) que se informe al interesado de la existencia del mismo y de sus fines, facilitando cuanta información complementaria sea necesaria para garantizar la lealtad de la información.

En efecto, por mandato del artículo 13.2 del RGPD, esta información se traduce en los siguientes extremos:

- Plazo durante el cual se conservarán los datos o, en su defecto, los criterios que se utilicen para determinar su plazo de conservación.
- La existencia del derecho del interesado a ejercitar cuantos derechos le otorgue la normativa.
- El derecho a retirar el consentimiento en cualquier momento (siempre que se haya basado en este extremo el tratamiento).
- El derecho a presentar una reclamación ante una autoridad de control.
- Se debe informar al interesado sobre si la comunicación de sus datos a otra entidad es un requisito necesario y si está obligado, el interesado, a facilitar los mismos.
- Solo en caso de que se lleven a cabo, se debe informar al interesado de las decisiones automatizadas que se llevarán a cabo con sus datos (con inclusión de la elaboración de perfiles).

Así, una vez se ha dado el primer paso tendente a encajar el tratamiento en alguna de las bases de legitimación que hemos visto anteriormente, el segundo paso preliminar consistirá en asumir que se deben cumplir los seis requisitos reseñados en este apartado al objeto de brindar una información adecuada, leal y transparente al interesado. Recuérdese que no solo es fundamental que el tratamiento sea lícito para poder llevarlo a cabo, sino que igualmente importante es que el interesado entienda esa licitud por la vía de la información sobre todos aquellos aspectos que integran el tratamiento.

Así las cosas, debe entenderse que todo lo dicho hasta aquí se corresponde con los primeros pasos que se deben realizar en la fase de planteamiento o proyecto del tratamiento. De esta manera, sin esta reflexión previa sobre los principios que deben regir un tratamiento, con toda seguridad, se derivará en una problemática de cumplimiento que corromperá la protección de los datos que lo componen y que supondrá un mayor coste el arreglo posterior que la prevención anterior.

Ejemplos prácticos

Ejemplo práctico 1

Si pretendemos llevar a cabo un tratamiento que tenga licitud gracias al consentimiento expreso del interesado, de nada servirá que le hagamos firmar un documento para recabar su autorización expresa al tratamiento si, previamente, no le hemos facilitado un dosier documental o electrónico con toda la información necesaria que le ayude a entender el tratamiento y decidir, libremente, si quiere que se realice.

Para estos casos, lo más sencillo para el empresario es indicar, en el propio documento a través del que se recaba el consentimiento, un extracto claro y completo de la información más relevante, acompañando el documento de una suerte de segunda capa informativa, que deberá ser entregada al cliente, al objeto de que este pueda comprobar todos los extremos que le resulten de interés.

2. Limitación de la finalidad y minimización de los datos

2.1. Limitación de la finalidad

Habiendo entendido que todo tratamiento de datos personales que se pretenda llevar a cabo tiene que ir de la mano de los principios de lealtad, transparencia y licitud, lo siguiente que se debe determinar es la limitación material de cada tratamiento; esto es, la finalidad y las limitaciones de esta.

Así, de modo paralelo a la comprobación de si en nuestro tratamiento de datos personales rigen los reseñados principios de lealtad, transparencia y licitud, se debe asociar la finalidad o finalidades previstas que se pretendan llevar a cabo. Nada impide que un mismo tratamiento lleve aparejada más de una finalidad, pero para que ello cumpla con la normativa se deben atender a ciertos condicionantes, a saber:

- Recoger los datos con fines determinados, explícitos y legítimos.
- En caso de que exista más de una finalidad, que las ulterior no resulten incompatibles con la primera y con los principios de lealtad, transparencia y licitud (los fines de archivo en interés público, fines de investigación científica e histórica o fines estadísticos no entran en la consideración de incompatibles).

De acuerdo con lo anterior, el lector debe ser consciente de que, de modo paralelo a la comprobación del cumplimiento de los principios reseñados anteriormente, se debe determinar concretamente hasta donde se van a tratar los datos que se pretenden recabar. Para esto, lógicamente, se debe asignar una finalidad principal a cada tratamiento y, en su caso, aquellas complementarias o accesorias que sean en todo caso compatibles con la principal y con la normativa de aplicación.

Ejemplos prácticos

Ejemplo práctico 2

Piénsese en el tratamiento de datos identificativos básicos que se realiza de un cliente en una tienda online. En este caso, se recaba su nombre completo, apellidos, domicilio, teléfono y dirección de correo electrónico.

Evidentemente, se recaban dichos datos con la finalidad de poder llevar a cabo una adecuada gestión de los pedidos del mismo, así como para mantener una línea de contacto efectiva con el interesado en las direcciones mencionadas. Sin embargo, puede ocurrir que esta tienda utilice estos datos, en asociación con los productos que suele adquirir en la tienda, para realizar sugerencias de futuras compras al cliente o personalizar el buscador, de acuerdo con sus intereses.

En este caso, en el mismo tratamiento existen dos finalidades que tienen pleno encaje en la normativa y que no son incompatibles entre sí, pues ambos son explícitos, legítimos y se encuentran determinados. Por el contrario, para que se pudieran considerar fines incompatibles, supongamos que, en lugar de observar los datos de compra para formular sugerencias a pie de página, cede los mismos a otra entidad que no tiene relación comercial alguna con los productos que comercializa la tienda online, al objeto de que aquella pueda entablar contactos publicitarios.

2.2. Minimización de los datos

Si bien la minimización de los datos tiene una clara relación con la limitación de la finalidad de los mismos, se trata de dos conceptos con ciertas proyecciones diferenciadas. Así, aunque la LOPD-GDD no contiene una definición expresa sobre el alcance de este principio, sí encontramos una en el artículo 5.1 del RGPD. En efecto, la letra c) del precepto indicado establece que cualquier tratamiento deberá contener datos personales que sean *"adecuados, pertinentes y limitados a lo necesario en relación con los fines para los que son tratados"*.

Con esta consideración, el legislador intenta poner ciertos condicionantes a la "carta blanca" de tratamientos. Si bien hemos entendido lo que supone la limitación de la finalidad, puede ocurrir que un tratamiento solo contemple una finalidad, determinada y legítima, pero que para la consecución de la misma se estén utilizando datos de un modo innecesario, desproporcionado o que, simplemente, no guarden relación alguna con los objetivos perseguidos por el responsable.

Por tanto, la enseñanza que debe extraerse de este principio tiene que ver con que no se podrá pedir cualquier dato personal que se le antoje al responsable en relación con el interesado. En este mandato deben incluirse aquellos tratamientos paralelos que se realicen con datos ya recabados para una distinta finalidad. Ilustraremos esta última idea con el ejemplo práctico que indicamos a continuación.

Ejemplos prácticos

Ejemplo práctico 3

Piénsese en el tratamiento de datos personales tendentes a organizar y gestionar adecuadamente el ámbito de facturación y contabilidad de una empresa. Evidentemente, el personal encargado de la gestión contable de la misma tendrá acceso a los datos identificativos del cliente que deben aparecer en la factura, sin que sea necesario, en principio, que ningún otro profesional tenga acceso a los mismos.

Esto supone que, ante una petición de otro departamento de estos datos para realizar un análisis del volumen de facturación y la cantidad de facturas que se han cobrado en un trimestre determinado, no serán necesarios los datos identificativos del cliente (nombre y apellidos, así como domicilio o teléfono de contacto). Por mandato del principio de minimización, basta con que se comunique a este otro departamento el listado con los datos estrictamente económicos, sin mostrar el interesado al que van asociados, pues para el objetivo pretendido no es necesario conocer la identidad y datos de contacto del cliente.

3. Exactitud de los datos

Otro de los pasos preliminares que deben darse cuando se está gestando un tratamiento consiste en la verificación de la exactitud de los datos que lo componen. Con ello se alude a la necesidad de que los datos que se manejen sean exactos y, si fuese necesario, actualizados. Ello, en consecuencia, supone relacionar este principio con el derecho a la rectificación y a la supresión de datos, cuyo contenido desarrollaremos en otro apartado del presente trabajo.

Lo que interesa ahora es destacar el hecho de que el mandato de exactitud de los datos supone que se deben adoptar todas las medidas necesarias para facilitar el ejercicio de los dos derechos señalados anteriormente. Aunque el incumplimiento de este mandato tiene ciertas limitaciones para el responsable, cuya concurrencia le exonerarían de responsabilidad en caso de inexactitud, siempre que haya adoptado las medidas para proceder a la supresión o rectificación pertinentes. Estas excepciones están previstas en el artículo 4.2 de la LOPD-GDD y con las siguientes:

- Que los datos hubiesen sido obtenidos por el responsable directamente del afectado.
- Que los datos hubiesen sido obtenidos por el responsable de un intermediario y el sector de actividad del responsable permita esta intermediación.
- Que el responsable haya obtenido los datos con ocasión de una portabilidad ejercitada por el interesado, recibiéndolos del anterior responsable.
- Que el origen de los datos recabados por el responsable sea un registro público.

Así, la idea que debe extraer el lector es que, por norma general, debe procurar que todos los datos que recaba del interesado sean datos exactos en el momento de recabarlos y, durante la vida del tratamiento, se mantengan actualizados. Solo podrá exonerar su responsabilidad por la inexactitud de los datos en los supuestos anteriormente señalados.

Ejemplos prácticos

Ejemplo práctico 4

Imagine una academia de idiomas que recaba datos de sus alumnos, menores de edad, y de sus padres o representantes legales. En este caso, la academia debe mantener un registro de dichos datos actualizado en todo momento, en el que consten los datos exactos de cada uno.

A la luz del principio de exactitud, debe incorporar una mención al respecto en la información que proporcione a sus alumnos en los que se especifique que cualquier alteración de los datos indicados debe ser comunicada (derecho de rectificación) en el plazo más breve posible. Igualmente, sería prudente que cada cierto tiempo se procediese a la verificación de que los datos continúan siendo los mismos, lo que podría realizarse cada vez que terminase una evaluación del curso o al inicio de cada uno, si el interesado continúa la relación comercial con la entidad.

4. Limitación del plazo de conservación

Además de la limitación material del tratamiento ya abordada anteriormente (la finalidad del mismo y la limitación de esta), existe otra limitación cuantitativa de los tratamientos, que no es otra que el contexto temporal por el que pueden perdurar. Es decir, se debe fijar un plazo temporal concreto para cada tratamiento que se pretenda realizar, debiendo informarse del mismo al interesado en el momento previo al inicio de aquel. Transcurrido este plazo, el responsable debe "despojarse" de los mismos, de modo que no sea posible la identificación del interesado más allá de dicho plazo temporal.

Las únicas excepciones a esta limitación temporal pueden proyectarse en dos vertientes:

- Que los datos se traten exclusivamente con fines de archivo en interés público, fines de investigación científica o histórica o fines estadísticos.
- Que exista una obligación legal de conservación de dichos datos.
- Que exista un mandato judicial que habilite la conservación de los datos durante más tiempo del diseñado al efecto.

Como se puede observar, la legislación no otorga un margen de actuación al responsable demasiado amplio, más bien al contrario. Antes de llevar a cabo cualquier tratamiento, se debe diseñar adecuadamente su ciclo de vida temporal, pues en la redacción de las cláusulas informativas para el interesado se debe hacer alusión expresa a este plazo. Para calcularlo, basta con analizar la entidad de la que se trate y la finalidad concreta de cada tratamiento, pues es posible que una entidad realice diversos tratamientos en los que cada uno tengo un plazo de conservación diferente.

En cualquier caso, en algunos tratamientos será posible indicar como plazo de conservación una fórmula similar a "el tiempo durante el que persista la relación comercial con el interesado" o "durante el plazo que dure la prestación de servicios con el cliente", por ejemplo. Y ello es así ya que existen ciertos tratamientos en los que no será posible delimitar concretamente el plazo de conservación, al menos en cuanto a plazo concreto.

Ejemplos prácticos

Ejemplo práctico 5

Piénsese en el tratamiento que realiza una tienda online, en la que te debes registrar como usuario para efectuar tu compra, de los datos identificativos y de contacto del cliente. Es evidente que, en la medida en que el usuario no se dé de baja de la plataforma, la empresa responsable podrá seguir conservando sus datos en tanto que continúa la relación contractual de prestación de servicios.

En este caso, en las políticas de conservación de los datos, se deberá indicar que serán conservados mientras se mantenga la relación comercial con el cliente y, en cualquier caso, durante los plazos que la normativa estipule según ciertos aspectos (véase el mandato de conservación de datos fiscales o contables, así como el plazo de un mes en el caso de las imágenes captadas por un sistema de videovigilancia).

5. Integridad y confidencialidad

Un aspecto fundamental que debe alumbrar en todo momento cualquier tratamiento de datos que se pretenda llevar a cabo es el de la integridad y confidencialidad aplicable al mismo. Esto quiere decir que, con anterioridad a poner en práctica el tratamiento, el responsable o encargado debe tener claro cómo garantizará la seguridad de dichos datos, incluida la protección contra el tratamiento no autorizado o ilícito, así como la protección frente a la pérdida, destrucción o daño accidental del soporte en el que se almacenen los mismos.

De este modo, cualquier tratamiento debe llevar aparejadas aquellas medidas técnicas y organizativas que sean necesarias para evitar una brecha de seguridad y, por tanto, una lesión en la integridad de los mismos. Además, se debe entender este deber de confidencialidad como un añadido al ya propio deber de **secreto profesional** que pueda existir en el responsable (véanse, por ejemplo, los abogados, médicos, psicólogos o asesores fiscales), de modo que actúa con identidad propia dentro del tratamiento que confeccione el profesional sobre el que pesa dicha obligación.

En la práctica, el deber de confidencialidad se debe fomentar dentro de las empresas y, en cualquier caso, debe quedar garantizado documentalmente. Para ello, lo conveniente es hacer firmar a todos los usuarios y partes involucradas en el tratamiento un contrato de confidencialidad, con expresa alusión a todos los condicionantes y obligaciones, de modo que el incumplimiento de lo estipulado en dicho contrato conllevará el nacimiento de responsabilidad civil al obligado.

A este respecto, el lector debe tener en cuenta que dicho deber de confidencialidad, en virtud del artículo 5.3 de la LOPD-GDD, no cesa con la finalización del tratamiento o la relación comercial con el responsable o encargado. Al contrario, este deber debe proyectarse de modo permanente, sin que quepa afirmar que, por llegar a término la relación del obligado con el responsable o encargado de tratamiento, se puedan difundir o comunicar los datos que se hubieren recabado de aquel.

6. En definitiva, responsabilidad proactiva

Habiendo llegado a este punto, el lector ya tiene conocimiento de los condicionantes y principios generales que rigen la protección de datos personales en nuestro país y a nivel comunitario y, como consecuencia, de los principios que debe observar cualquier responsable o encargado de tratamiento a la hora de diseñar los mismos. Cada uno de los tratamientos que realice cualquier entidad deben proyectar todos y cada uno de los elementos que hemos mencionado en el presente bloque. Así, la suma de todos ellos o, dicho de otro modo, la imagen que proyecta el conjunto de principios y condicionantes generales que hemos mencionado es lo que se denomina **responsabilidad proactiva**.

Si bien se trata de un concepto jurídico ciertamente indeterminado, tiene delimitaciones evidentes, como son todas aquellas conductas que contradigan lo dispuesto en la LOPD-GDD y el RGPD, así como cualquier otra normativa que resulte de aplicación y no sea observada correctamente. Por esta razón, es posible afirmar que la responsabilidad proactiva es un concepto en constante actualización y actividad, que debe proyectarse de manera constante durante toda la vida del tratamiento. De este modo, mientras sea posible comprobar la conducta diligente del responsable o encargado del tratamiento, no habrá problema síntoma alguno de incumplimiento ni materialización de riesgo de pronunciada gravedad.

BLOQUE II. Bases de legitimación

1. Consentimiento expreso

Sobre este extremo se debe aclarar que, en caso de optar por esta base de legitimación, tiene que quedar meridianamente claro que debe ser un consentimiento inequívoco y, lo más importante, expreso. Ello significa que debe traducirse en una *"manifestación de voluntad libre, específica, informada e inequívoca (...) mediante una declaración o una clara acción afirmativa"* (artículo 6.1 LOPD-GDD).

Por tanto, lo primero que debe entender el lector es que no cabrá, en ningún caso, el consentimiento tácito para legitimar un tratamiento que requiera consentimiento (que desarrollaremos más adelante) y, además, será necesario que se soliciten tantos consentimientos como finalidades tenga el tratamiento de datos pretendido.

Ejemplos prácticos

Ejemplo práctico 6

Si nuestra empresa recaba datos especialmente protegidos, como los datos de ideología o religión (piénsese en una asesoría fiscal que realice declaraciones de la renta para sus clientes), y pretende llevar a cabo campañas publicitarias a través de envíos promocionales, deberá recabar dos consentimientos expresos: el relacionado con el tratamiento principal (declaraciones de la renta ligadas a datos ideológicos) y para el accesorio (envío de publicidad).

2. Ejecución de contrato o aplicación de medidas precontractuales

Otra de las bases legales en las que fundamentar la licitud de un tratamiento de datos tiene que ver con la ejecución de un contrato o la aplicación de medidas precontractuales. Recuérdese que la base de legitimación de los tratamientos no se configura siempre en torno al consentimiento, sino que caben motivos alternativos que responden igualmente a la licitud de un tratamiento, como el que venimos explicando.

En efecto, siendo la más habitual de las expresadas en la normativa, cuando se contrata un servicio o un producto, la base de legitimación que fundamenta esa recogida de datos del cliente suele estar basada en la ejecución del contrato suscrito. Ello es así por la razón de que, si no se dispone de los datos del interesado, no se podrá ejecutar adecuadamente el servicio o producto contratado.

Ejemplos prácticos

Ejemplo práctico 7

Cuando se compra un producto en una tienda online, resulta evidente que tienen que administrar los datos básicos del interesado a los efectos de gestionar el pedido. Con estos datos nos referimos a nombre, apellidos, domicilio a efectos de entrega del producto, teléfono, datos bancarios (para el pago) y correo electrónico.

Este tratamiento de datos de clientes estaría legitimado por la ejecución de un contrato de prestación de servicios. Solo podría estar basado en el consentimiento expreso el ulterior tratamiento destinado a enviar publicidad por correo electrónico al cliente.

3. Obligación legal

En muchas ocasiones, sin duda ajenas a la voluntad del responsable o encargado de tratamiento, las entidades que efectúan tratamientos de datos personales deben conservar los datos que recaban de los interesados durante un tiempo superior al diseñado al inicio del tratamiento o, en su caso, recabar ciertos datos por obligación legal

Este concepto viene a hacer referencia a aquellas circunstancias que, por imperativo legal, obligan a las entidades a efectuar un determinado tratamiento de sus datos. Así, uno de los ejemplos prácticos que podemos aludir en este ámbito lo encontramos en la Ley 24/2002, de 11 de julio, de servicios de la sociedad de la información y de comercio electrónico (en adelante, LSSI), cuando en su artículo 25.2 indica, con respecto al ámbito de la contratación por vía electrónica, que las partes de un contrato electrónico podrán pactar la intervención de un tercero de confianza que está obligado a archivar en soporte informático *"las declaraciones que hubieran tenido lugar por vía telemática entre las partes por el tiempo estipulado que, en ningún caso, será inferior a* ***cinco años".***

Como puede deducir el lector, nada impedirá apoyar ciertos tratamientos en una combinación de esta base de legitimación con las dos referidas anteriormente. Lo importante es destacar que existen ocasiones en las que la legislación estatal obliga a recabar ciertos datos de los interesados sin necesidad de recabar consentimiento o basar el tratamiento en otra base de legitimación que esta.

4. Interés público

Revistiendo cierta similitud con la base de legitimación anterior, se diferencia de aquella en cuanto a la finalidad última para la que está prevista la obligación de tratamiento. Esto es, si bien se llevará a cabo el tratamiento concreto porque existe una obligación legal de hacerlo, la fundamentación de esta es el interés público que se debe proteger al realizarlo. A estos efectos, el lector comprenderá a la perfección este concepto con el ejemplo práctico que se incorpora a continuación.

Ejemplos prácticos

Ejemplo práctico 8

Imagínese el supuesto de una empresa de producción audiovisual que va a desarrollar un proyecto cinematográfico en el que están involucrados menores de edad. Se debe tener en cuenta que, al margen de los datos personales básicos e identificativos que se deben recabar del personal laboral y equipo para llevar a cabo el proyecto, se deberá recabar el certificado negativo del Registro Central de delincuentes sexuales de los trabajadores que vayan a estar en contacto con los menores de edad en el proyecto, toda vez que existe legislación estatal que obliga a efectuar este tratamiento.

5. Intereses legítimos

Por último, encontramos la base de legitimación fundamentada en la concurrencia de intereses legítimos en la persona del responsable del tratamiento o un tercero. Esta base de legitimación tiene una limitación material evidente: los interés y derechos y libertades del interesado, de modo que no podrá transgredirse esta frontera de tutela.

Si bien en la práctica suele malinterpretarse y acudir a esta base de legitimación como si fuese un cajón desastre, la realidad es que se debe acudir a este fundamento con mucha cautela y cono un criterio adecuado. Debe tenerse en cuenta, a este respecto, que la mera búsqueda de satisfacer un interés legítimo por parte de una entidad responsable o un tercero no es motivo suficiente que legitime el basar el tratamiento en esta razón.

Ejemplos prácticos

Ejemplo práctico 9

Piénsese en una empresa que recaba datos de sus clientes para gestionar la relación comercial con ellos, enviar los productos contratados y responder a las comunicaciones planteadas y que, sin base en el consentimiento expreso, comience

a enviar correos electrónicos publicitarios de productos de una empresa hermana que no tiene relación alguna con la finalidad para la que fueron recabados inicialmente. En este supuesto, no cabe atender a la existencia de un interés legítimo.

No obstante, existen otras circunstancias en las que sí estaría legitimado un tratamiento concreto en el interés legítimo del responsable, como las cámaras colocadas en los vehículos con el objetivo de obtener imágenes para aportar a un eventual litigio, la prevención del fraude o la transmisión de datos dentro de un grupo empresarial.

Esquemas

Esquema sobre estructura de las bases de legitimación

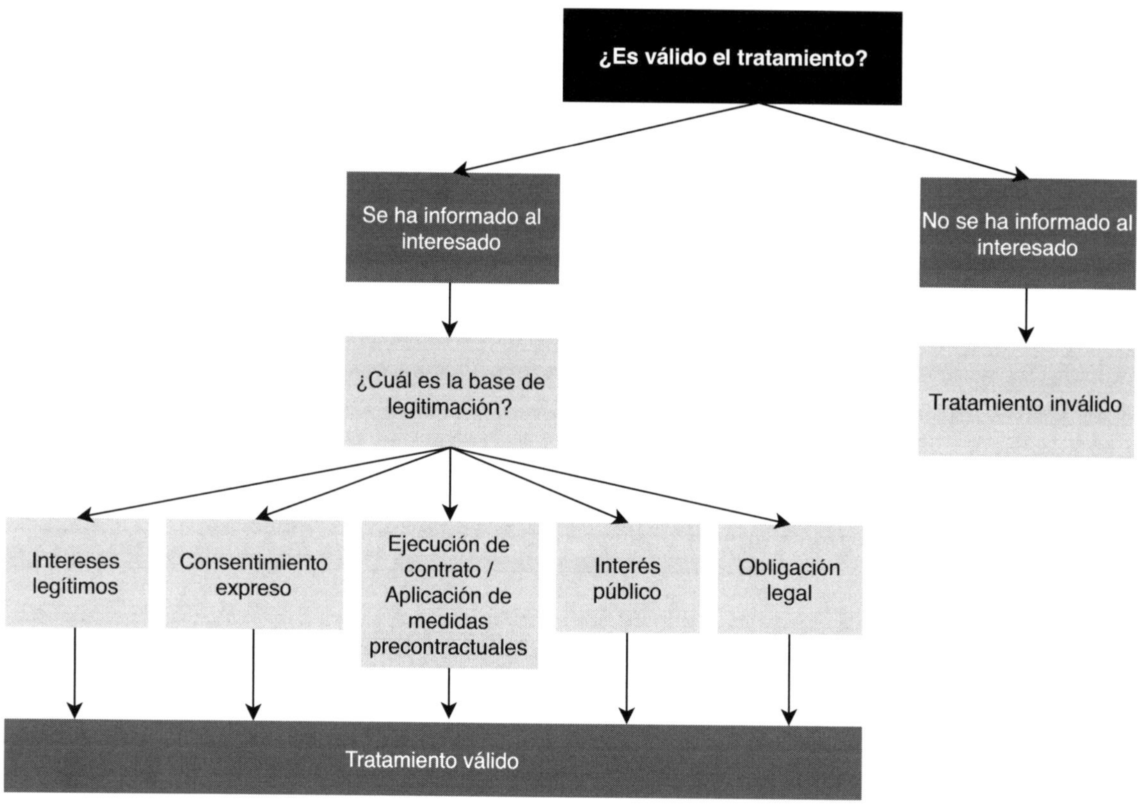

BLOQUE III. Responsable y encargado de tratamiento

1. Notas comunes

Una vez que hemos entendido los anteriores conceptos y principios rectores del derecho a la protección de datos de carácter personal, el lector estará preparado para comprender dos nuevos conceptos que hemos utilizado constantemente en nuestra redacción. Estos dos conceptos son los de responsable de tratamiento y encargado de tratamiento, con todas sus particularidades y condicionantes.

Así las cosas, conviene aclarar, desde el primer momento, cuál es el abanico de obligaciones generales de estas dos figuras (sin perjuicio de que entremos a desarrollar su contenido en otro apartado del presente trabajo), al objeto de que el lector se haga una idea del objeto principal de las labores propias de estas. Así, de conformidad con el artículo 28 de la LOPD-GDD, podemos afirmar que la obligación central de ambas figuras consistirá en:

- La determinación de las medidas técnicas y organizativas que resulten apropiadas.
- El mantenimiento del registro de actividades de tratamiento, en aquellos supuestos en los que exista obligación.
- Valoración sobre si procede o no la realización de una Evaluación de Impacto en la protección de datos (en adelante, EIPD).
- Valoración sobre si procede la realización de una consulta previa.

1.1. Contrato de encargo de tratamiento

Atendido lo anterior, el lector debe comprender claramente a qué nos referimos con los conceptos indicados y las diferencias funcionales y orgánicas que tiene cada uno. A este respecto, es muy importante que se confeccione un **contrato de encargo de tratamiento** entre ambas partes, al objeto de delimitar las obligaciones y derechos de cada una y proyectar la proactividad necesaria que debe regir este tipo de relaciones.

En efecto, al margen del contrato de prestación de servicios que pueda encontrarse suscrito entre ellos, se deben ofrecer garantías adicionales sobre la aplicación de las medidas de seguridad y control necesarias y que acredite, asimismo, que el tratamiento es conforme a los requisitos del RGPD y de la LOPD-GDD. Se trata de un documento que debe constar por escrito y en el que se deben identificar claramente a las partes implicadas y la duración de esa relación contractual que, por cierto, podrá establecerse con una vigencia cuantitativamente concreta o, en su defecto con una fórmula más amplia que enuncie una fórmula al estilo *"la duración del presente contrato se circunscribe a la duración en virtud de la cual permanezca la prestación del servicio"*.

En este contrato, en virtud de lo dispuesto en el artículo 28.3 del RGPD, se deberá estipular que el encargado de tratamiento llevará a cabo las siguientes actuaciones:

> a) Tratará los datos personales únicamente siguiendo instrucciones documentadas del responsable, inclusive con respecto a las transferencias de datos personales a un tercer país o una organización internacional, salvo que esté obligado a ello en virtud del Derecho de la Unión o de los Estados miembros que se aplique al encargado; en tal caso, el encargado informará al responsable de esa exigencia legal previa al tratamiento, salvo que tal Derecho lo prohíba por razones importantes de interés público.

b) Garantizará que las personas autorizadas para tratar datos personales se hayan comprometido a respetar la confidencialidad o estén sujetas a una obligación de confidencialidad de naturaleza estatutaria.

c) Tomará todas las medidas de seguridad y control necesarias

d) Solo podrá acudir a un sub-encargado de tratamiento si ostenta una autorización previa por escrito del responsable. Ante esta situación, se deberá suscribir un nuevo contrato de sub-encargo de tratamiento con las estipulaciones que venimos abordando hasta este punto.

e) Asistirá al responsable, teniendo cuenta la naturaleza del tratamiento, a través de medidas técnicas y organizativas apropiadas, siempre que sea posible, para que este pueda cumplir con su obligación de responder a las solicitudes que tengan por objeto el ejercicio de los derechos de los interesados.

f) Ayudará al responsable a garantizar el cumplimiento de las obligaciones generales que le atañen, teniendo en cuenta la naturaleza del tratamiento y la información a disposición del encargado.

g) A elección del responsable, suprimirá o devolverá todos los datos personales una vez finalice la prestación de los servicios de tratamiento, y suprimirá las copias existentes a menos que se requiera la conservación de los datos personales en virtud del Derecho de la Unión o de los Estados miembros.

h) Pondrá a disposición del responsable toda la información necesaria para demostrar el cumplimiento de las obligaciones establecidas en el presente artículo, así como para permitir y contribuir a la realización de auditorías, incluidas inspecciones, por parte del responsable o de otro auditor autorizado por dicho responsable.

2. Responsable de tratamiento

Teniendo en cuenta el abanico de obligaciones indicadas en el apartado anterior, se debe identificar al responsable de tratamiento con la propia entidad u organización que sea titular del registro de actividades de tratamiento que se estén llevando a cabo. Es decir, por regla general en el ámbito empresarial, se equipararía el responsable de tratamiento a la propia persona jurídica que ostenta la titularidad del tratamiento de los datos; esto es, la empresa que recaba los datos de los interesados para articular los tratamientos.

No obstante, conviene tener claro que para configurarse como tal es necesario mantener de modo directo relaciones con los interesados y utilizar los datos para la finalidad o finalidades previstas en el tratamiento que se ha diseñado. Ello es importante para distinguir las esferas propias de esta figura y la del encargado de tratamiento, que abordaremos en el siguiente apartado.

Ejemplos prácticos

Ejemplo práctico 10

En el tratamiento de datos necesarios para proceder a la prestación del servicio de envío por mensajería de un producto comprado en una tienda, el responsable de tratamiento sería la empresa que es titular de la tienda donde se ha efectuado la compra del producto, pues es quien decide la finalidad del tratamiento y recaba directamente los datos del interesado para dichos fines. La empresa de mensajería sería un encargado de tratamiento pues, al objeto de dar cumplimiento al servicio contratado, debe acceder a ciertos datos del interesado al objeto de finalizar la prestación de modo completo, pero no decide sobre la finalidad del mismo ni se relaciona directamente con el interesado.

3. Encargado de tratamiento

Como se puede deducir de lo indicado en el apartado anterior, el encargado de tratamiento también debe dar cumplimiento a las obligaciones generales de mantenimiento de un registro de actividades, incorporación de medidas de control al respecto, valoración sobre la procedencia de una EIPD o de una consulta previa con la Agencia Española de Protección de Datos (en adelante, AEPD).

Sin embargo, la posición que ocupa el encargado de tratamiento en la relación con el interesado es una instancia intermedia o complementaria del responsable, en tanto en cuanto le presta a este último un servicio destinado a la consecución de un objetivo previsto por el responsable. Por esta razón, no es posible considerar que se esté produciendo una comunicación de datos, según dispone el artículo 33.1 de la LOPD-GDD.

En efecto, como bien pudiera estar pensando el lector, el encargado de tratamiento es una tercera parte en la relación con el interesado. Así, por norma general, no forma parte de la estructura empresarial que recaba los datos y decide las finalidades del tratamiento, pero sí puede ser un proveedor de la misma o una subcontrata que le presta un determinado servicio.

En estos casos, aunque se presente como un tercero en la relación con el interesado, no dispone de la facultad de decisión sobre la finalidad de la información, que es el aspecto fundamental que diferencia a esta figura.

BLOQUE IV. Conceptos centrales

En un intento de condensar todo lo dicho hasta aquí y, asimismo, recopilar los principales conceptos que debe retener el lector para pasar a la siguiente parte del presente trabajo, aportaremos un listado con todas las definiciones de aquellos conceptos esenciales, al objeto de que sirva como guía de referencia ante cualquier duda en el desarrollo de siguientes explicaciones.

Así, en transcripción directa de lo dispuesto en el artículo 4 del RGPD (pues nuestra LOPD-GDD no contiene un apartado de definiciones organizadas), se enumeran los principales conceptos que el lector debe manejar a los efectos de entender la terminología propia del derecho a la protección de datos, la regulación de la privacidad y el cumplimiento normativo en esta materia.

Dichos conceptos son los siguientes:

- **Datos personales**: toda información sobre una persona física identificada o identificable («el interesado»); se considerará persona física identificable toda persona cuya identidad pueda determinarse, directa o indirectamente, en particular mediante un identificador, como por ejemplo un nombre, un número de identificación, datos de localización, un identificador en línea o uno o varios elementos propios de la identidad física, fisiológica, genética, psíquica, económica, cultural o social de dicha persona.
- **Tratamiento**: cualquier operación o conjunto de operaciones realizadas sobre datos personales o conjuntos de datos personales, ya sea por procedimientos automatizados o no, como la recogida, registro, organización, estructuración, conservación, adaptación o modificación, extracción, consulta, utilización, comunicación por transmisión, difusión o cualquier otra forma de habilitación de acceso, cotejo o interconexión, limitación, supresión o destrucción.
- **Limitación del tratamiento**: el marcado de los datos de carácter personal conservados con el fin de limitar su tratamiento en el futuro.

- **Elaboración de perfiles**: toda forma de tratamiento automatizado de datos personales consistente en utilizar datos personales para evaluar determinados aspectos personales de una persona física, en particular para analizar o predecir aspectos relativos al rendimiento profesional, situación económica, salud, preferencias personales, intereses, fiabilidad, comportamiento, ubicación o movimientos de dicha persona física.
- **Seudonimización**: el tratamiento de datos personales de manera tal que ya no puedan atribuirse a un interesado sin utilizar información adicional, siempre que dicha información adicional figure por separado y esté sujeta a medidas técnicas y organizativas destinadas a garantizar que los datos personales no se atribuyan a una persona física identificada o identificable.
- **Fichero**: todo conjunto estructurado de datos personales, accesibles con arreglo a criterios determinados, ya sea centralizado, descentralizado o repartido de forma funcional o geográfica.
- **Responsable del tratamiento**: la persona física o jurídica, autoridad pública, servicio u otro organismo que, solo o junto con otros, determine los fines y medios del tratamiento; si el Derecho de la Unión o de los Estados miembros determina los fines y medios del tratamiento, el responsable del tratamiento o los criterios específicos para su nombramiento podrá establecerlos el Derecho de la Unión o de los Estados miembros.
- **Encargado del tratamiento**: la persona física o jurídica, autoridad pública, servicio u otro organismo que trate datos personales por cuenta del responsable del tratamiento.
- **Destinatario**: la persona física o jurídica, autoridad pública, servicio u otro organismo al que se comuniquen datos personales, se trate o no de un tercero. No obstante, no se considerarán destinatarios las autoridades públicas que puedan recibir datos personales en el marco de una investigación concreta de conformidad con el Derecho de la Unión o de los Estados miembros; el tratamiento de tales datos por dichas autoridades públicas será conforme con las normas en materia de protección de datos aplicables a los fines del tratamiento.
- **Tercero**: persona física o jurídica, autoridad pública, servicio u organismo distinto del interesado, del responsable del tratamiento, del encargado del tratamiento y de las personas autorizadas para tratar los datos personales bajo la autoridad directa del responsable o del encargado.
- **Consentimiento del interesado**: toda manifestación de voluntad libre, específica, informada e inequívoca por la que el interesado acepta, ya sea mediante una declaración o una clara acción afirmativa, el tratamiento de datos personales que le conciernen.
- **Violación de la seguridad de los datos personales**: toda violación de la seguridad que ocasione la destrucción, pérdida o alteración accidental o ilícita de datos personales transmitidos, conservados o tratados de otra forma, o la comunicación o acceso no autorizados a dichos datos.
- **Datos genéticos**: datos personales relativos a las características genéticas heredadas o adquiridas de una persona física que proporcionen una información única sobre la fisiología o la salud de esa persona, obtenidos en particular del análisis de una muestra biológica de tal persona.
- **Datos biométricos**: datos personales obtenidos a partir de un tratamiento técnico específico, relativos a las características físicas, fisiológicas o conductuales de una persona física que permitan o confirmen la identificación única de dicha persona, como imágenes faciales o datos dactiloscópicos.

- **Datos relativos a la salud**: datos personales relativos a la salud física o mental de una persona física, incluida la prestación de servicios de atención sanitaria, que revelen información sobre su estado de salud.
- **Establecimiento principal**:
  - En lo que se refiere a un responsable del tratamiento con establecimientos en más de un Estado miembro, el lugar de su administración central en la Unión, salvo que las decisiones sobre los fines y los medios del tratamiento se tomen en otro establecimiento del responsable en la Unión y este último establecimiento tenga el poder de hacer aplicar tales decisiones, en cuyo caso el establecimiento que haya adoptado tales decisiones se considerará establecimiento principal.
  - En lo que se refiere a un encargado del tratamiento con establecimientos en más de un Estado miembro, el lugar de su administración central en la Unión o, si careciera de esta, el establecimiento del encargado en la Unión en el que se realicen las principales actividades de tratamiento en el contexto de las actividades de un establecimiento del encargado en la medida en que el encargado esté sujeto a obligaciones específicas con arreglo al RGPD.
- **Representante**: persona física o jurídica establecida en la Unión que, habiendo sido designada por escrito por el responsable o el encargado del tratamiento, co-represente al responsable o al encargado en lo que respecta a sus respectivas obligaciones en virtud del presente Reglamento.
- **Empresa**: persona física o jurídica dedicada a una actividad económica, independientemente de su forma jurídica, incluidas las sociedades o asociaciones que desempeñen regularmente una actividad económica.
- **Grupo empresarial**: grupo constituido por una empresa que ejerce el control y sus empresas controladas.
- **Normas corporativas vinculantes**: las políticas de protección de datos personales asumidas por un responsable o encargado del tratamiento establecido en el territorio de un Estado miembro para transferencias o un conjunto de transferencias de datos personales a un responsable o encargado en uno o más países terceros, dentro de un grupo empresarial o una unión de empresas dedicadas a una actividad económica conjunta.
- **Autoridad de control**: la autoridad pública independiente establecida por un Estado miembro.
- **Autoridad de control interesada**: la autoridad de control a la que afecta el tratamiento de datos personales debido a que:
  - El responsable o el encargado del tratamiento está establecido en el territorio del Estado miembro de esa autoridad de control.
  - Los interesados que residen en el Estado miembro de esa autoridad de control se ven sustancialmente afectados o es probable que se vean sustancialmente afectados por el tratamiento.
  - Se ha presentado una reclamación ante esa autoridad de control.
- **Tratamiento transfronterizo**:
  - El tratamiento de datos personales realizado en el contexto de las actividades de establecimientos en más de un Estado miembro de un responsable o un encargado del tratamiento en la Unión, si el responsable o el encargado está establecido en más de un Estado miembro.

  - El tratamiento de datos personales realizado en el contexto de las actividades de un único establecimiento de un responsable o un encargado del tratamiento en la Unión, pero que afecta sustancialmente o es probable que afecte sustancialmente a interesados en más de un Estado miembro.

- **Objeción pertinente y motivada**: la objeción a una propuesta de decisión sobre la existencia o no de infracción del presente Reglamento, o sobre la conformidad con el presente Reglamento de acciones previstas en relación con el responsable o el encargado del tratamiento, que demuestre claramente la importancia de los riesgos que entraña el proyecto de decisión para los derechos y libertades fundamentales de los interesados y, en su caso, para la libre circulación de datos personales dentro de la Unión.
- **Servicio de la sociedad de la información**: servicio prestado normalmente a cambio de una remuneración, a distancia, por vía electrónica y a petición individual de un destinatario de servicios[1].
- **Organización internacional**: una organización internacional y sus entes subordinados de Derecho internacional público o cualquier otro organismo creado mediante un acuerdo entre dos o más países o en virtud de tal acuerdo.

---

1 Todo ello a los efectos del artículo 1.1.b) de la Directiva (UE) 2015/1535 del Parlamento Europeo y del Consejo, de 9 de septiembre de 2015, por la que se establece un procedimiento de información en materia de reglamentaciones técnicas y de reglas relativas a los servicios de la sociedad de la información

PARTE II.- DERECHOS DEL INTERESADO

Una vez hemos abordado el conjunto de elementos centrales en el ámbito de la protección de datos, así como los principios básicos que debe regir cualquier tratamiento de datos con el interesado, procede abordar los elementos prácticos que se deben tomar en consideración a la hora de entender lo que conlleva ejercitar los derechos que la normativa otorga al interesado y cómo debe reaccionar la entidad ante la que se ejercitan los mismos. Así, en cada bloque analizaremos cada uno de los derechos que tiene el interesado, al objeto de facilitar una comprensión sistemática, individual y accesible al lector.

BLOQUE I. Transparencia e información

El primero de los derechos al que debemos hacer referencia es uno de los más fundamentales en toda la normativa sobre protección de datos. Como ya hemos introducido anteriormente, es muy importante otorgar toda la información sobre el tratamiento que se pretende realizar, en un momento previo al mismo, al interesado. Sin esta información, de ninguna manera podremos afirmar que se está actuando con atención a los principios de diligencia debida y proactividad.

Como igualmente hemos establecido, esta información relativa al tratamiento y a cómo se llevará a cabo, debe facilitarse de modo totalmente transparente y con un lenguaje claramente accesible al particular que ocupe la posición de interesado, con especial hincapié en la claridad del texto si la información va dirigida a interesados menores de edad.

Además, el método en el que puede facilitarse la información podrá ser por escrito, electrónicamente o, incluso, en modo verbal. No obstante, debe quedar claro que nuestra recomendación, siempre que sea posible, es otorgarla por escrito o tenerla accesible en cualquier momento, bien en un portal web o en un envío realizado al correo electrónico del interesado, y ello con carácter preferente con respecto a la metodología verbal de prestar el deber de información.

Con respecto a esto último, debemos tener en cuenta que, si bien la normativa permite proporcionar la información necesaria oralmente (véase lo dispuesto en el artículo 12.1 *in fine* del RGPD), no es aconsejable realizarlo de este modo debido a la obligación que tiene el responsable o encargado de tratamiento de proyectar evidencias sostenibles que prueben que se ha llevado a cabo esta acción. Recuérdese que no solo se debe centrar la labor en informar al interesado, que es el punto sobre el que debe pivotar todo el sistema, sino que igualmente importante es ser capaz de probar que se ha llevado a cabo de cara a futuras reclamaciones o auditorías de cumplimiento.

Así las cosas, procedemos, a continuación, a efectuar las consideraciones prácticas que se deben tener en cuenta a la hora de facilitar la información necesaria al interesado, clasificando esta problemática en dos bloques, a saber: según se obtengan los datos directamente del interesado y según aquellos otros supuestos en los que no es así. Téngase en cuenta que el deber de información, una vez confeccionado y diseñado el registro de tratamientos, es el primer contacto que debe proporcionarse al interesado, de ahí que resulte de suma relevancia aclarar todos los extremos.

1. Datos obtenidos del interesado

En este supuesto, cualquier responsable de tratamiento debe proporcionar al interesado, en el momento en el que se procede a recabar sus datos, la información básica que permita a este último la comprensión inequívoca de qué ocurrirá con sus datos una vez sean obtenidos por el responsable. Esta información básica, a la que podemos denominar "**primera capa**", debe ir acompañada de un enlace web o dirección de correo electrónico ante la cual consultar la "**segunda capa**" de información, que revestirá un carácter más exhaustivo y desarrollará a la primera, que desarrollaremos más adelante.

Así, la información básica que se debe facilitar en la primera capa tiene que abordar los siguientes apartados:

- **Identidad del responsable de tratamiento y, en el caso de que existiere, del representante de este.**

  Con esto nos referimos a la denominación social, o nombre si es autónomo, CIF o NIF, domicilio a efectos de notificaciones, número telefónico de contacto y correo electrónico de contacto.

- **Finalidad o finalidades del tratamiento.**

  Se debe explicar de modo sintético y sencillo cuáles son las finalidades del tratamiento de datos, con cierto detalle, pero no muy extenso (para esto estará la segunda capa de información).

- **Posibilidad de ejercicio de los derechos de acceso, rectificación, supresión, limitación del tratamiento, portabilidad y oposición.**

  Se debe indicar la posibilidad de ejercicio que tiene el interesado de los mismos y el medio preferente para hacerlo. Se debe tener en cuenta que la dirección permanente que hay que seguir para tomar este tipo de decisiones es la facilidad de acceso al mismo por parte del interesado, por lo que, si es posible enviar un correo electrónico, tendrá preferencia sobre el acudir presencialmente al establecimiento o enviar una carta por correo postal.

  En cualquier caso, siempre que sea posible, nuestra recomendación va orientada a habilitar más de una vía de ejercicio de estos derechos (presencial, correo postal y correo electrónico), de modo que se sitúa al interesado en el centro del tratamiento y el rápido acceso a las herramientas que necesita.

Además, para aquellos tratamientos en los que esté previsto que los datos del interesado se utilicen para la elaboración de perfiles, se deberá informar de este extremo y del derecho que tiene de oponerse a la adopción de decisiones individuales automatizadas que produzcan efectos jurídicos vinculantes sobre su persona.

Por otro lado, en conexión con lo dicho anteriormente, es necesario confeccionar la segunda capa de información y ponerla a disposición del interesado en papel, electrónicamente o con una locución telefónica. Todo ello dependerá del tipo de tratamiento que se esté realizando y la logística que utilice la entidad responsable para llevarlo a cabo.

Esta segunda capa deberá ampliar la información de la primera y añadir cuantos detalles sean necesarios para que de su lectura se extraiga toda la información que componga el tratamiento que se está consultando. Así, deberá estar compuesta igualmente por apartados o epígrafes separados que contengan toda la información desarrollada.

A continuación, exponemos los diferentes apartados que debería contener un buen dosier informativo en su segunda capa, de modo que se expondrá aquellos que se deben añadir y los que ya se han mostrado en la primera capa, pero con la información que se debe incorporar adicionalmente:

- **Responsable**: identidad y datos del responsable y, si lo hubiese, del representante. Asimismo, si lo hubiese, datos de contacto del Delegado de Protección de Datos (dirección postal y electrónica).
- **Finalidad**: se informará sobre los fines del tratamiento, de modo que, si son diversos, se deben separar y explicar detalladamente. No se puede permitir diseñar explicaciones de finalidad sumamente genéricas o poco específicas.
- **Legitimación**: se debe especificar cuál es la base de legitimación del tratamiento, de las analizadas con anterioridad en el presente trabajo. Además, se debe incorporar alguna referencia concreta que apoye la base que se trata (contrato, normativa que obliga el tratamiento, norma que va ligada al interés público o el interés legítimo concreto del responsable).
- **Destinatarios (opcional):** solo se debe incluir este apartado si el responsable ha previsto la cesión de los datos del interesado a otras entidades. Igualmente, a modo de recomendación, se podrían incorporar aquí las referencias a los encargados de tratamiento que pudiesen concurrir, así como posibles transferencias internacionales o adhesiones a códigos de conducta o mecanismos de certificación.
- **Derechos**: alusión a todos los derechos que ostenta el interesado, así como la metodología o medio a través del cual puede ejercerlos. Asimismo, se debe aludir a la posibilidad, siempre que hayamos elegido el consentimiento como base de legitimación, de retirarlo, así como de presentar una reclamación ante la Autoridad de Control pertinente (en nuestro caso, la AEPD).
- **Procedencia (opcional):** si los datos no se obtienen directamente del interesado, se debe indicar con claridad de qué entidad u organización se han obtenido, así como la tipología de datos que se tratan, con especial referencia a si se tratan o no datos especialmente protegidos.

2. Datos no obtenidos por el interesado

En el supuesto de que los datos que vayan a formar parte del tratamiento no se hubiesen obtenido de modo directo del interesado, el artículo 11.3 de la LOPD-GDD establece, siguiendo igualmente el criterio de la doble capa informativa, que la información que debe proporcionarse al interesado en la primera capa será la misma que para el supuesto anterior, pero añadiendo la categoría de los datos objeto de tratamiento y las fuentes de procedencia de los mismos.

Como se puede apreciar, la categoría de los datos tratados y las fuentes de procedencia, en el supuesto de que se recaben directamente los datos del interesado, se deben proporcionar en la segunda capa. Sin embargo, en el caso que aquí nos ocupa, lo incluyen en la primera dosis informativa que debe efectuarse sobre el interesado, toda vez que es fundamental que sea consciente de la entidad que ha comunicado o cedido los mismos y, en concreto, qué datos se manejan del interesado. Ello tiene lógica en la medida en que, al no comunicarlos este último al responsable, debe ser consciente en todo momento de la información que se va a manejar y más en aquellos supuestos en los que debe autorizar expresamente el tratamiento.

Esquemas

Esquema sobre metodología de información al interesado

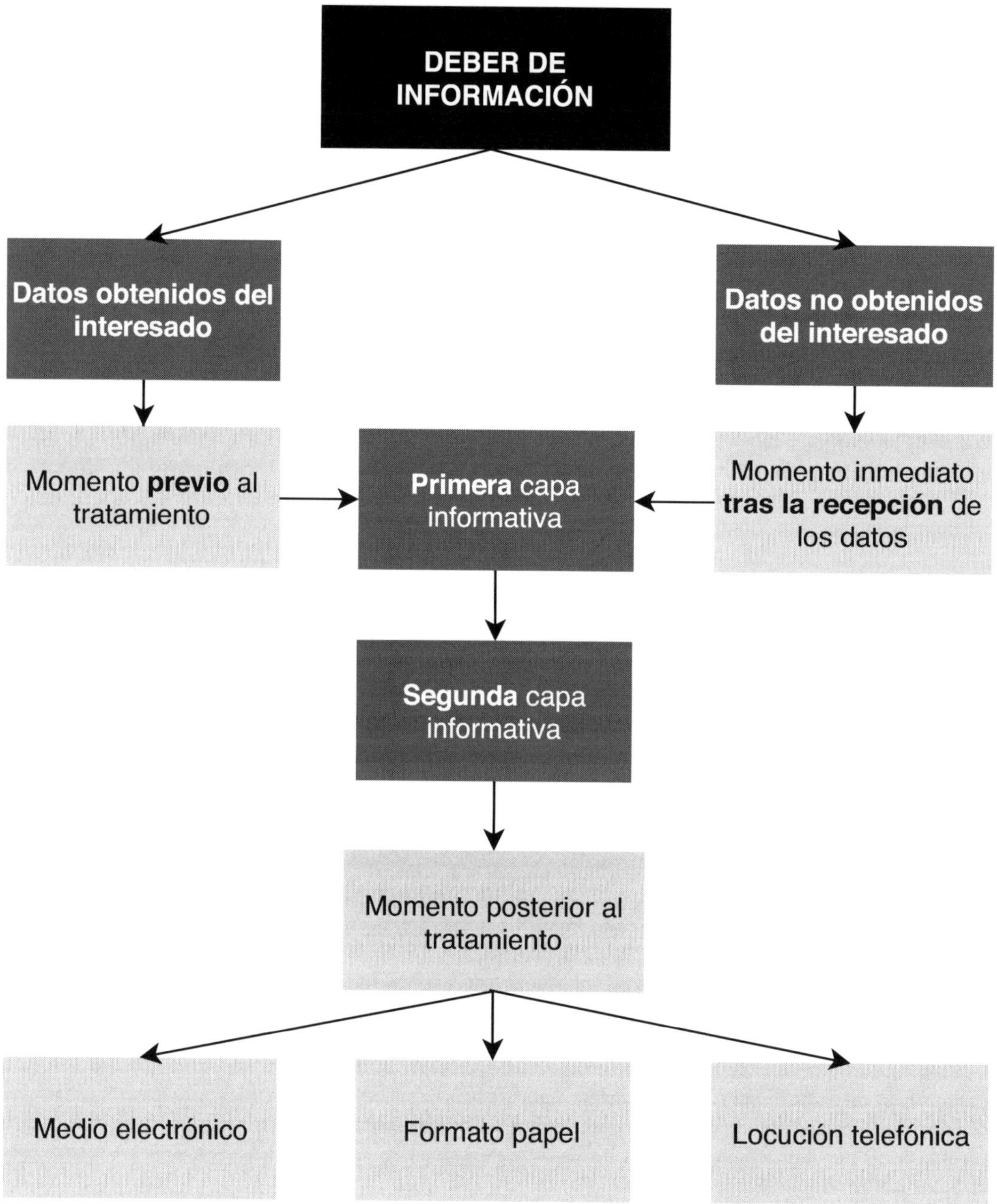

BLOQUE II. Derechos ARSO y algo más

En este punto de la obra, el lector es plenamente consciente de todos los elementos necesarios para comenzar el proyecto de diseñar y pensar los tratamientos de datos que pretenda realizar en su entidad, así como las cautelas y principios que deben regir los mismos. Sin embargo, antes de entrar directamente en el terreno material de la llevanza y gestión de un sistema orientado a la protección de datos, cabe mencionar todos los derechos que la normativa confiere al interesado, de cara a que se tenga conocimiento de la metodología que se debe seguir con los mismos, además del contenido y las especialidades de cada uno. Estos derechos son conocidos como los derechos ARSO, aunque actualmente sus siglas se queden cortas con respecto al abanico de derechos que integran[2].

Así, con carácter previo a la valoración individual de cada uno de ellos, se deben indicar ciertas notas prácticas a tener en cuenta a la hora de encajar correctamente el ejercicio de los mismos, tanto por el responsable como por el encargado. Estas notas tienen que ver con plazos comunes, metodologías y demás vicisitudes que resulten aplicables a todos ellos.

1. Notas prácticas comunes

Para comenzar, cabe despejar la incógnita sobre quién ostenta la **legitimación activa** para el ejercicio de los derechos que desarrollaremos a continuación. En este caso, quienes están legitimados para el ejercicio de estos derechos son el propio interesado o su representante legal o voluntario, debidamente acreditado en el momento del ejercicio con el documento que pruebe este extremo y la fotocopia del DNI del primero.

Por otro lado, debe quedar meridianamente claro que quién ostenta la **legitimación pasiva** para la resolución de este tipo de solicitudes es el responsable del tratamiento, sin perjuicio de que el encargado del mismo pueda recibir y tramitar sus solicitudes de derechos, siempre que este extremo se haya previsto en el contrato de encargo correspondiente. En caso contrario, si recibe su solicitud debe remitirla al responsable a la mayor brevedad.

Por lo que respecta al plazo de resolución de este tipo de solicitudes, se debe tener claro que se trata de **un mes**, por regla general. Este plazo se cuenta a partir de la recepción efectiva de la solicitud realizada por el interesado. Excepcionalmente, se podrá ampliar a dos meses más si la solicitud reviste cierta complejidad o existe un número reseñable de solicitudes en concurrencia.

Sobre este extremo se debe tener mucha cautela, pues es frecuente que se cometan errores de cálculo en la práctica empresarial. En efecto, el plazo de un mes para la resolución de los mismos es improrrogable y debe darse una respuesta en dicho plazo. Puede tratarse de una respuesta estimando la petición del interesado, desestimando la solicitud del interesado o, conforme hemos indicado, indicando que procederá al estudio de la solicitud y necesita ampliar el plazo de resolución. Así, lo relevante es que se comprenda que se debe dar una respuesta motivada en el plazo de un mes, con independencia del contenido de esta.

Otro aspecto relevante a tener en cuenta es que el ejercicio de todos los derechos que la ley confiere al interesado es de **carácter gratuito**. Por regla general, no se podrá solicitar tasa alguna al respecto. Excepcionalmente, siempre que las solicitudes sean manifiestamente infundadas o excesivas (por ejemplo, que tengan carácter repetitivo[3] o que el único objetivo de la petición sea torpedear la logística del responsable y ello se deduzca claramente del procedimiento), se podrá cobrar un canon proporcional a los costes soportados o, en su defecto, negarse a actuar. En cualquier caso, cualquiera de las decisiones posibles debe estar suficientemente motivada.

---

2 Con el anterior régimen de protección de datos que existía en nuestro país, esto es, la derogada Ley Orgánica 15/1999, de 13 de diciembre, se reconocían al interesado los denominados derechos ARCO. Sus siglas responden a la relación de derecho de acceso, rectificación, cancelación y oposición. Sin embargo, con el actual régimen de la LOPD-GDD en conexión con el RGPD, el abanico de derechos del interesado se ha ampliado y se ha modificado la denominación a ARSO. Actualmente, en sus siglas se relacionan los derechos de acceso, rectificación, supresión y oposición, en conjunción con la limitación, portabilidad y no ser objeto de decisiones individuales automatizadas, según se desarrolla en el presente trabajo.

3 A los efectos de entender cuándo debe considerarse repetitiva la solicitud, el artículo 15.3 de la LOPD-GDD establece que se considerará de tal manera cuando se repita la solicitud del derecho *"en más de una ocasión durante el plazo de seis meses, a menos que exista causa legítima para ello"*.

Igualmente, el responsable está obligado a informar sobre los diferentes medios que existen para el ejercicio de tus derechos (con carácter previo al tratamiento, por regla general), teniendo en cuenta que dichos medios serán accesibles en todo momento para el interesado. Ello es importante de cara a tener en cuenta que no se podrá denegar ninguna solicitud de derechos por el mero motivo de que no se opte por el medio establecido al efecto.

A estos mismos efectos, si el interesado hace uso de un medio concreto para el ejercicio de sus derechos, por ejemplo, el correo electrónico, se debe responder a su solicitud por este medo, preferiblemente y con la única excepción de que el interesado no indique lo contrario o solicite la resolución por un medio diferente, expresamente.

Ejemplos prácticos

Ejemplo práctico 11

En la información proporcionada por el responsable, el interesado no percibe una dirección de correo electrónico para ejercitar su derecho a la supresión, lo cual le resulta poco accesible, pues el único medio proporcionado es el envío de un correo postal y el acudir presencialmente al establecimiento. Sin embargo, navegando en la página web del responsable, comprueba en su política de privacidad que existe una dirección de correo electrónico informativa y envía la solicitud correctamente cumplimentada a dicha dirección.

La actitud adecuada en este caso es captar dicha solicitud y remitirla al departamento responsable de la resolución de estas solicitudes, sin perjuicio de que no sea el correcto al efecto y de las aclaraciones que se puedan hacer al interesado. En ningún caso puede dejar sin resolver la petición.

2. Derecho de acceso

Atendidas las notas prácticas que son de común aplicación a todo el abanico de derechos del interesado, enfoquemos nuestra explicación en los derechos concretos por separado. A estos efectos, comenzaremos con el derecho de acceso, por su posición preferente en la redacción de la normativa de aplicación y por las especialidades que presenta.

Este derecho viene regulado por el artículo 13 de la LOPD-GDD, en cuyo contenido se remite a lo dispuesto por el artículo 15 del RGPD. En este último precepto se responde a la cuestión relativa al contenido de este derecho. Así, en el momento que un responsable reciba una solicitud de acceso del interesado, la respuesta que deberá otorgar a esta petición tiene dos vertientes: en primer lugar, debe confirmar o negar la existencia del tratamiento de los datos del interesado uy, en segundo lugar, y solo para el caso de que se haya respondido afirmativamente, debe proporcionar toda la información que pueda afectar al tratamiento. A estos efectos, la información que deberá proporcionar al interesado debe abarcar los siguientes aspectos, según el tenor literal del referido artículo 15.1:

a) los fines del tratamiento;

b) las categorías de datos personales de que se trate;

c) los destinatarios o las categorías de destinatarios a los que se comunicaron o serán comunicados los datos personales, en particular destinatarios en terceros u organizaciones internacionales;

d) de ser posible, el plazo previsto de conservación de los datos personales o, de no ser posible, los criterios utilizados para determinar este plazo;

e) la existencia del derecho a solicitar del responsable la rectificación o supresión de datos personales o la limitación del tratamiento de datos personales relativos al interesado, o a oponerse a dicho tratamiento;

f) el derecho a presentar una reclamación ante una autoridad de control;

g) cuando los datos personales no se hayan obtenido del interesado, cualquier información disponible sobre su origen;

h) la existencia de decisiones automatizadas, incluida la elaboración de perfiles y, al menos en tales casos, información significativa sobre la lógica aplicada, así como la importancia y las consecuencias previstas de dicho tratamiento para el interesado.

Sobre este derecho, cabe tener en cuenta que para entender otorgado este derecho basta con que el responsable le facilite el acceso a la información indicada de modo directo, remoto y seguro, sin que sea estrictamente necesario que le remita una copia en un formato determinado, como el papel, de los datos en su poder, por regla general.

3. Derecho de rectificación

Se trata de uno de los derechos de más sencilla explicación práctica, pues simplemente tiene que ver con la necesidad de mantener los registros de tratamientos con los datos del interesado exactos y plenamente actualizados.

En este sentido, el que un interesado solicite el derecho de rectificación supone que desea modificar ciertos datos que constan en los ficheros del responsable. De esta manera, una solicitud de rectificación deberá contener la relación detallada de los que se solicita su actualización o modificación, así como la corrección que deba realizarse.

Con carácter adicional, es conveniente que se acompañe la solicitud con documentos que acrediten los cambios. Por ejemplo, si se solicita la rectificación sobre el cambio de un domicilio, se podría aportar un certificado de empadronamiento o documento similar que acredite este extremo.

4. Derecho de supresión

El tercero de los derechos que le corresponden a cualquier interesado tiene que ver con la antigua cancelación de sus datos, que con la nueva normativa pasa a denominarse supresión. Tiene que ver, fundamentalmente, con la eliminación de cualquier registro de datos del interesado que pueda permitir su identificación por parte del responsable. Así, en términos llanos, sería algo como la eliminación total de sus datos.

De este modo, en el momento en el que el interesado ejercite este derecho, el responsable debe proceder en plazo a resolverlo, indicando la procedencia o no de su eliminación y, en caso afirmativo, realizarla. Así, las circunstancias en virtud de las que se puede materializar este derecho, expuestas en el artículo 17.1 del LOPD-GDD, son las siguientes:

a) los datos personales ya no sean necesarios en relación con los fines para los que fueron recogidos o tratados de otro modo;

b) el interesado retire el consentimiento en que se basa el tratamiento de conformidad, y este no se base en otro fundamento jurídico;

c) el interesado se oponga al tratamiento y no prevalezcan otros motivos legítimos para el tratamiento;

d) los datos personales hayan sido tratados ilícitamente;

e) los datos personales deban suprimirse para el cumplimiento de una obligación legal establecida en el Derecho de la Unión o de los Estados miembros que se aplique al responsable del tratamiento;

f) los datos personales se hayan obtenido en relación con la oferta de servicios de la sociedad de la información.

No obstante, el lector debe ser consciente de que existen supuestos excepcionales en virtud de los cuales el responsable puede denegar la petición de supresión del interesado. Por tanto, si en el supuesto concreto concurren alguna de las causas que expondremos a continuación, establecidas en el artículo 17.3 de la misma normativa anterior, podrá denegar el derecho solicitado.

Estos **motivos de denegación** son los siguientes:

a) para ejercer el derecho a la libertad de expresión e información;

b) para el cumplimiento de una obligación legal que requiera el tratamiento de datos impuesta por el Derecho de la Unión o de los Estados miembros que se aplique al responsable del tratamiento, o para el cumplimiento de una misión realizada en interés público o en el ejercicio de poderes públicos conferidos al responsable;

c) por razones de interés público en el ámbito de la salud pública;

d) con fines de archivo en interés público, fines de investigación científica o histórica o fines estadísticos, en la medida en que el derecho pudiera hacer imposible u obstaculizar gravemente el logro de los objetivos de dicho tratamiento;

e) para la formulación, el ejercicio o la defensa de reclamaciones.

Adicionalmente a lo señalado en este punto, se debe tomar en consideración que es posible que en algunas ocasiones en las que el interesado ejerza el derecho de supresión no se pueda estimar de modo absoluto, no por la concurrencia de alguna de las causas de denegación señaladas anteriormente, sino por la concurrencia con la figura del bloqueo de los datos. Así, puede ocurrir que un interesado solicite la supresión de sus datos, pero que estos deban conservar (aun parcialmente) por una prescripción legal al respecto (véanse, por ejemplo, la obligación de conservación de documentación fiscal o contable, o los contratos suscritos entre las partes).

4.1. Derecho al olvido en búsquedas de Internet

Dentro del derecho a la supresión de los datos personales del interesado, gracias a la incorporación en nuestra LOPD-GDD del Título X relativo a la garantía de los derechos digitales, no se puede perder de vista la relevancia que la supresión tiene en el entorno digital. Con esto nos estamos refiriendo al ya tan conocido **derecho al olvido**.

Por lo que se refiere a la cuestión sobre qué implica el ejercicio de este derecho, cabe indicar que supone la petición de eliminación de los enlaces que contengan los datos personales del interesado que aparezcan en las listas de resultados de los motores de búsqueda que se encuentren disponibles en Internet. De este modo, si la entidad del responsable publica imágenes o nombres de sus interesados, es evidente que con una búsqueda introduciendo los parámetros concretos, se puede localizar. Imagine a este respecto una academia de idiomas con fotos de sus alumnos, listados de asistentes a ciertos eventos culturales u otras circunstancias similares.

Para que este derecho se pueda estimar, es necesario que concurran los siguientes condicionantes:

- Inadecuados.
- Inexactos.
- No pertinentes.
- No actualizados.
- Excesivos o que hubiesen devenido en excesivos por el transcurso del tiempo y la naturaleza e interés público de la información.

Asimismo, es necesario que el lector sea consciente de que existen modos alternativos de proceder a la estimación de este derecho, no siempre eliminando absolutamente los datos. Hay que tener en cuenta que dependerá de la categoría de datos sobre el que se ejercite el derecho, pues no es lo mismo un vídeo que una imagen (en la que se podría pixelar un rostro), que un documento (en el que se podría modificar el nombre, anonimizando la identidad del interesado). Además, en el caso de que los datos hubiesen sido obtenidos de otra fuente (imagínese la obtención de una sentencia del CENDOJ), y no estuviesen anonimizados, lo diligente sería tramitar la supresión del dato del buscador que se solicita, así como poner en conocimiento de la otra entidad este extremo para que pueda realizar las gestiones oportunas, a fin de otorgar una salvaguarda efectiva del derecho al olvido.

4.2. Derecho al olvido en servicios de redes sociales y equivalentes

De modo muy similar a lo que ocurre con el derecho al olvido en Internet, cualquier interesado tiene derecho a que se supriman sus datos de los servicios de redes sociales y demás entidades incorporadas a la sociedad de la información. En este sentido, se puede deducir claramente que la categoría de datos que se ve afectada por este derecho es, principalmente, las imágenes del interesado. Téngase en cuenta que este derecho cabe no solo cuando haya sido el interesado el que, directamente, haya subido los datos al servicio digital, sino cuando lo hace un tercero.

Al igual que ocurre con el derecho al olvido en Internet, los condicionantes necesarios para que se proceda al olvido digital son los siguientes:

- Inadecuados.
- Inexactos.
- No pertinentes.
- No actualizados.
- Excesivos o que hubiesen devenido en excesivos por el transcurso del tiempo transcurso y la naturaleza e interés público de la información.

Por último, no se puede dejar de señalar un hecho fundamental a este respecto, y es que si el afectado por el olvido se trata de un **menor de edad,** no será necesario que se valore si concurren o no los condicionantes señalados anteriormente. En este caso, se debe proceder a la supresión, si mayor dilación, según se tenga constancia de la solicitud.

Ejemplos prácticos

Ejemplo práctico 12

El derecho cabe no solo cuando haya sido el interesado el que, directamente, haya subido los datos al servicio digital, sino cuando lo hace un tercero. Para este supuesto, piénsese en el caso de que un amigo del interesado ha publicado fotos con él en su perfil de una red social, y es el interesado el que ejercita este derecho sobre su dato personal, esto es, su rostro en la fotografía.

5. Derecho a la limitación del tratamiento

Es el artículo 16 de la LOPD-GDD el encargado de asentar la regulación nacional relativa a la limitación del tratamiento. Sin embargo, de una mera lectura de su contenido, no se deduce la relevancia práctica que tiene ni tan siquiera en qué consiste realmente este derecho. Para ello debemos acudir a lo establecido en el artículo 18 del RGPD.

A estos efectos, se debe entender la limitación de un tratamiento como una suerte de barrera artificial sobre el conjunto de los datos que maneja el responsable, la cual impide que se puedan seguir usando para la finalidad prevista en el tratamiento. La única finalidad que no tiene porqué enmarcarse dentro de esta barrera es su conservación, con el consentimiento del interesado, *"o para la formulación, el ejercicio o la defensa de reclamaciones, o con miras a la protección de los derechos de otra persona física o jurídica por razones de interés público"* (artículo 18.2 del RGPD).

Entendido lo anterior, basta enunciar cuáles son las condiciones que deben darse (y que debe analizar el responsable de tratamiento) para conceder la limitación del tratamiento. Estas condiciones son las siguientes:

- a) el interesado impugne la exactitud de los datos personales, durante un plazo que permita al responsable verificar la exactitud de los mismos;
- b) el tratamiento sea ilícito y el interesado se oponga a la supresión de los datos personales y solicite en su lugar la limitación de su uso;
- c) el responsable ya no necesite los datos personales para los fines del tratamiento, pero el interesado los necesite para la formulación, el ejercicio o la defensa de reclamaciones;
- d) el interesado se haya opuesto al tratamiento mientras se verifica si los motivos legítimos del responsable prevalecen sobre los del interesado.

Como se puede apreciar, en la mayoría de las ocasiones se está ante un derecho que no tiene porqué solicitarse por separado, sino que se acciona como consecuencia de la solicitud de un derecho previo. Un ejemplo práctico al respecto sería la rectificación de los datos, de manera que, en tanto dure el procedimiento de comprobación, no se podrán usar esos datos impugnados y, en consecuencia, se activaría la limitación de dicho tratamiento.

Por esta razón, es importante que cualquier limitación que se lleve a cabo en la entidad responsable esté enunciada expresamente en el registro de actividades de tratamiento correspondiente. No debe perderse de vista, una vez más, que no es solo importante atender los derechos del interesado, sino ser capaz de probar que ello ha sido así y que se actúa en consecuencia; esto es, con una conducta proactiva.

6. Derecho a la portabilidad

Al igual que ocurre con el derecho a la limitación del tratamiento, en el artículo 17 de nuestra LOPD-GDD no encontraremos una respuesta concreta sobre cómo proceder o en qué consiste el derecho a la portabilidad. Para ello, debemos acudir a lo dispuesto por el RGPD en su artículo 20. Así, en virtud de este precepto, cualquier interesado tiene derecho a recibir de la entidad responsable del tratamiento de sus datos la recepción de los mismos con el objetivo de transmitirlos a otro responsable de su elección.

Como puede deducir el lector, es una suerte de extensión del derecho de acceso, pues se debe facilitar el conjunto de datos que se manejen en el tratamiento al interesado, pero con un plus funcional. En este caso, además de facilitar los datos en un **formato estructurado, de uso común y de lectura mecánica,** se tiene derecho a que la portabilidad de estos datos se realice directamente por el responsable a la nueva entidad que ocupe su posición.

De acuerdo con el artículo 20.1 de la LOPD-GDD, los únicos condicionantes que deben darse son los siguientes:

- Que el tratamiento esté basado en el consentimiento.
- Que el tratamiento esté basado en la ejecución de un contrato.
- Que el tratamiento se efectúe por medios automatizados.

Portabilidad en redes sociales y servicios equivalentes

Al igual que ocurre con el derecho a la supresión, el impacto que produce el uso de entornos digitales y, especialmente, las redes sociales, tiene sus repercusiones sobre el derecho a la portabilidad. De esta manera, el artículo 95 de la LOPLD-GDD le dedica su contenido a regular esta figura.

De un modo igualmente equivalente a lo que ocurre con el derecho a la portabilidad que acabamos de explicar, el interesado tendrá derecho a recibir y transmitir sus contenidos a otros prestadores de servicios, pudiendo realizarse de prestador a prestador.

La única nota adicional que se introduce, y que debe ser tenida en cuenta, es que, si un interesado ejercita este derecho, no va a impedir la conservación del contenido que desea trasladar si es necesario conservarlo por una obligación legal. Una vez más, asistimos a la concurrencia con el bloqueo de los datos, ya mencionada anteriormente.

7. Derecho de oposición

El tratamiento es necesario para el cumplimiento de una misión realizada en interés pública o para la satisfacción de intereses legítimos

En muchas ocasiones, los responsables efectúan diversos tratamientos de datos de un mismo interesado. En estas ocasiones, puede ocurrir que este último decida, voluntariamente, que no desea que se sigan tratando sus datos para ciertas actividades de tratamiento concretas, sin que ello suponga el ejercicio del derecho a la supresión de estos datos.

En efecto, oponerse a un tratamiento supone, para el responsable, que no podrá seguir utilizando los datos que ha recabado para dicha actividad impugnada, pero que puede conservarlos para el resto de tratamientos (si los hubiese) y, en cualquier caso, conservar los datos hasta agotar el plazo de conservación fijado o, en su defecto, el que legalmente resulte obligatorio.

Para ejercitar este derecho no es necesario justificar la causa concreta relacionada con la situación particular que motiva su decisión, basta con dirigir el escrito indicando esta petición. La única especialidad en cuanto al contenido de este derecho es que no incluye todo tipo de tratamientos. Así, es necesario que concurran las siguientes circunstancias condicionantes:

- El tratamiento es necesario para el cumplimiento de una misión realizada en interés público.
- El tratamiento es necesario para la satisfacción de intereses legítimos.
- El tratamiento tiene como objeto la mercadotecnia directa.
- El tratamiento tiene fines de investigación científica o histórica.

No obstante lo anterior, el lector debe tener en cuenta que no se trata de un derecho absoluto en cuanto a que no presenta limitaciones su ejercicio. Así, al margen de que solo puede ejercitarse en base a los condicionantes indicados, el responsable puede no estimar la solicitud y seguir tratando los datos para el tratamiento al que se opone el interesado si concurren las siguientes circunstancias:

- Motivos legítimos imperiosos para el tratamiento que prevalezcan sobre los intereses, los derechos y las libertades del interesado.
- Para la formulación, el ejercicio o la defensa de reclamaciones.
- Que sea necesario para el cumplimiento de una misión realizada por razones de interés público.

8. Derecho a no ser objeto de decisiones individuales automatizadas

En nuestra LOPD-GDD, el derecho a no ser objeto de decisiones individuales automatizadas está incorporado bajo el mismo precepto que el anteriormente tratado derecho de oposición, el artículo 18. Y es que ello tiene una lógica evidente, dado que el solicitar que se deje de tratar los datos de un interesado para tomar decisiones individuales automatizadas tiene relación directa con el ejercicio del derecho de oposición a ese tratamiento concreto. Así, es posible afirmar que este derecho es una suerte de especialidad dentro del propio derecho de oposición.

Se trata de que el interesado puede solicitar al responsable, en cualquier momento, que se deje de llevar a cabo el tratamiento en virtud del cual se toman sus datos como objeto de análisis para tomar una decisión por parte de un mecanismo totalmente automatizado; esto es, sin la intervención de ningún ser humano. Así, ejemplo de ello son la elaboración de perfiles que se realiza para elaborar estadísticas de mercado o consumo, así como aquellos programas en los que se deben introducir datos relacionados con la situación socioeconómica del interesado al objeto de comprobar si es un sujeto susceptible de ser financiado o no.

Sin embargo, al igual que otros derechos, el presente también presenta ciertas limitaciones, contenidas en el artículo 22.2 del RGPD. A estos efectos, las limitaciones a las que nos referimos son las siguientes:

- Es necesaria para la celebración o la ejecución de un contrato entre el interesado y un responsable del tratamiento.
- Está autorizada por el Derecho de la Unión o de los Estados miembros que se aplique al responsable del tratamiento y que establezca asimismo medidas adecuadas para salvaguardar los derechos y libertades y los intereses legítimos del interesado.
- Se basa en el consentimiento explícito del interesado.

Esquemas

Guía de referencia sobre los derechos ARSO y su regulación actual

Denominación del derecho	Regulación en RGPD	Regulación en LOPD-GDD
Derecho de información	Artículos 13 y 14 Considerandos 60 a 62	Artículo 11
Derecho de acceso	Artículo 15 Considerandos 63 y 64	Artículo 13
Derecho de rectificación	Artículo 16	Artículo 14
Derecho de supresión	Artículo 17 Considerandos 35 y 66	Artículos 15, 93 y 94
Derecho de limitación	Artículo 18 Considerando 67	Artículo 16
Derecho de portabilidad	Artículo 20 Considerando 68	Artículo 17
Derecho de oposición	Artículo 21 Considerandos 69 y 70	Artículo 18 Disposición final tercera
Derecho de oposición a decisiones automatizadas	Artículo 22 Considerandos 71 y 72	

PARTE III.- REGISTRO INTERNO DE ACTIVIDADES DE TRATAMIENTO

BLOQUE I. Identificación de los tratamientos de datos personales

Hasta este punto de nuestro trabajo, hemos afianzado todos los conocimientos esenciales y que es necesario conocer con carácter previo al inicio de cualquier actuación material tendente a gestionar los datos que pretenda recabar cualquier responsable. Téngase en cuenta que no es nuestro ánimo el aportar simplemente las plantillas para confeccionar la documentación técnica necesaria, ya que no valdría de nada en tanto que no obedece a una realidad proactiva de cumplimiento. Es necesario poseer una base sólida sobre los principios y caracteres básicos del derecho que regula la protección de datos, así como los derechos que tiene el interesado al respecto. Sin esta información, ninguna entidad estará realmente preparada para asumir la gestión de su cumplimiento normativo en relación con la privacidad de la información que maneja.

Dicho lo anterior, lo que realizaremos en el presente apartado es explicar en qué consiste el procedimiento de identificación de los datos personales que serán necesarios para nuestra actividad, para posteriormente organizarlos en torno a tratamientos individuales. Se trata de una labor fundamental a la hora de organizar cualquier entidad, pues no solo tendrá utilidad a la hora de proyectar el deber de proactividad que se exige en la normativa, sino que internamente ayudará a la organización del conjunto de tratamientos y sus contenidos.

1. Análisis sobre la obligación de confeccionar un registro de actividades de tratamiento

El primer paso que se debe tomar, sin perjuicio de que llegados a este punto ya debemos tener un boceto de los tratamientos que nuestra empresa requiere y los interesados a los que se dirigen, es comprobar si el responsable se encuentra legalmente obligado a la llevanza de un registro de actividades de tratamiento, de conformidad con lo dispuesto en el artículo 31 de la LOPD-GDD y 30.5 del RGPD. Esto supone, simplemente, verificar los siguientes condicionantes:

- Que el tratamiento entrañe un riesgo para los derechos y libertades de los interesados y no sea ocasional.
- Que el tratamiento incluya categorías especiales de datos personales; esto es, que revelen el origen étnico o racial, las opiniones políticas, las convicciones religiosas o filosóficas, o la afiliación sindical, y el tratamiento de datos genéticos, datos biométricos dirigidos a identificar de manera unívoca a una persona física, datos relativos a la salud o datos relativos a la vida sexual o la orientación sexual de una persona física.
- Que el tratamiento incluya datos personales relativos a condenas e infracciones penales.

En caso de que no se de ninguno de los condicionantes anteriores, el último factor que se debe comprobar es si la organización tiene más de 250 empleados. La explicación es lógica y tiene que ver con el ánimo de no torpedear la estructura y logística interna de la entidad. Se trata de un concepto conocido en el ámbito del Compliance como principio de proporcionalidad, tendente a reconocer las necesidades específicas de las microempresas y las pequeñas y medianas empresas en la aplicación de la normativa sobre protección de datos que le resulte aplicable.

Así, una vez cotejados los anteriores condicionantes, estaremos en disposición de conocer si nuestra entidad debe confeccionar el registro o puede organizar sus tratamientos de un modo alternativo. En este punto, nuestra recomendación, a la luz del principio de proactividad, pasa por confeccionar el registro de actividades de tratamiento en cualquier caso, con independencia de si legalmente estamos obligados en base a los condicionantes indicados. De esta manera, aun cuando la entidad no esté obligada a confeccionarlos, si se lleva a cabo igualmente esta tarea, además de proyectar una magnífica imagen de diligencia y proactividad, ayudará a la propia organización interna a que no se transforme en una tarea incomprensible la protección de la privacidad de los interesados.

2. Localización de datos personales

Entendido lo dispuesto en el apartado anterior, el primer paso que se debe tomar a continuación consiste en focalizar cuál es el objeto empresarial o las actividades que se realizarán en la entidad que actuará como responsable de tratamientos y, en su caso, el encargado de tratamiento (pues deberá confeccionar su correspondiente registro de actividades). Este va a ser el principal punto de referencia para localizar los datos de carácter personal que se configurarán en la órbita de nuestra entidad. Es evidente que no va a manejar las mismas categorías de datos una clínica, que un taller o una guardería, a pesar de que se compartan ciertos datos de carácter básico que identifiquen a los interesados.

En este sentido, conocer la tipología de datos que se van a tratar es ciertamente sencilla, pues basta con entender el negocio o actividad que se va a realizar. Como regla general, lo más común es que se traten los datos identificativos básicos (nombre y apellidos, domicilio, correo electrónico y teléfono de contacto). Eventualmente, es posible que se añadan datos básicos como el número de DNI, la propia imagen del interesado o un nombre de usuario asociado.

Es posible, en el ámbito de la facturación de una entidad, que se traten datos adicionales a los expuestos anteriormente. Estos datos pueden ser los números de cuenta de los interesados en lo referente a la domiciliación bancaria, o los números de tarjetas de crédito o debido (aunque lo más común es que estos últimos no se conserven de ningún modo, pues se utilizarían dispositivos electrónicos que actúen de pasarela con la entidad bancaria, como un TPV o una pasarela de pago en la web). Incluso, puede ocurrir que se manejen datos que revelen la situación de solvencia patrimonial del interesado, lo que se suele dar en empresas de estudio de financiación o crédito, en cuyo caso habrá que estar a unas medidas de control y seguridad de la información más restrictivas que para el resto de datos mencionados.

En el caso de que la entidad cuente con una página web, los datos de navegación que se almacenen de los usuarios a través de cookies u otros mecanismos, también forman parte de los datos personales que se someten al tratamiento. Entre ellos puede estar la dirección IP o cualquier otro dato que introduzca en los formularios de contacto de la web o el apartado de suscripción o, asimismo, el propio registro como usuario del sitio.

Por otro lado, no se puede perder de vista aquellos datos relativos a menores, que tratarán cualquier entidad que entable relaciones directas con estos o con intermediación de sus representantes legales, así como los datos relativos a condenas o infracciones penales, propios de los despachos de abogados.

Ejemplos prácticos

Ejemplo práctico 13

Mi empresa tiene una página web accesible a cualquier usuario, pero no dispone de formulario de contacto, tan solo es informativa y contiene una dirección de correo electrónico corporativa, un domicilio y el logo corporativo. ¿Qué relevancia tiene esto con respecto al registro de actividades de tratamiento?

Toda vez que no se recaba ningún tipo de dato personal a través de formulario alguno, por configurarse únicamente como un portal publicitario o meramente informativo a nivel comercial, no existiría la necesidad de incorporar un tratamiento concreto en relación el mismo. En cualquier caso, es fundamental comprobar si se están utilizando cookies de seguimiento de visitantes o con finalidades similares, las cuales puedan recopilar direcciones IP. En este caso, conforme se ha establecido anteriormente, sí estaríamos ante un tratamiento de datos que debemos incorporar a nuestro registro de actividades.

2.1. Sistemas de videovigilancia o alarma

Otra categoría separada serán todos aquellos datos que se obtengan a través de un sistema de videovigilancia o alarma, sobre los cuales se deben realizar ciertas precisiones, pues no se suelen tomar en consideración cuando se piensa en la adaptación normativa de cualquier entidad. Así, las imágenes obtenidas por una cámara de videovigilancia o alarma son datos personales de interesados, pero revisten ciertas especialidades.

La primera de las especialidades reseñadas tiene que ver con situar al responsable de tratamiento en este contexto. Esto responde a la problemática que se da en aquellos supuestos en los que una entidad que es responsable de todo el resto de tratamientos, tiene instalado un sistema de videovigilancia a través de una empresa de seguridad especializada. En estos supuestos, la gestión de las imágenes puede pasar por dicha entidad, por lo que se deberá configurar como encargada de tratamiento y mantener a la entidad principal, donde están situadas las cámaras, como responsable principal.

La segunda de las especialidades tiene que ver con la debida distinción que debe realizarse sobre los sistemas de alarma y los de videovigilancia. Esto es así debido a que no es lo mismo la grabación permanente de un recinto que la grabación puntual o, en su caso, la captación de imágenes estáticas y no en vídeo. Esta distinción la realizamos de conformidad con el propio funcionamiento de un sistema de alarma, el cual estará programado para captar imágenes únicamente en el momento en el que salta el sistema por un acceso no autorizado al recinto de cobertura, y el funcionamiento de un sistema de videovigilancia, cuya cobertura temporal es constante y no se activa o desactiva en atención al acceso no autorizado al recinto.

Cabe indicar que no podrán captarse imágenes de la vía pública, como norma general, con la única excepción de que resulte imprescindible para la finalidad de preservar la seguridad de personas, bienes o instalaciones. Asimismo, en el caso de que el responsable de tratamiento esté vinculado a instalaciones estratégicas o infraestructuras relacionadas con el transporte, se podrán captar imágenes de la vía pública, sin que se produzca la captación de imágenes del interior de un domicilio privado.

Además, el plazo de conservación máximo permitido es de **un mes** desde la captación de las imágenes, con la excepción vinculada a la comisión de actos que atenten contra la integridad de personas, bienes o instalaciones, en cuyo caso se podrán conservar durante más tiempo, poniéndolas a disposición de la autoridad competente en un plazo máximo de setenta y dos horas desde que se tuviera conocimiento de la existencia de la grabación. Consecuentemente, tal y como dispone el artículo 22.3 *in fine* de la LOPD-GDD, "no será de aplicación a estos tratamientos la obligación de bloqueo", sobre la cual ya hemos hecho referencia en los apartados correspondientes al derecho de rectificación y supresión de los datos del interesado.

Como se puede observar, existen numerosos factores a los que atender para confeccionar un adecuado listado de datos de carácter personal que formarán parte del sistema de protección de datos de cualquier entidad. Es difícil abarcar todas las posibilidades de tratamientos, por lo que nuestro objetivo con todo lo establecido hasta este punto es otorgar las claves prácticas y las herramientas que sirvan para adoptar una óptica identificativa de estos elementos. Recuérdese que cada entidad presenta una realidad diferente y el objetivo es adaptar esta realidad a la normativa, por lo que será labor de cada responsable (o encargado) el confeccionar un listado de datos y tratamientos que se corresponda con su actividad.

Ejemplos prácticos

Ejemplo práctico 14

Primera especialidad:

En mi empresa tengo instaladas cámaras de videovigilancia conectadas a una señal IP que puedo reproducir en mi teléfono móvil, ¿es eso un tratamiento de datos de carácter personal?

Según hemos indicado, recabar imágenes del rostro y la presencia física de un interesad, supone un dato personal evidente. Así, colocar un dispositivo que realiza una emisión de imágenes en directo en un teléfono, aunque estas no se graben o almacenen en un soporte concreto, supone un tratamiento de datos igualmente. En este caso, un tratamiento de duración instantánea, pero definitivamente un tratamiento de datos de carácter personal.

Ejemplo práctico 15

Segunda especialidad:

La instalación de un sistema de alarma que únicamente saca fotografías cuando salta, ¿supone un tratamiento de datos de carácter personal?

De acuerdo con el criterio mantenido hasta este punto, la respuesta es afirmativa. Con independencia de que se trate de vídeo o fotografía, y de si se trata de una grabación constante o puntual, en el momento en el que el dispositivo es susceptible de sacar fotografías del recinto, nuestra recomendación es incorporar este tratamiento, con su correspondiente finalidad, al registro interno de actividades de tratamiento que se deba confeccionar.

BLOQUE II. Estructura del registro

Una vez identificados todos los datos de carácter personal que trate la entidad, el siguiente paso que se debe realizar, con anterioridad a poner en marcha el tratamiento, es agrupar dichos datos por categorías, asignarles una finalidad concreta y, en definitiva, confeccionar un tratamiento concreto con respecto a cada una de estas finalidades. Se debe tener en cuenta que se deben añadir a este registro tantos tratamientos como finalidades se persigan con los datos del interesado, pudiendo agruparse más de una finalidad en el mismo tratamiento si están relacionadas y no resultan incompatibles.

Entendido lo anterior, procede enunciar cuáles son los elementos que deben abordarse en cualquier registro de actividades de tratamiento que se deba confeccionar, teniendo en cuenta las dos realidades posibles: la confección para un responsable de tratamiento y la confección para un encargado de tratamiento, con inclusión de los representantes de ambos, si fuera el caso. La respuesta a esta cuestión la encontramos en el artículo 30.1 del RGPD.

Ejemplos prácticos

Ejemplo práctico 16

En el momento de confeccionar el registro de actividades de tratamiento, estamos pensando en incluir dos tratamientos diferenciados: las comunicaciones comerciales con clientes por correo electrónico y las realizadas por servicios de mensajería instantánea. ¿Está bien así o debo agruparlas en un único tratamiento?

Bajo nuestro punto de vista, toda vez que la finalidad del tratamiento es gestionar las comunicaciones comerciales con los clientes y demás categorías de interesados, podrían agruparse en un único tratamiento bajo la nomenclatura de "comunicaciones comerciales", por ejemplo. Todo ello sin perjuicio de las medidas de seguridad y control que fuesen necesarias para cada sistema específico.

1. Para el responsable de tratamiento

Así, comencemos con los apartados que debe contener un registro de actividades de tratamiento para la entidad responsable de los mismos. Estos apartados son:

- El nombre y los datos de contacto del responsable y, en su caso, del corresponsable, del representante del responsable, y del delegado de protección de datos.
- Los fines del tratamiento.
- Una descripción de las categorías de interesados y de las categorías de datos personales.
- Las categorías de destinatarios a quienes se comunicaron o comunicarán los datos personales, incluidos los destinatarios en terceros países u organizaciones internacionales.
- En su caso, las transferencias de datos personales a un tercer país o una organización internacional, incluida la identificación de dicho tercer país u organización internacional.
- Cuando sea posible, los plazos previstos para la supresión de las diferentes categorías de datos.
- Cuando sea posible, una descripción general de las medidas técnicas y organizativas de seguridad que se hayan diseñado y resulten de aplicación al tratamiento concreto. En este caso, nada impedirá formular una remisión a los ciclos de vida o análisis de riesgos correspondientes, pudiendo posicionar en dichos documentos estas medidas.

2. Para el encargado de tratamiento

Por su parte, cada encargado y, en su caso, el representante del encargado llevará un registro de todas las categorías de actividades de tratamiento efectuadas por cuenta de un responsable que contenga los siguientes apartados:

- El nombre y los datos de contacto del encargado o encargados y de cada responsable por cuenta del cual actúe el encargado, y, en su caso, del representante del responsable o del encargado, y del delegado de protección de datos.

- Las categorías de tratamientos efectuados por cuenta de cada responsable.
- En su caso, las transferencias de datos personales a un tercer país u organización internacional, incluida la identificación de dicho tercer país u organización internacional.
- Cuando sea posible, una descripción general de las medidas técnicas y organizativas de seguridad que se hayan diseñado y resulten de aplicación al tratamiento concreto. En este caso, nada impedirá formular una remisión a los ciclos de vida o análisis de riesgos correspondientes, pudiendo posicionar en dichos documentos estas medidas.

Esquemas

Tabla orientativa sobre las principales operaciones de tratamiento

TIPO DE TRATAMIENTO	DESCRIPCIÓN
Evaluación o scoring	Valoraciones y análisis, incluidos la elaboración de perfiles y predicciones, especialmente de aspectos relacionados con el desempeño del interesado en el trabajo, situación económica, salud, preferencias o intereses personales, fiabilidad o comportamiento, ubicación o movimientos.
Toma de decisiones automatizada con efecto legal o similar	Procesamiento que tiene como objetivo la toma de decisiones sobre sujetos que producen efectos legales sobre la persona física o que de manera similar afecta significativamente a la persona física. Por ejemplo, si el procesamiento puede conducir a la exclusión o discriminación de las personas.
Monitorización sistemática	Procesamiento utilizado para observar o controlar a los interesados, incluidos los datos recopilados a través de redes o un sistema de control de un área de acceso público.
Datos confidenciales o de naturaleza personal	Actividades de tratamiento con categorías especiales de datos personales, por ejemplo, información sobre las opiniones políticas de los individuos o registros médicos, así como datos personales relacionados con condenas penales o delitos.

Coincidencia o combinación de conjunto de datos	Actividades de tratamiento que implican la combinación de conjuntos de datos. Por ejemplo, procedentes de dos o más actividades de tratamiento de datos realizadas para diferentes propósitos y/o por diferentes responsables del tratamiento de una manera que exceda las expectativas razonables del sujeto de datos.
Datos relativos a las personas vulnerables	Los sujetos de datos vulnerables pueden incluir menores, segmentos más vulnerables de la población que requieren protección especial (personas con enfermedades mentales, solicitantes de asilo o ancianos, o pacientes).
Uso innovador o aplicación de nuevas soluciones tecnológicas u organizativas	Actividades de tratamiento realizadas mediante el uso de tecnología innovadora que pueda implicar nuevas formas de recopilación y uso de datos, posiblemente con un alto riesgo para los derechos y las libertades de las personas. Por ejemplo, la combinación del uso de la huella dactilar y el reconocimiento facial para mejorar el control del acceso físico).
Cuando el procesamiento impide que los interesados ejerzan un derecho o utilicen un servicio o un contrato	Operaciones de procesamiento que tienen como objetivo permitir, modificar o rechazar el acceso de los interesados a un servicio o la entrada en un contrato.
Tratamientos sujetos a un código de conducta que lo requiere	Si a los tratamientos evaluados se les aplica un código de conducta que exige su cumplimiento también debe ser objeto de la evaluación.

Modelo orientativo para documentar el registro de actividades de tratamiento

Tratamiento	Finalidad	Categorías de interesados	Categorías de datos personales	Cesiones de datos	Transferencias Internacionales

PARTE IV.- EVALUACIÓN DE IMPACTO Y ANÁLISIS DE RIESGOS

BLOQUE I. Análisis sobre la necesidad de llevar a cabo una EIPD

1. Nociones generales

Antes de proseguir con la explicación de los siguientes pasos a tomar de cara a una correcta adaptación de la entidad, es necesario recapitular los principales pasos que hemos recorrido hasta llegar a este punto. Así, lo primero que habrá de interiorizar la mente del encargado de confeccionar el Plan de Cumplimiento de protección de datos de una entidad son los principios y características principales que se deben observar en el procedimiento. Una vez interiorizado, procede el diseño de un boceto de los tratamientos y datos que se van a utilizar en le entidad responsable, así como el principal foco de interesados sobre los que se van a proyectar. Para ello, como bien hemos explicado en puntos anteriores, es necesario conocer con profundidad la actividad de la empresa, así como el modo de trabajo y su estructura, de cara a proceder fielmente con respecto a la imagen de la entidad.

Una vez se ha interiorizado lo anterior, se debe proceder a buscar las bases de legitimación de los tratamientos que preliminarmente hemos enunciado, en conjunción con el abanico de derechos del interesado. La idea de ello es que se debe contar con unas garantías adecuadas de, por un lado, voluntad de cumplimiento con las bases de legitimación y, por el otro, de respeto y mecanismos de reacción adecuados a la satisfacción de los derechos del interesado.

Una vez atendido lo anterior, se estará preparado para la confección del registro de actividades de tratamiento, en el cual habremos de relacionar las finalidades, el conjunto de datos, interesados y demás componentes destacados anteriormente, para agruparlos por tratamientos concretos. Esta es una labor fundamental para proceder a un análisis adecuado sobre si se debe proceder a realizar una EIPD, pues si el registro de actividades de tratamiento no se confecciona tras realizar todos los pasos previos, se concluirá con un Programa de Cumplimiento claramente deficitario, que no hará más que poner piedras sobre el camino del cumplimiento de la entidad y que, en definitiva, dificultará en grado sumo todo el procedimiento de adaptación.

En efecto, es fundamental configurar adecuadamente un registro de actividades de tratamiento, pues el siguiente paso para continuar con la adaptación consiste en analizar cada uno de ellos, al objeto de comprobar si existe algún cabo suelto que impida continuar con el tratamiento o, directamente, iniciarlo. Con esto queremos hacer hincapié en que el lector comprenda que de nada servirá incorporar un tratamiento en el registro interno de la entidad, si este no cumple con los anteriores condicionantes o, cumpliendo con alguno de ellos, vulnera o puede vulnerar los derechos del interesado o alguna de sus libertades. Así las cosas, para proceder a este análisis sobre el impacto que tendría la puesta en práctica de este tratamiento desde cualquier perspectiva, esto es, responsable o encargado de tratamiento, analizaremos la naturaleza, alcance, contexto y la finalidad.

Sin embargo, es normal que el lector se pregunte cómo llevaremos a cabo la tarea descrita, quién se encargará de realizarla o qué se necesita para poder llevar este objetivo a un puerto seguro. Para dar respuesta a estas cuestiones, lo primero que se debe definir es el propio concepto de EIPD y sus implicaciones prácticas. En efecto, se trata de una herramienta que es de gran utilidad para evaluar de modo previo los principales riesgos que potencialmente pueden llegar a materializarse, siempre con respecto a los datos personales del interesado en relación con las actividades de tratamiento que se llevarán a cabo. Por tanto, la EIPD lleva implícita una metodología de análisis de riesgos, que se abordará en siguientes apartados, tendente a identificar las amenazas que se proyectan sobre los datos de los interesados para poder diseñar e implementar una respuesta adecuada sobre ellos. Es decir, ayudará a encontrar las medidas de seguridad y control que se necesitan para cumplir con lo dispuesto en la normativa y reducir la amenaza a un nivel aceptable para la entidad.

Por tanto, es posible definir la EIPD como una herramienta ciertamente preventiva, destinada a la identificación, evaluación y gestión constante de los riesgos a los que se exponen sus actividades de tratamiento de una entidad la cual, por su propia naturaleza, se debe realizar con anterioridad a la puesta en marcha de las actividades de la entidad, al menos aquellas que se refieran al tratamiento de datos de carácter personal del interesado.

Es importante destacar esta última nota, la anterioridad necesaria en su realización, pues aquellas entidades que ya se encuentren realizando tratamientos no se verían obligadas por el mandato contenido en la normativa aplicable. Legalmente, solo debiera realizarse si la actividad de tratamiento concreta incorporase nuevas tecnologías o que los datos se usen para finalidades distintas a las que inicialmente se plantearon. No obstante, nuestra recomendación es valorar el conjunto de tratamientos que se estén realizando (lo cual podría hacerse a través del registro de ficheros que, con anterioridad a la aplicación de la actual normativa, debían registrarse en la AEPD), neutralizando aquellos que podrían implicar grandes riesgos para el interesado y procediendo a su evaluación igualmente. Ello demostraría una actitud claramente proactiva y tendente al cumplimiento constante.

En cualquier caso, en el siguiente apartado indicaremos qué aspectos tener en cuenta cuando se valora la posibilidad sobre realizar una EIPD y cómo proceder a ponerlo en práctica.

2. Análisis de naturaleza, alcance, contexto y fines de tratamientos

Una vez identificados todos los tratamientos que pretende llevar a cabo la entidad, se debe proceder a poner en práctica el análisis sobre la necesidad de llevar a cabo la EIPD. Para ello, debemos optar por dos vías diferentes, las cuales no son sustitutivas, sino que se debe optar por uno de los pasos y posteriormente en el otro. Con esto hacemos referencia a que, por un lado, se debe analizar si alguno de los tratamientos se enmarca en los supuestos en los que es obligatorio realizar una EIPD y, por el otro, si excluido de los anteriores supuestos, es igualmente aconsejable llevar a cabo esta metodología.

2.1. Supuestos de obligada realización

Así, en primer lugar, debemos atender a lo dispuesto en el artículo 35.2 del RGPD al objeto de determinar si alguno de los tratamientos previamente identificados se ven relacionados con alguno de los condicionantes que en el precepto se contienen. Así, los tres supuestos en los que será obligatorio realizar una EIPD para el tratamiento que se incardine en alguno de ellos son los siguientes:

- **Se produzca una evaluación sistemática y exhaustiva de aspectos personales de personas físicas que se base en un tratamiento automatizado, como la elaboración de perfiles, y sobre cuya base se tomen decisiones que produzcan efectos jurídicos para las personas físicas o que les afecten significativamente de modo similar.**

Sobre este aspecto ya hemos abordado sus elementos prácticos, de modo que en el caso de que alguno de los tratamientos que se pretendan realizar esté relacionado con la elaboración de perfiles desde un punto de vista automatizado, sin mayor dilación se debe proceder a la realización de una EIPD.

Repárese en la idea de que la realización del tratamiento automatizado anterior no tiene que ver directamente con las categorías de datos de carácter personal que son tratados, sino en la forma en la que se realiza la operación de tratamiento, exclusivamente.

- **Exista un tratamiento a gran escala de las categorías especiales de datos o de los datos personales relativos a condenas e infracciones penales.**

La única dificultad que presenta este condicionante, a la hora de incardinar si se debe realizar o no una EIPD, es determinar el concepto de "gran escala", pues no encontraremos un ejemplo concreto en toda la normativa que nos dé una respuesta determinada.

Sin perjuicio de ello, realizando una interpretación sistemática del uso del término gran escala a lo largo de la normativa, tanto en el RGPD como en la LOPD-GDD, podemos determinar que estaremos ante un tratamiento a gran escala cuando se persigue tratar una cantidad considerable de datos de carácter personal en cualesquiera de los niveles geográficos existentes (regional, nacional o internacional), que afecten a un gran número de interesados y, asimismo, que impliquen un alto riesgo relacionado con los dos condicionantes anteriores.

De este modo, las únicas entidades que, por norma general, podrían enmarcarse en este condicionante son los centros médicos que puedan tratar datos de salud de los pacientes o, igualmente, despachos de abogados que manejen este tipo de datos. La clave para enmarcarlos en este concionante es que, ya se trate de una clínica o un despacho (o cualquier otra entidad que reúna estos requisitos), se configuren en torno a grandes corporaciones, con un volumen de clientes relevante e, incluso, con diferentes sedes o delegaciones a lo largo del territorio nacional.

- **Se proceda a la observación sistemática a gran escala de una zona de acceso público.**

Tiene cierta relación con el condicionante anterior por la forma en la que se produce el tratamiento susceptible de ser enmarcado en este. Con ello nos referimos al concepto de gran escala, que ya ha sido definido en el condicionante anterior.

La especialidad, en este caso, tiene que ver con la observancia de una zona de acceso público; esto es, la instalación de un sistema de videovigilancia cuya zona de visualización conlleve aspectos públicos. En este sentido, tal como hemos establecido en el apartado correspondiente a la valoración de las especialidades y matizaciones de un sistema de videovigilancia, se ha concluido que no es posible, por regla general, la colocación de este tipo de sistemas en zonas públicas, tan solo en aquellos casos en los que resulte absolutamente necesario para la salvaguarda de bienes, derechos o la propia instalación o, en su caso, porque se trata de instalaciones o infraestructuras estratégicas o relacionadas con el transporte público.

Ello, en definitiva, nos da una pista sobre qué entidades se enmarcarán en este supuesto, recayendo principalmente sobre las empresas de transporte de viajeros que empleen este tipo de sistemas u organismos públicos. Sin embargo, el concepto de acceso público no resultará equiparable a zona pública, en la medida en que es posible que una empresa tenga tal afluencia de clientes que pueda ser considerada una zona de acceso público.

Como se puede apreciar, lo normal en una microempresa o una pequeña o mediana empresa no será encontrarse enmarcada en alguno de los supuestos legales de obligada implantación de una EIPD. Es poco habitual que se proceda a algún tratamiento considerado a gran escala, pudiendo realizarse residualmente algún tratamiento automatizado, sobre todo en el caso de que la mayor parte del negocio se asiente sobre una relación telemática con el interesado y el servicio ofrecido suponga una vinculación jurídica concreta para el cliente (por ejemplo, las empresas de crédito o gestión de deuda).

Ejemplos prácticos

Ejemplo práctico 17

¿En qué tipo de establecimientos podemos afirmar que es necesario realizar una EIPD atendiendo al condicionante de los sistemas de videovigilancia?

Tal como dispone el propio artículo 35.2.b) del RGPD, aquellos establecimientos que realicen una visualización de imágenes de modo sistemático y en un volumen considerable, deberán realizar una EIPD. En este sentido, ejemplos al respecto serían los centros comerciales, las entidades bancarias, los edificios sindicales, los organismos públicos, los casinos o salas de juego y todas aquellas entidades abiertas al público general que dispongan de un sistema de videovigilancia con numerosas cámaras interconectadas y cuya visualización en tiempo real requiera diferentes monitores simultáneos.

2.2. Supuestos de recomendable realización

Como ya se ha indicado al inicio de la presente explicación, existen dos caminos habilitados para descubrir si es necesario realizar una EIPD o no: los supuestos obligatorios y los supuestos subjetivos o de recomendable aplicación. Este último camino es el que es necesario explicar en las siguientes líneas.

De este modo, de acuerdo con el artículo 35.1 del RGPD, los condicionantes que se deben analizar a la hora de averiguar si el tratamiento o conjunto de tratamientos revisten la relevancia necesaria son la naturaleza, alcance, contexto y finalidades del tratamiento. De este modo, y de acuerdo con las directrices establecidas por la AEPD en su *Guía Práctica de análisis de riesgos en los tratamientos de datos personales sujetos al RGPD,* procede realizar las siguientes consideraciones sobre los factores a analizar:

- Sobre la **naturaleza del tratamiento**, es necesario valorar ciertas características básicas para comprobar si su concurrencia pudiera disparar el riesgo del tratamiento analizado. Así, habría que preguntarse si se tratarán categorías especiales de datos, si se van a tratar datos a gran escala, si se realiza un seguimiento exhaustivo de las personas o si los datos se refieren a personas en situación de vulnerabilidad (menores de 14 años o discapacitados, principalmente).
- En relación con el **alcance del tratamiento**, simplemente se debe valorar cuáles son los efectos que tendría llevar a cabo el mismo a través de diferentes cuestiones, como preguntarse si se realiza un

proceso de toma de decisiones con efectos jurídicos, si se realiza una valoración del riesgo crediticio o si se valora la exclusión de beneficios sociales o fiscales.

- Por lo que respecta al **contexto del tratamiento** o tratamientos a analizar, se deben valorar las circunstancias en las que se realizarán los tratamientos concretos. En este caso, la principal razón para preocuparse por el alto riesgo que podría conllevar reside en el uso de nuevas tecnologías, por los potenciales peligros invasivos sobre la privacidad que pudieran proyectar. De todos modos, no es el único condicionante, la AEPD plantea otras cuestiones como la pluralidad de responsables de tratamiento, cadenas complejas de encargados de tratamiento, así como cesiones o transferencias internacionales de datos.
- Por último, al analizar la **finalidad o finalidades del tratamiento**, se debe verificar, primeramente, si existe una pluralidad de ellas en un mismo tratamiento al objeto de valorar su compatibilidad y, en segundo término, será necesario plantearse ciertas cuestiones como, por ejemplo, si se producirán elaboraciones de perfiles, análisis predictivos de estos datos, monitorizaciones o prestaciones de servicios relacionados con la salud.

Como el lector puede apreciar, existe un espacio para la subjetividad un tanto reseñable, pero también es cierto que con las directrices que otorga la AEPD y nuestras recomendaciones se puede acotar en grado sumo el marco en el que poder situar los tratamientos en los que será necesario realizar una EIPD. Téngase en cuenta que se trata de una herramienta ciertamente excepcional, destinada a prevenir futuros riesgos en los tratamientos, por lo que la mayoría de las pequeñas y medianas empresas no tendrán que realizar este procedimiento. De este modo, en caso de no estar obligado a hacerla, será decisión del responsable de tratamientos el proceder igualmente a su realización o, en caso de no encontrarse obligado a hacerla, apoyar dicha decisión en el conjunto de condicionantes y evidencias prácticas que la motiven.

BLOQUE II. Análisis de riesgos

1. El ciclo de vida de los datos

Una vez haya sido abordado el análisis sobre la necesidad de realizar una EIPD, el responsable o el profesional que se esté encargando de llevar a cabo el procedimiento de adaptación debe proceder conforme al resultado de ese examen, bien afirmativamente o bien saltándose la realización de la Evaluación de Impacto pertinente. En cualquier caso, deba realizarse o no, nuestra recomendación es confeccionar un análisis de riesgos que abarque todas aquellas amenazas a las que pueda estar sometida la entidad y sus actividades de tratamiento.

Evidentemente, la realización de un análisis de riesgos no será igual en todos los casos y dependerá siempre de la entidad que se esté adaptando. Lo que queremos indicar es que existe una metodología base para llevarla a cabo, con independencia de que se requiera una profundidad más o menos exhaustiva dependiendo de la existencia de un alto riesgo. De este modo, en tanto en cuanto nuestra recomendación pasa por realizar un análisis de riesgo a cualquier entidad responsable que se deba adaptar, procede formular una explicación de cómo llevar a cabo este procedimiento.

El primer paso que se debe realizar es la contextualización del escenario del riesgo, lo cual tiene relación directa con la descripción del ciclo de vida de los datos que integren los tratamientos del responsable. Este término tiene esta denominación porque se corresponde con la realización de un informe en el que se reflejen las fases de la vida de las categorías de datos personales concretas que se puedan tratar, desde el "nacimiento" de dicho dato (lo que se corresponde con la captura) hasta la "muerte" del mismo (lo que se correspondería con la destrucción o fase final del tratamiento).

De esta manera, para abordar la realización de un ciclo de vida de los tratamientos que ostente cualquier responsable, es preciso abordar cinco elementos concretos de cada uno de ellos. De este modo, al objeto de brindar al lector la explicación más práctica posible, indicaremos todos los apartados que, en nuestra opinión, deberían constar en cualquier informe de ciclo de vida, con los principales elementos que suelen darse en la práctica común de las entidades responsables.

Así, el contenido de un informe sobre el ciclo de vida de los datos debe contener los siguientes extremos:

- **La captura de los datos:** como claramente se puede deducir, en esta fase se debe describir el método en virtud del cual los datos personales son obtenidos por parte del interesado, pudiendo obtenerse de alguna de las siguientes maneras:
    - Mediante formulario en página web
    - Mediante formulario en papel (por ejemplo, documento de consentimiento)
    - A través de organismo público
    - Entrega en mano por el interesado
    - A través otra entidad responsable
    - Mediante recepción de correo electrónico
- **La clasificación de los datos**: por lo que se refiere a la clasificación, se trata de organizar el contenido de los tratamientos por categorías, de modo que resulte más sencillo y estructurada su organización. Nuestra recomendación es abordar la clasificación en torno a los siguientes conceptos:
    - **Sensibles**: se incluyen los datos especialmente sensibles que la normativa aborda como categorías especiales de datos (por ejemplo, datos de salud o datos que revelen ideología o afiliación sindical del interesado).
    - **Protegidos**: se incluyen aquí otros datos que, sin llegar a la necesidad de tutela de los especialmente protegidos, merecen una consideración de salvaguarda media. Se incluirían aquí los datos que revelen la solvencia patrimonial del interesado, así como el conjunto de datos económicos u otros datos que revelen circunstancias personales o sociales del interesado. También podríamos incluir los datos que no se consideren sensibles de los menores de edad o discapacitados, así como demás interesados en situación de vulneración social.
    - **Básicos**: se trata del conjunto de datos identificativos de un interesado que no revelan circunstancias relevantes. Ejemplos de ello son su nombre y apellidos, domicilio, imagen (si no es menor de edad) o número de DNI.
- **El modo de almacenamiento**: el almacenamiento de los datos que trate el responsable es fundamental a la hora de organizar un buen sistema de protección. De este modo, en todo informe de ciclo de vida de los datos se debe reflejar el modo en el que se almacenan los mismos atendiendo a la tipología de ficheros o soportes en el que se incluyen, lo que será un punto de referencia a la hora de confeccionar las medidas de seguridad necesarias. De este modo, podemos hacer referencia a tres posibles clasificaciones
    - **En papel o fichero físico**: los datos se almacenan en ficheros físicos (carpetas, archivadores, cajones colgantes).

- **En ordenadores o fichero electrónico**: a diferencia del método anterior, en esta tipología de clasificación se enmarcarían los datos que no son tratados en formato papel en ningún caso, de modo que siempre será necesario un dispositivo informático para su visualización o tratamiento. Debe tenerse en cuenta que, en el caso de correos electrónicos o cualquier otro tipo de documentación que hubiese sido recibida por esta vía u otra similar (servicios de mensajería instantánea, por ejemplo), sólo podrá ser incluida en esta categoría si no se llega a imprimir dicha documentación o el contenido de los correos electrónicos, pues se vería involucrado un soporte físico (el papel) y se deberán añadir nuevas medidas de seguridad que complementen la protección de dichos datos.
- **En formato mixto**: sencillamente, supone la combinación de las dos categorías anteriores. De este modo, siguiendo con el ejemplo de la categoría anterior, si se tratan datos a nivel informatizado y posteriormente, o paralelamente, se imprimen o se tratan igualmente en papel, se deberá incluir en esta categoría.

- **Las partes implicadas en el tratamiento**: se trata de uno de los apartados más amplios que debe contener el informe sobre el ciclo de vida. En él, se deben incluir todas las partes que tienen implicación en el tratamiento de los datos respectivos, desde las personas que tienen acceso a los mismos hasta los soportes en los que se pueden tratar. A estos efectos, establecemos, a continuación, una propuesta de clasificación:
  - **Equipos informáticos**: sencillamente, se trata de identificar la tipología de equipos que se usarán por el responsable (ordenadores de sobremesa, equipo virtual, portátil, smarthphone, etc.).
  - **Soportes de información**: al igual que en el anterior apartado, se trata de identificar, en términos generales, la tipología de soportes que se usan para almacenar los datos (papel, discos duros, tarjetas de memoria externa, disco virtual, etc.).
  - **Personal con acceso a datos**: se trata de destacar las categorías generales del personal laboral de la entidad, o cualquier persona que se integre en la organización responsable. A estos efectos, podríamos estar hablando, en términos generales, de usuarios internos o externos, subcontratas o proveedores con acceso a datos.
  - **Interesados o afectados**: en este caso, se trata de agrupar en categorías el tipo de persona física interesada o afectada por el tratamiento. En términos generales, podríamos hablar de clientes, voluntarios o cualquier otra denominación categórica que el responsable aplique a sus interesados.
- **El uso u operación a realizar con los datos**: como núcleo del informe y parte esencial del mismo, es evidente que se debe indicar qué operación concreta se realizará con los datos en el tratamiento para el que se esté confeccionando el informe sobre el ciclo de vida de los datos. A estos efectos, podría tratarse de una prestación de servicios contratados, facturación o contabilidad, operaciones de financiación, peritajes, gestión de deudas, mantenimiento de relación contractual y gestión de agenda. Evidentemente, se podrá ampliar la lista de conformidad con la realidad concreta de cada organización.
- **Previsiones de cesiones o transferencias internacionales**: se trata de una exigencia derivada del principio de transparencia y diligencia debida del responsable, de modo que este apartado implica una

doble determinación: por un lado, indicar si se realizan cesiones o transferencias internacionales y, por el otro, la indicación del tipo de institución u organismo al que serán cedidos o el país al que serán transferidos. Con esto nos referimos a si se trata de una entidad privada o un organismo público, por un lado, y si se trata de un país dentro de la Unión Europea o fuera de la misma, por el otro.

- **Plazo de destrucción de los datos**: se debe incluir una referencia al plazo que tiene previsto el responsable que transcurra hasta la destrucción definitiva de los datos, lo que se equipararía a la "muerte" de los mismos dentro del ciclo de vida. En este caso, nuestra propuesta pasa por las siguientes opciones:
    - **Destrucción tras el plazo legal establecido**: tal y como se ha establecido en páginas anteriores, existen normas que obligan a cualquier responsable de tratamiento a la conservación de los datos del interesado durante un plazo legal determinado. Un ejemplo de ello es la conservación obligatoria de documentación contable y fiscal (6 años, a efectos mercantiles), o la documentación sobre el cumplimiento de obligaciones en materia de blanqueo de capitales (10 años, como mínimo).
    - **A petición expresa del interesado**: esta categoría se determinará solo en aquellos casos en los que el método de destrucción estuviese totalmente subordinado a la petición de supresión del interesado. En estos casos, normalmente nos encontramos ante datos básicos del mismo (nombre, correo electrónico, número de teléfono).
    - **En un plazo determinado, distinto del legalmente establecido**: en el caso de que no se decida enmarcar el tratamiento en ninguna de las dos categorías anteriores, existe la opción de informar al interesado del plazo concreto en virtud del cual se conservarán sus datos. Se debe tener en cuenta que solo podrán incluirse en este apartado aquellos datos que no tengan un plazo legal obligatorio de conservación o, teniéndolo, que no suponga un incumplimiento de dicho plazo.

MODELO DE EJEMPLO DE CICLO DE VIDA PARA UN TRATAMIENTO DE DATOS DE CLIENTES	
1. Captura de datos:	
Mediante formulario web (formulario de contacto o registro)	
Mediante formulario en papel (ya sea documento de consentimiento, formulario a cubrir, papeletas de sorteos/ concursos...)	X
A través de organismo público	
Entrega en mano por el interesado	X
A través de empresa privada	
Mediante envío de correo electrónico	X
2. Clasificación:	
Datos sensibles	
Datos protegidos	
Datos básicos	X

3. Almacenamiento:	
En papel/Fichero físico	
En ordenadores/Discos Duros	
En formato mixto (las dos opciones anteriores combinadas)	X
4. Partes implicadas (Activos):	
Equipos informáticos donde se tratan	
Ordenador/es de sobremesa	X
Ordenador/es portátil	X
Smartphone/s	
Tablet/s	
Servidor/es	
Equipo virtual	
Periféricos	
Centralita telefónica	
Teléfono IP	
Soportes de información donde se almacenan	
Electrónicos	
CD-ROM/DVD	
Memoria/s USB	X
Tarjetas de memoria externa	
Disco Duro Externo	X
Almacenamiento en red	
Discos Virtuales	
No electrónicos	
Papel	X
Personal con acceso a los datos	
Usuarios internos	X
Usuarios Externos	
Subcontratas	
Proveedores	
Interesados (personas afectadas)	
Clientes	X
Huéspedes	
Voluntarios/colaboradores	
Asociados/socios	
Participantes en congresos, jornadas, sorteos…	

5. Uso/tratamiento	
Prestación de servicio/s contratado/s	X
Facturación/contabilidad	X
Financiaciones	
Gestión de seguros	
Peritajes	
Gestión de Rentas y/o tributos	
Campañas de publicidad y/o marketing	
Mantenimiento de la relación contractual y gestión de agenda	X
Gestión de deudas	
Subida de documentación a extranet privada, app...	
Informes de investigación de detectives	
6. Cesión o transferencia	
Cesiones a organismos públicos competentes en la materia	X
Cesiones a empresas del grupo asociadas	
Cesión a terceros (se especificarán en el registro de actividades)	
Transferencias internacionales a países dentro de la UE	
Transferencias internacionales a países fuera de la UE (se especificarán en el registro de actividades)	
7.Destrucción	
Se destruyen tras el **plazo legal estipulado:** - Documentación contable y fiscal: o A efectos mercantiles (art 30 C.Comercio): **6 años** o A efectos fiscales (art 66 a 70 LGT): **4 años** - Documentación relativa a obligaciones contractuales, facturas acreditativas y contratos (art 1964 CC): o **5 años** para obligaciones que surgiesen a partir del 7 de octubre del año 2015 o **15 años** para obligaciones surgidas con anterioridad al 7 de octubre del año 2015 - Documentación en que se formalice el cumplimiento de las obligaciones en blanqueo de capitales (art. 25.1 Ley 10/2010, de Prevención de Blanqueo de capitales): **mínimo de 10 años** - Libros registro y hojas de control de operaciones de compra de objetos usados con metales precios (art. 99 RD 197/1988 de 22 de febrero): **5 años** - Libros registro y partes de entrada en establecimientos hosteleros (OM INT/1922/2003 de 3 de julio): **3 años** - Según los plazos de prescripción de infracciones estipulados en la legislación específica	X

A petición expresa del interesado (salvo los documentos que legalmente deban conservarse bloqueados ante posibles responsabilidades o peticiones por parte de organismos públicos, juzgados y tribunales...)	X
Plazos específicos diferentes a los legales (indicar): años	

** Como se puede comprobar en el ejemplo, se puede optar por un modelo de checkbox en el que se pueda marcar la opción que se ajuste con la realidad del tratamiento. Nótese que hemos optado por un modelo que no se tiene porqué corresponder con la realidad; debe ser adaptado.

2. Identificación de amenazas

Una vez elaborado el conjunto de informes de ciclo de vida que sea necesarios, se debe proceder a realizar la identificación de las amenazas que puedan afectar a la privacidad de los interesados y que vayan ligadas a las operaciones de tratamiento realizadas. Este procedimiento debe seguir el esquema de acciones de identificación, evaluación y tratamiento, que no puede confundirse con la propia EIPD, aunque pueda tratarse de una introducción a esta.

Es evidente que, para realizar este procedimiento de modo correcto, es imprescindible tener un profundo conocimiento del funcionamiento de la entidad responsable y del contexto en el que se enmarca. Con esto, debemos incluir el personal que trabaja o colabora con la empresa, la dirección de la misma y los objetivos comerciales presentes y futuros que se pretenden obtener.

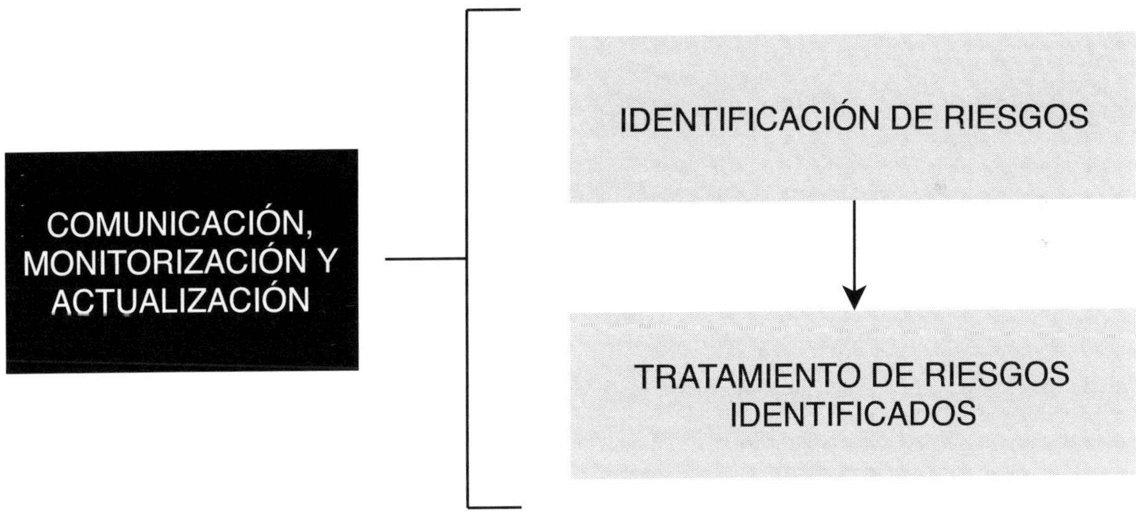

De acuerdo con el esquema anterior, el procedimiento de identificación y posterior tratamiento (la gestión del riesgo) debe ir aparejada a una constante comunicación con los componentes de la entidad responsable. Esto obedece a la exigencia de un conocimiento profundo de la misma, ya indicado, pues si no fluye la información entre el encargado de realizar la confección del Programa y el resto de la empresa, no se identificarán correctamente todas las amenazas posibles. Lógicamente, no todas las entidades tendrán un mismo nivel del riesgo, al igual que no todas las entidades emprenderán las mismas operaciones de tratamiento. Con esto queremos recalcar que la identificación de las amenazas podrá variar entre una entidad y otra con dependencia de los factores que puedan afectar

Así las cosas, el método es ciertamente fácil de comprender, pues parte de una secuencia de acciones muy simple. En efecto, una vez identificada la operación de tratamiento concreta, que a estas alturas de la labor ya se halla materializada en el registro de actividades de tratamiento y en el informe del ciclo de vida de los datos, únicamente resta por identificar el conjunto de amenazas a las que puede estar sometido el tratamiento. Una vez documentadas dichas amenazas, se deben clasificar de acuerdo con su tipología y gravedad y, finalmente, asignar una medida de seguridad que sirva para inhibir al máximo posible la materialización del riesgo. Se debe tener en cuenta que en algunas ocasiones no se podrá desplazar el nivel de riesgo un nivel inexistente (pues nunca se puede hablar de riesgo cero, como indicaremos en el siguiente bloque), sino que se trata de minimizar la amenaza y el impacto que la misma pueda tener sobre los derechos y libertades del interesado.

Este procedimiento de gestión del riesgo se trata de la vertiente básica del mismo, de modo que es el que deben seguir aquellas entidades responsables en las que no se aprecie un elevado número de amenazas o las que existan no vayan aparejadas a tratamientos de alta sensibilidad o de información especialmente protegida. Así, en el caso de que se aprecie la existencia de un alto riesgo, según hemos establecido en páginas anteriores, consecuentemente se deberá proceder a confeccionar una EIPD y valorar el riesgo inherente y el residual, a la hora de determinar las medidas de seguridad adecuadas. Por esta razón, conviene no confundir una y otra.

A través del siguiente ejemplo práctico[4], el lector podrá comprender con mayor claridad el funcionamiento del análisis de las amenazas que venimos desarrollando.

Ejemplos prácticos

Ejemplo práctico 18

Operación de tratamiento identificada:

Registro y almacenamiento de una lista de asistentes a un curso de formación en una aplicación (sin elevado riesgo para los derechos y libertades de los interesados).

Riesgos generales identificados, clasificados según su tipología:

- **Protección de la información**:
    - o Integridad de los datos personales:
  - Modificación o alteración de datos personales no intencionada.
    - o Disponibilidad de los datos personales:
  - Pérdida o borrado no intencionado de datos personales.
    - o Confidencialidad de los datos personales:
  - Acceso no autorizado a los datos personales.
- **Riesgos asociados al cumplimiento**:
    - o Garantizar el ejercicio de los derechos de los interesados:
  - Ausencia de procedimientos para el ejercicio de derechos.
    - o Garantizar los principios relativos al tratamiento:
  - Ausencia de legitimidad para el tratamiento de los datos personales.
  - Tratamiento ilícito de datos personales.

Asignación de medidas de seguridad:

4 El ejemplo práctico que utilizamos ha sido empleado por la AEPD en su *Guía práctica de análisis de riesgos en los tratamientos de datos personales sujetos al RGPD, disponible en su web:* www.aepd.es.

TIPOLOGÍA DE RIESGO	RIESGO CONCRETO	MEDIDAS DE SEGURIDAD
Integridad de los datos	Modificación o alteración de los datos no intencionada	Segregación de funciones mediante perfiles de acceso
		Control de monitorización de amenazas
Disponibilidad de los datos	Pérdida no intencionada de los datos	Copias de seguridad
		Almacenamiento en ubicaciones alternativas
Confidencialidad	Acceso no autorizado	Control de acceso
		Asignación de usuarios en red
Garantía de derechos ARSO	Inexistencia de procedimientos de ejercicio de derechos	Procedimiento concreto y canales adecuados
Garantía de principios rectores de protección de datos	Inexistencia de legitimidad	Cláusula informativa y asignación de base de legitimación
	Tratamiento ilícito	Monitorización

BLOQUE III. Evaluación del riesgo

1. Valoración del riesgo inherente

Conforme se ha establecido en apartados anteriores, un análisis básico y general de los riesgos no supone la realización de una EIPD, pudiendo tan solo presentarse como un paso previo a su confección o como una parte de la misma. Así, el lector ya habrá comprendido que existen indicadores que determinan la realización de la EIPD, ya sea en sentido obligatorio o en sentido aconsejable.

En cualquier caso, en el supuesto que se deba acometer la EIPD, el objetivo primordial es hallar y cuantificar de algún modo la proporción de riesgo inherente del tratamiento o tratamientos evaluados. Ello es así ya que, sin conocer de antemano esta información, será muy difícil implantar unas medidas de seguridad proporcionales y adecuadas al verdadero problema, que es el objetivo constante en cualquier Programa de Cumplimiento realmente efectivo y trabajado.

En este sentido, para poder avanzar en la explicación, es preciso que el lector se familiarice con los principales elementos que integrarán el riesgo inherente. El riesgo inherente, como se podrá intuir, hace referencia al nivel de amenaza que existe de modo intrínseco a la propia figura del responsable según su actividad, organización, estructura y planteamiento de cumplimiento. Es decir, se trata de aquellas amenazas que se localizan en la entidad sin aplicar ninguna medida de seguridad.

Entendido ello, resulta más sencillo comprender los factores que integran esta proporción, que son básicamente dos: la probabilidad y el impacto. Así, por un lado, el **impacto** se refiere al conjunto de consecuencias que tendría el evento dañoso (riesgo inherente) en caso de que se acabase materializando y, por el otro, la **probabilidad** es la frecuencia con la que teóricamente se podría llegar a producir el riesgo al no haber controles que la mitiguen. Así, es importante resaltar el hecho de que la probabilidad se mide en términos puramente teóricos, sin tener en cuenta nada más que la propia contextualización de la entidad responsable realizada en un primer momento y el evento dañoso en sí mismo, pues cuantificar dicho parámetro es un paso previo a la medición del riesgo residual que se calculará en un momento posterior, como detallaremos en el siguiente apartado.

En conexión con lo anterior, el lector se preguntará cuál es la metodología adecuada para llevar a la práctica la ecuación señalada. Así, cabe responder a esta cuestión de una manera amplia, pues no existe una única metodología definida a conciencia en una norma ISO, pudiendo optar por algunos factores según las necesidades o preferencias de la entidad responsable (o profesional que se esté encargando de realizar el procedimiento).

En este sentido, nuestra propuesta metodológica se centra en tres posibles métodos calificativos:

- **Análisis cualitativo**: se utilizará escalas de carácter meramente descriptivo, sin referencia numérica alguna.
- **Análisis cuantitativo**: se emplean exclusivamente valores numéricos concretos.
- **Análisis mixto**: se emplearán referencias numéricas concretas en conjunción con valores descriptivos claros.

De estas tres opciones, siempre que el contexto del análisis lo permitiera, lo más recomendable es hacer uso de la tercera, pues ello proporcionaría una imagen más gráfica y completa de la situación de eventos dañosos que pueden darse en la empresa, con una referencia breve pero concisa de la escala asignada a cada riesgo y sus consecuencias.

Así, aplicando nuestra recomendación a la práctica del análisis de riesgos, comenzando por la medición de la **probabilidad**, es recomendable utilizar una escala más bien escueta si nos orientamos a las pymes o microempresas, pues una escala con muchos valores posibles supondría una confusión que restaría claridad al proceso y devendría en una burocracia innecesaria para el objetivo propuesto. De este modo, es preferible agrupar la probabilidad en una escala que contemple los siguientes valores, de grado más bajo a más alto:

- **Improbable**: escenarios de riesgo que podrían aparecer en la empresa, pero de modo muy remoto; muy difícilmente se materializarían de acuerdo con la realidad que presente la empresa.
- **Probable**: los escenarios de riesgo podrían aparecer en la empresa con más asiduidad que los anteriores, aunque no se trata de riesgos que estén presentes en el devenir común de la empresa; no se reproducen situaciones dañosas en el día a día de la empresa, pudiendo fijarse una frecuencia concreta[5].
- **Altamente probable:** hace referencia a escenarios de riesgo que pueden ser habituales en la empresa, sin necesidad de pensar en situaciones exageradas o excepcionales.

Por lo que se refiere al **impacto**, es recomendable hallar una escala igualmente escueta que facilite la valoración de la gravedad de cuantas consecuencias se puedan desprender de un escenario dañoso materializado. Así, es recomendable agrupar los rangos de impacto en la siguiente escala:

- **Bajo**: impacto muy leve en la persona del interesado que únicamente tendría consecuencias de tipo residual en el individuo.

---

5 Esta frecuencia deberá ser valorada por el responsable o persona encargada del análisis de los riegos, aunque un lapso de entre seis y ocho meses debería tomarse como referencia a efectos idóneos.

- **Alto**: se trata de un impacto más agravado que el anterior, aunque tampoco conlleve la eliminación absoluta de los derechos y libertades del interesado, sí supone un perjuicio evidente para el mismo.
- **Grave**: se trata del impacto más pernicioso para el interesado, ligado consecuencias críticas sobre sus derechos.

De las anteriores combinaciones entre probabilidad e impacto se arroja el resultado que identificará el **nivel de riesgo inherente**. Así, con idéntico criterio que, con los anteriores factores, podremos identificar tres rangos de riesgo inherente, que presentados de menor a mayor rango son:

- **Escaso:** en este nivel se englobarían todos aquellos riesgos inherentes que llevan aparejada una baja probabilidad de materialización que no superaría el nivel medio del Mapa de riesgos.
- **Notorio:** se englobarían aquí los riesgos inherentes que se enmarcan en el campo transversal del Mapa de riesgos, de modo que supone que hay que prestar especial atención a su evolución.
- **Grave:** este último rango sería el más alto en la escala y englobaría aquellos escenarios de riesgo inherente con alta probabilidad de materialización que conlleven un alto nivel de impacto para la empresa.

Esquemas

Matriz de cálculo del riesgo inherente

PROBABILIDAD	Bajo	Alto	Grave
Altamente probable	Notorio	Grave	Grave
Probable	Escaso	Notorio	Grave
Improbable	Escaso	Escaso	Notorio

IMPACTO

2. Valoración del riesgo residual

Habiendo llegado a este punto, el lector habrá comprobado que después de obtener el listado detallado de los riesgos y los escenarios concretos en los que se puede materializar ese riesgo, se debe proceder a la asignación proporcional de controles que mitiguen o inhiban los eventos dañosos para finalmente mediar la efectividad de los mismos. Sin embargo, la finalización de un mapa de riesgos no termina aquí, sino que resta por hacer referencia a la evaluación final de cada riesgo.

Como ya se ha introducido con anterioridad, un factor fundamental para arrojar una conclusión sobre los riesgos identificados en la empresa es el **riesgo residual** que arrojan tras los controles implantados. Únicamente podremos conocer la evaluación final del riesgo cuando hayamos cuantificado el riesgo residual que se desprenda. Así, el concepto que engloba la evaluación del riesgo se define como la comparación de los resultados que arroje el correspondiente análisis de riesgo en consonancia con el nivel de riesgo real que la organización puede asumir y está dispuesta a tolerar.

Esta última idea es precisamente la que define al riesgo residual como aquel que "sobra" una vez hayamos calculado el impacto que tienen los controles aplicados. Sin embargo, el lector se preguntará cómo se llega a concretar en la práctica el riesgo residual, pues el carácter subjetivo que tiene hace muy difícil documentar una escala concreta. Así, para dar respuesta a esta pregunta, se debe recurrir a la ecuación que relaciona el riesgo residual con el inherente y la vulnerabilidad que presente el mapa de riesgos concreto.

Lo anterior quiere decir que, para cuantificar el riesgo residual, se debe obtener una valoración referente a la probabilidad de que el riesgo inherente acabe materializándose, por un lado, y el valor asociado a la evaluación del riesgo obtenida (mínima, moderada o plena), por el otro. De esta manera, obtendremos dos factores cuantificados que lógicamente arrojarán un producto final cuantificado, que será lo que consideraremos riesgo residual. Todas estas proporciones numéricas deberán ser obtenidas de una tabla comparativa de factores, que proporcionaremos en el presente capítulo a modo de guía práctica, sin perjuicio de que cada empresa puede confeccionar la suya atendiendo a mejor criterio.

Obteniendo el valor del riesgo residual, tendremos en nuestro poder el dato decisivo sobre qué hacer ante cada escenario dañoso que pueda darse en la empresa. De este modo, si conocemos el riesgo que no es posible controlar por la empresa, sabremos si estamos dispuestos a asumir el mismo dependiendo de la actividad a la que va asociado, si podemos prorrogar dicha actividad o si debemos suprimirla de nuestra línea de negocio con carácter inminente.

Esquemas

Matriz de cálculo del riesgo residual

RIESGO INHERENTE			
Altamente probable	**Notorio**	**Grave**	**Grave**
Probable	**Escaso**	**Notorio**	**Grave**
Improbable	**Escaso**	**Escaso**	**Notorio**
	Bajo	Alto	Grave

EFECTIVIDAD DEL CONTROL

2.1. Deber de consulta previa

Existe una especialidad que debemos tomar en consideración en caso de que alguno de los tratamientos de datos sometidos a la EIPD arroje un resultado no adecuado. Con ello nos referimos a que la conclusión de la EIPD arroje un nivel de riesgo residual alto, momento en el que se entiende que tras el diseño de las medidas de seguridad pensadas para el mismo no se consigue mitigar a un grado satisfactorio y de salvaguarda de los derechos y libertades del interesado.

Así, en caso de que obtenga este resultado, con carácter inmediato se debe neutralizar el proyecto de tratamiento y ponerlo en una suerte de cuarentena preventiva, hasta que se pueda contar con garantías suficientes para ponerlo en práctica. Es en este momento donde entra en juego lo dispuesto en el artículo 36.1 del RGPD, ya que al no haber previsión concreta en la LOPD-GDD, nos debemos remitir una vez más a la normativa europea. De este modo, la mencionada disposición obliga a todo responsable a consultar a la autoridad de control correspondiente sobre la viabilidad de poner en práctica la operación de tratamiento, que es objeto de consulta. En el caso español, el lector es perfectamente consciente de que se refiere a la AEPD.

De este modo, los condicionantes que se deben reunir para acudir a esta vía son tres, a saber:

- Ser el responsable del tratamiento.
- Haber completado la EIPD.
- Que la EIPD muestre un alto riesgo para los derechos y libertades de las personas tras haber aplicado medidas para mitigarlo.

Por lo que se refiere al plazo, la normativa no plantea ninguna limitación temporal explícita, pero sí sabemos que debe realizarse antes de poner en práctica el tratamiento. De este modo, la respuesta sobre el plazo, bajo nuestro punto de vista, debe consistir en realizarlo de modo inmediato tras terminar la EIPD, pues la AEPD dispone de ocho semanas para resolver el asunto, pudiendo ampliarlo otras seis semanas en caso de mayor complejidad. Incluso, es posible suspender estos plazos en el lapso temporal que sea necesario para que la AEPD recabe la información que sea necesaria.

La siguiente cuestión que se ha de formular el lector es la relativa a los requisitos de contenido que debe reunir la documentación a elevar en consulta previa. La respuesta a esta cuestión la encontramos en el apartado tercero del artículo 36 del RGPD, en el cual se estipulan los siguientes requisitos de contenido:

a) En su caso, las responsabilidades respectivas del responsable, los corresponsables y los encargados implicados en el tratamiento, en particular en caso de tratamiento dentro de un grupo empresarial.

b) Los fines y medios del tratamiento previsto.

c) Las medidas y garantías establecidas para proteger los derechos y libertades de los interesados.

d) En su caso, los datos de contacto del Delegado de Protección de Datos.

e) La EIPD completada.

f) Cualquier otra información que solicite la autoridad de control.

Como ya se ha establecido al inicio de esta explicación, solo en el caso de que la AEPD determine un informe favorable sobre la viabilidad del tratamiento consultado, se podrán poner en prácticas las operaciones de tratamiento vinculadas al mismo, continuando con la supervisión de la implantación y la revisión post-implantación, dando por finalizada la EIPD para la entidad responsable.

Sin embargo, en caso de que el informe de la AEPD sea desfavorable, en ningún caso se podrá iniciar o continuar con las operaciones de tratamiento. Recuérdese que en todo momento lo que se plantea por encima de cualquier interés del responsable son los derechos y libertades de los interesados. Así, si no se puede garantizar el respeto a estos últimos, no cabe hablar de tratamientos que se ajusten a la legalidad y respeten la cultura de cumplimiento normativo.

Esquemas

Esquema sobre la metodología de la EIPD

BLOQUE IV. Medidas de seguridad

1. Catálogo de medidas

Como se ha venido indicando a lo largo del presente trabajo, una de las características fundamentales de la regulación en materia de protección de datos es el mandato de conducta proactiva que deben tener todas aquellas entidades que actúen como operadores en el tratamiento de datos personales de los interesados, de modo que tienen que adelantarse a los posibles acontecimientos negativos que puedan ocurrir con respecto a la seguridad de la información y la protección de los intereses de las personas cuyos datos ostentan.

Lo anterior es importante tomarlo en consideración, pues entre todos los factores que configuran la conducta proactiva del responsable, uno de los más fundamentales es la implantación de medidas de seguridad que sean necesarias para la salvaguarda de los derechos y libertades de los interesados. Así, tal y como hemos visto en los apartados anteriores, para conocer qué tipo de medidas se deben diseñar e implantar, primero debemos conocer el conjunto de amenazas y riesgos que se encuentran en la órbita de los tratamientos que se pretenden realizar.

Así las cosas, si bien la LOPD-GDD no incluye una mención expresa o catálogo concreto de medidas a aplicar, sí encontramos algo parecido en el RGPD. En concreto, en el artículo 32.1 de la citada normativa, podemos comprobar algunos ejemplos de medidas técnicas y organizativas apropiadas para garantizar un nivel de seguridad adecuado al riesgo. En efecto, las principales medidas que pueden implantarse son las siguientes:

- **La seudonimización y el cifrado de datos personales.**

Evidentemente, esta medida no siempre tiene cabida en todos los tratamientos, no ya por los recursos de los que pueda disponer la entidad responsable al respecto (que sería irrelevante en este sentido, pues si pretende llevar a cabo un tratamiento que necesite esta medida de seguridad, no se puede apoyar en el principio de proporcionalidad para saltarse este control), sino porque no es siempre adecuada o pertinente la implantación de este tipo de medidas.

Los tratamientos para los que suele ser adecuada la implantación de este tipo de medidas es para aquellos en los que estén involucrados datos de alta sensibilidad, así como datos de menores o personas en situación de vulnerabilidad. Evidentemente, nada impide la implantación de la medida ante tratamientos de datos personales con un menor nivel de exigencia de tutela (datos básicos de correo electrónico, número de teléfono o nombre).

Así, el funcionamiento de este tipo de medidas tiene que ver con imponer barreras de acceso no autorizado a los ficheros, tanto físicos como electrónicos, en los que se alojen los datos. Ello puede lograrse mediante contraseñas de acceso, patrones de bloqueo o comprobación de credenciales de acceso a través de un sistema diseñado a tal efecto. Asimismo, por lo que se refiere a la seudonimización en sentido concreto, se utiliza para el tratamiento de datos personales en los que no es necesario mantener un nexo identificativo entre el interesado y el dato que se está tratando. Puede configurarse en torno a la asignación de un nombre o apodo alternativo al nombre real del interesado, o sustituir los datos por cifras sin sentido aparente o nexo identificativo.

- **La capacidad de garantizar la confidencialidad, integridad, disponibilidad y resiliencia permanentes de los sistemas y servicios de tratamiento.**

Aunque pueda parecer un poco abstracto, lo que el legislador europeo pretende establecer con la determinación de esta categoría de medidas de seguridad, es la necesidad de monitorización y vigilancia constante de las políticas internas de protección de datos de los operadores de los datos. En efecto, cualquier sistema que adapte una entidad a la normativa sobre protección de datos, debe procurar la tutela de la confidencialidad, integridad, disponibilidad y resiliencia permanente de los sistemas y servicios de tratamiento.

Esto tiene conexión directa con la ya tan reseñada idea de la conducta proactiva de todo aquel que opere con datos personales, en la medida en que el propio sistema y metodologías implantadas para proteger esta información no debe ser concebido como un ente estático. Al contrario, debe configurarse en torno a un sistema activo, en constante evolución y adaptación a las nuevas realidades que se produzcan. Por esta razón, cualquier medida de seguridad que se implemente en nuestro Programa de Cumplimiento en materia de privacidad y protección de datos debe mantener una observancia sobre este condicionante.

- **La capacidad de restaurar la disponibilidad y el acceso a los datos personales de forma rápida en caso de incidente físico o técnico.**

Otra de las medidas técnicas y organizativas de gran relevancia tiene que ver con la disponibilidad de los datos personales que son objeto de tratamiento. De nada servirá poner en práctica diferentes tratamientos si, ante una situación negativa, no es posible recuperar o localizar los datos que son objeto del mismo.

Alguna de las situaciones que podrían acontecer, y que harían necesaria la implantación de este tipo de medidas, tiene que ver con las típicas situaciones en las que se puede llegar a traspapelar algún documento, tanto en soporte físico como en soporte digital o electrónico. Otra de las situaciones podría ser la pérdida de algún soporte físico en el que se encontraba almacenado principalmente el dato (por ejemplo, un disco duro externo o un *pen drive*), o el acontecimiento de un incendio en el que se pierdan los soportes que se encontraban en la sede del evento dañoso.

- **Un proceso de verificación, evaluación y valoración regulares de la eficacia de las medidas técnicas y organizativas para garantizar la seguridad del tratamiento.**

Con la implantación de este tipo de procesos, en realidad lo que se está determinando es la necesidad de incorporar procedimientos de auditoría que sirvan para evaluar el grado de cumplimiento y la eficacia de las medidas de seguridad implantadas.

Nada se indica en la legislación sobre la conveniencia de realizar procedimientos de auditoría externa o interna, ni tampoco sobre el plazo de llevarlas a cabo (algo que sí ocurría con el anterior régimen reactivo implantado por la LOPD y su reglamento de desarrollo). Sin embargo, sí es necesario establecer listados de verificación que se comprueben periódicamente, así como procedimientos de revisión más exhaustivos cada cierto tiempo y, desde luego, cada vez que exista una modificación sustancial de la realidad de la entidad responsable que aconseje la revisión de las medidas y registros de tratamiento.

Cada entidad deberá valorar si es preferible externalizar o internalizar esta función, de acuerdo con sus estructura y necesidades, siempre a la luz del principio de proporcionalidad que mencionábamos anteriormente.

Ejemplos prácticos

Ejemplo práctico 19

En páginas web en las que se publiquen resoluciones judiciales sobre determinadas personas, antes de ponerlas a disposición pública de los usuarios, se debe anonimizar el nombre y cualquier otra información que pueda proyectar un nexo identificativo entre el interesado y el hecho que se plasma en la resolución. De este modo, cualquier usuario que acceda a la documentación podrá comprobar en qué consistieron los hechos y el asunto judicial, pero no conocerá la identidad de ninguna persona física que se presente en calidad de interesado

Ejemplo práctico 20

En mi empresa se ha producido un incendio en la sala de archivo de documentación, habiéndose calcinado el conjunto de expedientes que allí estaban almacenados, así como algunos discos duros que se encontraban en el mismo recinto. ¿Qué medidas debía haber tomado para evitar este incidente?

En realidad, lo importante de cara a la protección de datos no debe centrarse en las medidas técnicas de prevención de catástrofes naturales o industriales, como los incendios, sino en la evitación de que dichos eventos dañosos puedan dañar la integridad de los datos que se integran en los tratamientos que se deben proteger.

De este modo, las medidas de seguridad necesarias en este tipo de coyuntura pasa por la implantación de una política de papel cero, digitalizando al máximo la documentación física de la que se disponga, al objeto de introducir sistemas de copias de seguridad de la información. Con ello, debemos mantener diferentes puntos de almacenamiento, a nivel servidor o soporte externo (por ejemplo, discos duros), de modo que se mantengan copias de la información en localizaciones ajenas a la propia entidad. De este modo, cada vez que se recopile y almacene información, se debe realizar una copia de seguridad en destinos alternativos.

2. Violación de seguridad

Lo desarrollado en el apartado anterior tiene que ver con el diseño e implantación de medidas de seguridad con carácter previo al inicio de las operaciones de tratamiento. Como habrá entendido el lector, llegado a este punto, no es posible plantear una operación de tratamiento sin el correspondiente análisis sobre el impacto que la misma tendrá sobre los derechos y libertades del interesado. Es necesario tener definidas e implantadas las medidas de seguridad con carácter previo a la práctica del tratamiento.

Entendido lo anterior, la duda que le puede surgir al lector tiene que ver con qué hacer en caso de que alguna de las medidas de seguridad no sea suficiente o no haya funcionado, con la correspondiente lesión que puede producir sobre los derechos y libertades del interesado. Ello puede venir por una fuga de información, una brecha en la seguridad o, en definitiva, una violación del sistema de medidas de control que había sido diseñado.

Así, el camino a seguir por el responsable ante una situación de este tipo es comunicar dicha violación, por un lado, a la autoridad de control competente (AEPD en el caso español) y, por el otro, al interesado, en determinadas circunstancias tasadas en la normativa. De este modo, lo que procede realizar a continuación es explicar en qué consisten los procedimientos de comunicación de violaciones de seguridad a la AEPD y al interesado, en qué supuestos se deben realizar y los plazos a los que están sujetos.

2.1. Notificación a la AEPD

Lo primero que debemos aclarar al objeto de saber si debemos proceder a notificar a la AEPD este tipo de violación, es si reviste un carácter grave, en la medida en que pueda constituir un riesgo efectivo para los derechos y libertades de la persona física afectada, de conformidad con lo dispuesto en el artículo 33.1 del RGPD, pues en la LOPD-GDD no contiene regulación sobre este procedimiento.

Así, solo en el caso de que la violación de seguridad suponga un riesgo efectivo para el interesado (o conjunto de interesados), se debe proceder a la notificación a través de la sede electrónica de la AEPD, en un plazo máximo de 72 horas, computadas desde el momento inmediatamente posterior a haber tenido constancia de la misma.

Por lo que se refiere al contenido que debe tener la documentación que se remita a la AEPD al objeto de notificar la violación de seguridad, presentaremos un listado con los diferentes componentes en los que se debe entroncar la misma. Estos requisitos de contenido con los siguientes:

Sección 1

Identificación del proveedor

1. Nombre del proveedor

2. Identidad y datos de contacto del responsable de la protección de datos u otro punto de contacto en el que pueda obtenerse más información

3. Indicación de si se trata de una primera o segunda notificación

Información inicial sobre el caso de violación de datos personales (en su caso, complétese en notificaciones posteriores)

4. Fecha y hora del incidente (si se conocen; en caso necesario, puede efectuarse una estimación) y de detección del incidente

5. Circunstancias en que se haya producido la violación de datos personales (por ejemplo, pérdida, robo, copia, etc.)

6. Naturaleza y contenido de los datos personales en cuestión

7. Medidas técnicas y de organización que ha aplicado (o aplicará) el proveedor a los datos personales en cuestión

8. Recurso a otros proveedores (cuando proceda)

Sección 2

Información suplementaria sobre el caso de violación de datos personales

9. Resumen del incidente que ha causado la violación de datos personales (con indicación de la ubicación física de la violación y del soporte de almacenamiento)

10. Número de abonados o particulares afectados

11. Posibles consecuencias y efectos negativos en los abonados o particulares

12. Medidas técnicas y de organización que ha adoptado el proveedor para paliar los posibles efectos negativos

Posible notificación adicional a los abonados o particulares:

13. Contenido de la notificación

14. Medios de comunicación utilizados

15. Número de abonados o particulares a los que se ha remitido la notificación

Posibles cuestiones de carácter transfronterizo:

16. Caso de violación de datos personales que afecta a abonados o particulares de otros Estados miembros

17. Notificación a otras autoridades nacionales competentes

2.2. Notificación al interesado

En el caso de la notificación al interesado, existen ciertas particularidades con respecto a la comunicación tratada en el apartado anterior, aunque también mantienen aspectos comunes. Así, comenzando por estos últimos, podemos afirmar que la comunicación de la violación de seguridad debe revestir cierta entidad al objeto de tomarlas en consideración. Esta entidad debe configurarse en torno a un alto riesgo para los derechos y libertades de las personas físicas que actúen como interesados.

Sin embargo, como adelantábamos en el párrafo anterior, existen ciertas especialidades en este régimen de comunicaciones. Especialidades que tienen que ver con las excepciones que pueden inhibir la obligación de presentar una comunicación al interesado. Así, enumeramos a continuación los tres condicionantes que actúan como excepción a la notificación al interesado. En efecto, los tres condicionantes son los siguientes:

- El responsable del tratamiento ha adoptado medidas de protección técnicas y organizativas apropiadas y estas medidas se han aplicado a los datos personales afectados por la violación de la seguridad de los datos personales, en particular aquellas que hagan ininteligibles los datos personales para cualquier persona que no esté autorizada a acceder a ellos, como el cifrado.
- El responsable del tratamiento ha tomado medidas ulteriores que garanticen que ya no exista la probabilidad de que se concretice el alto riesgo para los derechos y libertades del interesado a que se refiere el apartado 1.
- Que suponga un esfuerzo desproporcionado. En este caso, se optará en su lugar por una comunicación pública o una medida semejante por la que se informe de manera igualmente efectiva a los interesados.

Como se puede apreciar, las medidas que excepcionan la obligación de notificar al interesado el acontecimiento de la violación de seguridad de sus datos son un reflejo evidente de una conducta proactiva. A estas alturas ya no puede resultar sorprendente que actuando con proactividad se generan ciertos beneficios de cara a la responsabilidad del responsable de tratamientos, por lo que si se adoptan las medidas técnicas y organizativas que son necesarias se exonera de esta obligación de comunicación al responsable. Igualmente, y es necesario que el lector lo tome en cuenta, en el caso de que se haya notificado a la AEPD y no al interesado, es posible que la AEPD obligue al responsable a realizarlo, previo examen sobre la no concurrencia de las tres excepciones expuestas anteriormente.

Así las cosas, si la violación de seguridad entraña un alto riesgo para los interesados que puedan estar afectados y no concurre ninguno de los tres condicionantes reseñados anteriormente, se debe proceder a realizar la comunicación de la violación al interesado en un lenguaje claro y sencillo, de modo que resulte perfectamente comprensible el problema y las medidas que se opusieron para intentar solucionarlo. De este modo, nuestra recomendación, en pro de una demostración de proactividad y buena diligencia por parte del responsable, pasa por notificar a la AEPD y al interesado de modo simultáneo si la violación de seguridad reviste caracteres que puedan proyectar un alto riesgo para el interesado.

En cualquier caso, ante una situación en la que se haga necesario llevar a cabo la notificación al interesado, el contenido documental de la misma debe cumplir ciertos condicionantes. A estos efectos, disponemos su contenido en listado que presentamos a continuación:

1. Nombre del proveedor
2. Identidad y datos de contacto del responsable de la protección de datos u otro punto de contacto en el que pueda obtenerse más información
3. Resumen del incidente que ha causado la violación de datos personales
4. Fecha estimada del incidente
5. Naturaleza y contenido de los datos personales en cuestión, con arreglo al artículo 3, apartado 2
6. Posibles consecuencias de la violación de datos personales para el abonado o particular afectado.
7. Circunstancias en que se ha producido la violación de datos personales
8. Medidas adoptadas por el proveedor para subsanar la violación de datos personales
9. Medidas recomendadas por el proveedor para paliar los posibles efectos negativos.

PARTE V.- DELEGADO DE PROTECCIÓN DE DATOS

BLOQUE I. Nociones básicas de la figura

1. Posicionamiento y cualificación

Si se observa con perspectiva el nuevo régimen legal que regula la protección de datos, RGPD y LOPD-GDD, vemos como la óptica estática de la normativa anterior se ha venido a sustituir con una normativa mucho más restrictiva y orientada a la cultura de la proactividad. Ello lo ha realizado con la sustitución del término fichero por la perspectiva de los tratamientos, además de ampliar la creatividad, y responsabilidad, de las entidades responsables y encargadas de tratamiento a la hora de incorporar las medidas técnicas y organizativas que correspondan y sean necesarias. En efecto, varias son las figuras y herramientas que habilita el nuevo régimen legal a la hora de adaptar las entidades a sus preceptos, pero existe una de ellas que llama especialmente la atención. Esta figura es el Delegado de Protección de Datos (más conocido como DPD, o DPO por sus siglas en inglés).

Se trata de una figura que no tiene por qué ser un profesional en sentido único, sino que puede configurarse en torno a una persona jurídica que ofrezca este servicio. El punto clave para ello es que las personas físicas que realicen las funciones básicas de esta figura posean conocimientos especializados en el derecho y la práctica en materia de protección de datos (artículo 35 de la LOPD-GDD y 37.5 del RGPD). Esto puede generar un debate sobre cuál es cualificación profesional más idónea para ocupar esta figura, si la de un ingeniero informático, un abogado o un asesor de empresas. Sin embargo, desde nuestro punto de vista, creemos que lo idóneo es que se trate de un perfil jurídico asentado, como un abogado o consultor legal, que pueda tener conocimientos de informática y gestión de la seguridad de la información. Nada impide a este profesional rodearse de otros profesionales con aquellos conocimientos que el primero no pueda abarcar.

En conexión con lo anterior, téngase en cuenta que esta figura no tiene por qué integrarse en la estructura interna de la entidad responsable de tratamientos, sino que puede externalizarse. Es conveniente manejar correctamente esta información, ya que el aprovechamiento de los recursos de la entidad puede ser útil en muchas ocasiones, pero puede resultar complejo garantizar su independencia y autonomía. Repárese en el hecho de que, si bien puede tratarse de un profesional que preste sus servicios a nivel interno en la entidad y nada impide que se dedique a otras funciones dentro de la misma, si la empresa se caracteriza por la complejidad en las operaciones de tratamiento, es complicado mantener la dedicación que la vigilancia a los mismos requiere.

Interesa llamar la atención sobre la necesidad de independencia y autonomía en la toma de decisiones y el día a día de su trabajo, pues será el interlocutor entre la propia entidad responsable y el resto de los elementos que existan en su órbita operativa: encargados de tratamiento, interesados o la propia AEPD.

Igualmente, conviene adelantar que este profesional no debe ser nombrado, en cualquier caso, sino que existen supuestos en los que la normativa ha especifico su receptividad. No obstante, es posible que las entidades responsables designen un DPD sin necesidad de estar obligados, lo que contribuirá a mejorar su funcionamiento interno e imagen de proactividad, indudablemente.

2. Funciones básicas

El DPD se trata de una figura que asume numerosas funciones, todas ellas de suma relevancia para la garantía de los derechos y libertades del interesado. Sin embargo, este enunciado puede suponer una idea un tanto abstracta para la comprensión práctica de su trabajo, por lo que debemos concretar sus funciones concretas. A estos efectos, es posible acudir al artículo 39 del RGPD y 37 de la LOPD-GDD, en los cuales se disgregan sus competencias dentro de la empresa a través de las siguientes funciones:

- **Informar y asesorar al responsable o al encargado del tratamiento y a los empleados que se ocupen del tratamiento de las obligaciones que les incumben en virtud del presente Reglamento y de otras disposiciones de protección de datos de la Unión o de los Estados miembros.**

Esto supone que el DPD será el encargado de realizar cuantas formaciones sean necesarias al personal y dirección de la entidad responsable. Cualquier elemento que despierte algún tipo de duda en la actuación a efectuar, es donde entra en juego el asesoramiento y la información necesaria que brinda el DPD.

Normalmente, el DPD se puede equiparar a una suerte de asesor jurídico sobre el cumplimiento normativo en el seno de la entidad. De esta manera, tal como se ha establecido anteriormente, es fundamental que mantenga una buena relación y un contacto constante con el personal que tiene contacto directo con los datos que integran los tratamientos de la entidad.

- **Supervisar el cumplimiento de lo dispuesto en el presente Reglamento, de otras disposiciones de protección de datos de la Unión o de los Estados miembros y de las políticas del responsable o del encargado del tratamiento en materia de protección de datos personales, incluida la asignación de responsabilidades, la concienciación y formación del personal que participa en las operaciones de tratamiento, y las auditorías correspondientes.**

Como extensión lógica del grupo de funciones anterior, el RGPD hace hincapié en la necesaria supervisión que tiene que llevar a cabo el DPD. Esto pasa por la comprobación de todos los puntos clave que se realicen en las operaciones de tratamiento de los datos.

Para que se comprenda con mayor claridad, si bien el primer grupo de funciones tiene que ver con una suerte de instancia de parte para efectuarlas, esto es, se necesita que se solicite el asesoramiento por parte del DPD o se le planteen consultas para que las lleve a cabo, en este caso se trata de una función que debe practicar de oficio y a iniciativa propia.

Dada la experiencia y conocimiento que este profesional debe ostentar, sabrá en qué momento es necesario efectuar una auditoría o una revisión sobre un aspecto concreto de la estructura de tratamientos de la entidad responsable, así como el área en la que debe focalizar sus esfuerzos a la hora de detectar cualquier tipo de riesgo que pueda derivar en una infracción de la normativa.

- **Ofrecer el asesoramiento que se le solicite acerca de la EIPD y supervisar su aplicación.**

Dentro de las funciones de asesoramiento que lleva implícitas esta figura, es fundamental aquel que puede ofrecer en el momento de confección de la EIPD. Este asesoramiento debe comenzar, preferiblemente, en la fase sobre el análisis de la necesidad de realizar dicha evaluación, pues si se comete cualquier tipo de error, ello se arrastrará al resultado final de la misma.

El lector debe entender que del resultado de una EIPD se extraen las conclusiones sobre la viabilidad real de los tratamientos de datos que se pretendan realizar, de modo que, si no se realiza de modo correcto, se correrá el peligro de aceptar tratamientos cuyas medidas de seguridad se deben reforzar o, en otros casos, cuya viabilidad no está garantizada sin una consulta previa a la AEPD.

- **Cooperar con la AEPD.**

Además de las funciones de supervisión interna y asesoramiento, esta figura tiene una funcionalidad representativa y de contacto de la entidad responsable. De este modo, si la AEPD, o cualquier otra autoridad de control, requiere documentación o información sobre algún extremo del Programa de Cumplimiento o la política interna de la entidad, si dicha entidad cuenta con un DPD, será este el encargado de las comunicaciones y de facilitar toda la documentación y extremos requeridos.

Esto puede hacerse extensible a los procedimientos de supervisión por parte de la AEPD, es decir, las inspecciones. Es necesario que el DPD esté presente ante este tipo de procedimientos a nivel presencial, además de que es absolutamente necesario contar con su asesoramiento jurídico en el caso de que se incurra en una investigación de este tipo.

- **Actuar como punto de contacto de la autoridad de control (AEPD) para cuestiones relativas al tratamiento, incluida la consulta previa, y realizar consultas, en su caso, sobre cualquier otro asunto.**

Tal y como hemos indicado en el subapartado anterior, la dinámica propia de un DPD supone actuar como intermediario o punto de contacto entre la AEPD y la entidad en la que presta sus servicios. Ello incluye su representación ante procedimientos clave en las operaciones de tratamiento: la consulta previa y las consultas voluntarias.

Por lo que se refiere a la consulta previa, el lector ya sabrá que se trata de aquella que debe realizarse en caso de que el nivel de riesgo residual resultante de la EIPD no sea aceptable. Esto requerirá consultar a la AEPD, en busca de su asesoramiento, sobre si se puede efectuar finalmente el tratamiento o no. Así, este trámite requiere unas formalidades concretas y es conveniente que se encargue del mismo el DPD.

Por otro lado, por lo que se refiere a la realización de consultas voluntarias, el lector debe ser consciente de que la AEPD no solo se encarga de la supervisión o procedimientos sancionadores de las entidades responsables de tratamiento. Al contrario, es un órgano fundamental a la hora de prestar la luz de conocimiento que todos los operadores de datos necesitan, así como los profesionales que prestan sus servicios en este sector.

En este sentido, además de contener infinidad de guías prácticas, así como preguntas frecuentes y publicaciones sobre doctrinas a tomar en cuenta a la hora de llevar a cabo operaciones de tratamiento, la AEPD cuenta con una función en su sede electrónica destinada al planteamiento de consultas sobre aspectos en los que existan dudas razonables por parte de las entidades responsables.

Estas consultas, en caso de que se cuente con un DPD, se deben plantear a través de esta figura. Así, se remitirá a la AEPD toda la información que sea necesaria para un entendimiento concreto del interrogante planteado y el gabinete jurídico de este organismo responderá con un informe jurídico en el que suelen desarrollar de modo exhaustivo las consultas, apoyándose en resoluciones previas, así como jurisprudencia y análisis interpretativo de las disposiciones que regulan la materia.

- **Intervención en caso de reclamación ante las autoridades de control (AEPD y autoridades autonómicas).**

Como característica importante de esta figura, pensada para la reducción de burocracia y demás tramitaciones sobre la entidad responsable, el DPD podrá encargarse de la gestión procesal de las reclamaciones de los interesados hacia la entidad responsable.

En efecto, la LOPD-GDD ha regulado esta función en su artículo 37, dispensando la posibilidad a los interesados de dirigirse al DPD de la entidad con el reclamo o solicitud de ejercicio de derechos que precisen. Ello con anterioridad a la formulación de su pretensión ante la AEPD o los organismos autonómicos competentes. Asimismo, la AEPD podrá entablar con el DPD sus comunicaciones al respecto.

A diferencia de los procedimientos de reclamación o ejercicios de derechos ya comentados en el presente trabajo, en los que existía el plazo de un mes para la contestación a la solicitud, en este tipo de tramitaciones, el DPD dispone de dos meses para comunicar al interesado la decisión de la entidad responsable. Igualmente, y por su parte, el DPD dispondrá de un mes para responder a la reclamación que el interesado presente ante la AEPD, que podrá remitirla al DPD si el primero no la presentó directamente contra él.

Como se puede observar, la figura del DPD actúa como conciliador y figura resolutiva de conflictos de modo alternativo, al objeto de evitar procedimientos sancionadores o posteriores litigios. De ahí que se deba valorar con detalle la posibilidad de designar esta figura en las entidades, aun cuando no estén obligadas a su nombramiento.

Esquemas

Esquema orientativo sobre las funciones del DPD

BLOQUE II. Supuestos de designación obligatoria

1. Supuestos generales

En los apartados anteriores hemos abordado la figura del DPD, conceptualizando su idea general y funciones. Hemos establecido que su designación puede ser voluntaria, pero existen condicionantes que obligan a contar con este tipo de profesionales en las entidades que operen con datos personales. Normalmente, estos condicionantes van ligados a la existencia de una compleja estructura de actividades de tratamiento o la existencia de procesos ligados a las nuevas tecnologías que puedan suponer un menoscabo en los derechos y libertades de los interesados.

Para facilitar una aproximación práctica al lector sobre estos extremos, aportamos una enumeración de los supuestos generales que el legislador europeo ha previsto. Debe tomarse en consideración que se trata de condicionantes más bien amplios, normalmente ligados a grandes corporaciones o entidades muy concretas. En cualquier caso, se deberá designar un DPD obligatoriamente si se dan estos tres condicionantes:

- El tratamiento lo lleve a cabo una autoridad u organismo público, excepto los tribunales que actúen en ejercicio de su función judicial.
- Las actividades principales del responsable o del encargado consistan en operaciones de tratamiento que, en razón de su naturaleza, alcance y/o fines, requieran una observación habitual y sistemática de interesados a gran escala.
- Las actividades principales del responsable o del encargado consistan en el tratamiento a gran escala de categorías especiales de datos personales y de datos relativos a condenas e infracciones penales.

Como se puede apreciar, al margen de los tratamientos que realicen los organismos públicos, los dos condicionantes que deben concurrir para que sea obligatorio el nombramiento es que las operaciones proyecten un volumen masivo de datos o de interesados en su observancia. Evidentemente, se trata de un concepto muy amplio que debiera ser acotado por la legislación.

En cualquier caso, para tranquilidad del lector, adelantamos que nuestra normativa nacional, la LOPD.GDD, amplia enormemente los tres condicionantes señalados. No solo eso, sino que despliega todos los supuestos y tipologías de entidades concretas, lo que supone, bajo nuestro punto de vista, que sea ese el listado a tomar como referencia a la hora de valorar la necesidad de designar con mejor criterio un DPD.

2. Supuestos específicos

Según lo indicado en el apartado anterior, los supuestos en los que es obligatorio contar con un DPD, en la óptica del RGPD, son de difícil comprensión para alguien ajeno al ámbito de la protección de datos (e incluso para nosotros, dado su lenguaje amplio e indeterminado). Por esta razón, nuestro legislador nacional ha decidido profundizar en esta materia, al objeto de facilitar el entendimiento.

A estos efectos, tomando como referencia lo dispuesto en el artículo 34.1 de la LOPD-GDD, proporcionamos los dieciséis supuestos en los que se enmarca la obligación de nombrar un DPD:

- Los colegios profesionales y sus consejos generales.

- Los centros docentes que ofrezcan enseñanzas en cualquiera de los niveles establecidos en la legislación reguladora del derecho a la educación, así como las Universidades públicas y privadas.
- Las entidades que exploten redes y presten servicios de comunicaciones electrónicas conforme a lo dispuesto en su legislación específica, cuando traten habitual y sistemáticamente datos personales a gran escala.
- Los prestadores de servicios de la sociedad de la información cuando elaboren a gran escala perfiles de los usuarios del servicio.
- Las siguientes entidades:
    - Bancos
    - Cajas de ahorros
    - Cooperativas de crédito
    - Instituto de Crédito Oficial (comúnmente conocido como ICO)
- Los establecimientos financieros de crédito.
- Las entidades aseguradoras y reaseguradoras.
- Las empresas de servicios de inversión, reguladas por la legislación del Mercado de Valores.
- Los distribuidores y comercializadores de energía eléctrica y los distribuidores y comercializadores de gas natural.
- Las entidades responsables de ficheros comunes para la evaluación de la solvencia patrimonial y crédito o de los ficheros comunes para la gestión y prevención del fraude, incluyendo a los responsables de los ficheros regulados por la legislación de prevención del blanqueo de capitales y de la financiación del terrorismo.
- Las entidades que desarrollen actividades de publicidad y prospección comercial, incluyendo las de investigación comercial y de mercados, cuando lleven a cabo tratamientos basados en las preferencias de los afectados o realicen actividades que impliquen la elaboración de perfiles de los mismos.
- Los centros sanitarios legalmente obligados al mantenimiento de las historias clínicas de los pacientes.
- Se exceptúan los profesionales de la salud que, aun estando legalmente obligados al mantenimiento de las historias clínicas de los pacientes, ejerzan su actividad a título individual.
- Las entidades que tengan como uno de sus objetos la emisión de informes comerciales que puedan referirse a personas físicas.
- Los operadores que desarrollen la actividad de juego a través de canales electrónicos, informáticos, telemáticos e interactivos, conforme a la normativa de regulación del juego.
- Las empresas de seguridad privada.
- Las federaciones deportivas cuando traten datos de menores de edad.

Vistos los condicionantes, la conclusión a la que debe llegarse es ciertamente sencilla. Así, en el caso de que se tengan dudas sobre si se debe nombrar o no un DPD, si al acudir al listado proporcionado el lector encuentra su entidad en él, no habrá más remedio que acudir a esta figura. Igualmente, en el caso de que la entidad no pueda enmarcarse absolutamente en alguno de los supuestos, pero existen características que parcialmente sí se enmarquen en alguno, se debe valorar seriamente si la incorporación de esta figura ayudaría a la proactividad y a incrementar la cultura de cumplimiento normativo.

Ejemplos prácticos

Ejemplo práctico 21

Un despacho de abogados, ¿está obligado a nombrar un DPD?

Para responder a esta cuestión hay que tener en cuenta más de un elemento. En efecto, pudiera enmarcarse este tipo de entidades en el tercer condicionante indicado en el RGPD, por el tratamiento de categorías especiales de datos y datos relativos a condenas e infracciones penales. Sin embargo, se requiere que dicho tratamiento se realice a gran escala. Por esta razón, lo que se debe valorar es el tamaño de la entidad, el alcance territorial de sus tratamientos y el volumen de interesados de los que manejan datos.

Por esta razón, atendiendo a la estructura de la empresa, podemos afirmar que, si se trata de un despacho común, unipersonal o con pocos socios y de pequeño volumen, no necesitará nombrar DPD. De todos modos, toda vez que el Colegio de Abogados de su emplazamiento deberá nombrarlo, sería interesante hacer expansivo sus servicios al despacho.

Ejemplo práctico 22

Una consulta médica, ¿está obligado a nombrar un DPD?

Al igual que ocurre en el ámbito del ejercicio de la abogacía, es cierto que los datos que se manejan en una consulta médica revisten la categoría de especial sensibilidad y podrían enmarcarse dentro de un ámbito especialmente protegido. Sin embargo, si la consulta médica está compuesta por un solo profesional, no será obligatorio su nombramiento.

En caso de configurarse en torno a una clínica con pluralidad de profesionales, se debe valorar si las operaciones de tratamiento que realizan entrañan alto riesgo para los derechos y libertades de los interesados. En caso afirmativo, deberá designarse un DPD.

Ejemplo práctico 23

En un grupo de empresas, ¿se debe nombrar un DPD para cada una?

De acuerdo con el artículo 37.2 del RGPD, siempre que el DPD sea fácilmente accesible desde cualquier establecimiento que componga el grupo empresarial, será posible nombrar un único DPD para todo el conjunto.

Evidentemente, se trata de una decisión voluntaria, de modo que si cada empresa se dedica a un sector específico o se trata de un entramado complejo, se deberá nombrar un DPD para cada una, sin perjuicio de que se comuniquen entre ellos al objeto de mantener un criterio de decisión común para el grupo.

Ejemplo práctico 24

¿Es el DPD el que debe llevar a cabo el análisis de riesgos de la entidad responsable?

Normativamente, la función del DPD es la de asesorar y comprobar que el análisis de riesgos se realiza de modo adecuado. Por esta razón, es posible afirmar que es la entidad responsable de tratamiento la que debe cumplir sus obligaciones.

Sin embargo, nada impide a esta entidad encomendarle la tarea al DPD designado de llevar y gestionar los análisis de riesgos y sus revisiones o actualizaciones, pues mientras respete su independencia y autonomía, nada impide que el responsable le asigne funciones compatibles con las normativamente aplicables.

Ejemplo práctico 25

¿Es el DPD el que debe llevar a cabo la EIPD de la entidad responsable?

De acuerdo con el artículo 35.1 del RGPD, es una labor del responsable de tratamiento realizar la EIPD en aquellos casos en los que sea preciso. No obstante, sí podrá recabar el asesoramiento de esta figura en todos aquellos elementos del procedimiento en los que presente dudas. En concreto, podrá ser necesaria la colaboración del DPD en las siguientes cuestiones:

- Si debe llevarse a cabo o no una evaluación de impacto relativa a la protección de datos.
- Qué metodología debe seguirse al llevar a cabo una evaluación de impacto.
- Si debe realizarse la evaluación de impacto en la propia organización o subcontratarse.
- Qué salvaguardias (incluidas medidas técnicas y organizativas) deben aplicarse para mitigar cualquier riesgo para los derechos e intereses de los interesados.

PARTE VI.- PROGRAMA INTERNO DE CUMPLIMIENTO

Habiendo llegado hasta aquí, el lector habrá comprobado que ya dispone del conocimiento necesario para poder comenzar su Programa de Cumplimiento o, lo que es lo mismo, plasmar por escrito el conjunto de condicionantes y obligaciones que debe implementar en la entidad al objeto de brindar la tutela necesaria para salvaguardar los derechos e intereses del interesado, en pro de la protección de datos personales.

Esto es algo que no se puede perder de vista, pues es la dirección permanente que debe tener cualquier adaptación de entidades a la normativa aplicable. Esto es, se debe tomar en consideración que en ningún caso lo que se pretende con este tipo de servicios o procedimientos es generar una secuencia infinita de documentación con mucha palabrería y poco impacto práctico. Al contrario, lo que se pretende es implantar una cultura de cumplimiento y una concienciación entre todos los responsables o encargados de tratamiento, así como los usuarios asociados a estos y que operen con datos personales. De nada servirá recopilar mucha documentación cuando el contenido que ofrece no se adapta a la imagen real de la entidad que se pretende adaptar.

Así las cosas, lo que debemos abordar a continuación tiene que ver con el modo en el que se debe documentar la adaptación de la entidad, con todos los condicionantes y factores que se deben incluir, así como la estructura de un Programa interno de Cumplimiento. Se debe advertir al lector, una vez más, de que todos los factores de contenido que debe englobar un Programa de Cumplimiento, así como la estructura del propio Programa que presentaremos en los siguientes apartados, es meramente orientativo y destinado a la plena comprensión del lector. Es evidente que ello debe ir adaptado a la imagen fiel de la entidad, con sus necesidades y ventajas. De este modo, es posible que algunos de los elementos que desarrollaremos no tengan porqué incluirse en el Programa y otros que pueden modificarse o adaptarse a la situación concreta.

BLOQUE I. Código de Conducta y certificación

1. Código de Conducta

Uno de los elementos documentales que más contribuyen a la creación de una verdadera cultura de cumplimiento son los Códigos de conducta (también conocidos como Códigos Éticos en el ámbito del Compliance corporativo). Se trata de compendios documentales en los que se pretende especificar la aplicación de la normativa aplicable, en este caso, al ámbito de la privacidad y la protección de datos. También contribuyen a forjar ciertas políticas de actuación ante situaciones que puedan acontecer en el seno de la entidad, desde un procedimiento de ejercicio de derechos por parte del interesado, así como metodologías concretas a la hora de tratar ciertas categorías de datos personales.

1.1. Entidades legitimadas para su confección

Este tipo de instrumento de cumplimiento puede confeccionarse por todo tipo de entidades, desde "*asociaciones y otros organismos representativos de categorías de responsables o encargados del tratamiento*" (artículo 40.2 del RGPD), hasta las propias empresas o grupos de empresas que actúen como responsables o encargados de tratamiento de modo directo, pasando por los organismos que asuman las funciones de supervisión y resolución extrajudicial de conflictos (que abordaremos más adelante), según establece el artículo 38.2 de la LOPD-GDD.

1.2. Funcionamiento

Entendido lo anterior, podemos pasar a definir el código de conducta como un documento redactado voluntariamente por una empresa en el que se exponen los principios que se compromete unilateralmente a seguir (antiguamente se denominaban como "Códigos Tipo"). Su objetivo es la contribución a la correcta aplicación del reglamento teniendo en consideración las características y necesidades de los distintos sectores del tratamiento. Podrán ser de ámbito nacional o bien regular los tratamientos de datos que se den en más de un Estado Miembro.

Son mecanismos a adoptar de forma voluntaria, si bien su adhesión presume el cumplimiento del RGPD mencionado explícitamente a lo largo de su articulado; además la imagen pública de la marca, empresa o institución mejorará de forma exponencial, pues se entiendo que se apuesta por activar un sistema de control que certifica el respeto con el que se tratarán los datos. Podrán crearlos o adherirse a los ya creados/ existentes las asociaciones, empresas y otros organismos.

1.3. Supervisión

En relación a cómo se regula la supervisión de los códigos de conducta, el art. 41 del RGPD estipula que el encargado de tal labor será un organismo que haya sido suficientemente acreditado para tal fin, tras cumplir con una serie de requisitos, por la autoridad de control competente. Estos organismos deberán adoptar las medidas oportunas en caso de infracción del código por un responsable o encargado del tratamiento, incluida la suspensión o exclusión de éste, e informará de las medidas y de las razones de las mismas a la autoridad de control competente.

Será necesario registrar los Códigos de Conducta y hacerlos públicos para el conocimiento de su contenido por parte de los afectados por el mismo. Además, podrán ser ampliados o modificados siempre y cuando se hagan públicos los cambios efectuados en el documento original. Esto podrá realizarse a través de la sede electrónica de la AEPD, aportando el documento y esperando el dictamen aprobatorio de esta autoridad.

En definitiva, es evidente que la adhesión a Códigos de conducta se antoja como una decisión voluntaria por parte de las entidades que operen con datos, al igual que su creación y registro en la AEPD. No obstante, se debe tener en cuenta, una vez más, que la búsqueda de la proactividad se vería enormemente facilitada si la entidad concreta estuviese adherida a alguno de los documentos que aquí venimos explicando, demostrando una buena diligencia empresarial y ánimo de cumplimiento evidente. Por ello, siempre que no suponga un coste desproporcionado con respecto a la estructura de la entidad que se pretende adaptar, es recomendable adherirse a alguno ya existente y registrado. Por esta razón, es importante que las entidades tomen conciencia de su importancia y se genere un mayor tráfico creativo en esta materia.

2. Certificación

2.1. Concepto y funcionamiento

Al igual que la adhesión a Código de Conducta determinado reviste carácter voluntario, el someterse a un proceso de certificación sobre el cumplimiento normativo también lo es. Se trata de otro de los instrumentos más útiles de cara a demostrar la conducta proactiva necesaria.

En este caso, lo que se pretende certificar es el grado de cumplimiento de lo dispuesto en la normativa aplicable, RGPD y LOPD-GDD, así como cualquier otra disposición que pudiera resultar aplicable (por ejemplo, materias relacionadas con la legislación sobre telecomunicaciones o seguridad de la información). Esto, qué duda cabe, supone un plus de calidad a la hora de acreditar que se están cumpliendo con las garantías que la normativa exige, aunque cabe aclarar desde el primer momento que el hecho de poseer un sello acreditativo de cumplimiento no va a suponer la limitación de la responsabilidad del responsable o encargado del tratamiento en cuanto al cumplimiento de la normativa aplicable (artículo 42.4 del RGPD).

En el caso español, las entidades que tienen la competencia para expedir este tipo de acreditaciones son la AEPD y la Entidad Nacional de Acreditación (ENAC), según establece el artículo 39 de la LOPD-GDD. Por tanto, sólo las certificaciones emitidas por estos dos organismos o, en su defecto, por terceras entidades previo visto bueno por el ENAC o la AEPD, serán válidas a los efectos de aportar una evidencia práctica para acreditar el tan mencionado cumplimiento normativo.

2.2. Validez y renovación

Tal y como indicamos anteriormente, el que nuestra entidad se someta a este tipo de procedimientos (lo cual recomendamos ampliamente, siempre que ello se realice teniendo en cuenta *"las necesidades específicas de las microempresas y las pequeñas y medianas empresas"*, tal y como establece el artículo 42.1 *in fine* del RGPD) no supone que estará cumpliendo con sus obligaciones legales durante toda la vida de los tratamientos. Ello tiene una explicación lógica, y es que es posible que la entidad reúna los requisitos necesarios para obtener la acreditación, pero que en un tiempo deje de cumplir con lo estipulado. Recuérdese que la proactividad no es un ente estático, sino que debe estar plenamente activo en la vida de las operaciones de tratamiento.

Por el motivo anterior, se debe tomar en consideración una doble consideración, a saber, por un lado, que el incumplimiento de alguno de los condicionantes para su obtención supone motivo suficiente para revocar la certificación y, por el otro, que este mecanismo no es un instrumento generador de evidencias indefinidas. Así, el artículo 42.7 del RGPD establece un plazo máximo de tres años de validez del sello o certificación, habilitando la posibilidad de renovarse, siempre sea posible acreditar de nuevo que se están cumplimiento los mismos condicionantes que provocaron la obtención del mismo inicialmente.

BLOQUE II. Transferencia internacional de datos

1. Nociones generales

Otro de los elementos que se deben tomar en consideración en cualquier proceso de adaptación de una entidad a la normativa sobre protección de datos, es el alcance territorial de sus operaciones de tratamiento. A la hora de realizar un análisis sobre la necesidad de llevar a cabo una EIPD, tal y como se puede comprobar en el formulario que se proporcionará en el apartado de Anexos del presente trabajo, se deberá analizar este alcance, distinguiendo entre el estadio regional, nacional o internacional. No se puede admitir cualquier tipo de cesión o transferencia internacional, por el prejuicio que ello podría generar en los interesados. No todas las entidades u organizaciones, así como países, ofrecen el mismo nivel de garantía del cumplimiento de la legislación.

Así las cosas, el lector se podrá cuestionar sobre la importancia que el concepto de transferencia internacional podría tener en el ámbito de una adaptación de una entidad, pudiendo pensar que no es muy habitual llevar a cabo este tipo de operaciones de tratamiento. Sin embargo, ocurre mucho más habitualmente de lo que pudiera parecer. Ello lo comprobaremos en el siguiente ejemplo práctico.

Ejemplos prácticos

Ejemplo práctico 26

Imagine que, en el ámbito del almacenamiento electrónico de información, la entidad responsable de los tratamientos recurre a servicios de almacenamiento en la nube para almacenar la información de sus clientes. Evidentemente, los servicios de almacenamiento en la nube permiten operar a distancia sobre la localización real de los archivos que allí se encuentren alojados, de modo que se utilizan servidores con discos duros asociados como soporte físico de dicha información.

Estos soportes de los que hablamos están localizados en algún territorio concreto, que puede que no esté radicado en España o en la Unión Europea. Además, si la entidad que es responsable de la gestión de dichos soportes no proporciona información clara y transparente sobre el manejo de la información o la localización exacta de sus servidores, en ningún caso podremos afirmar que se están llevando a cabo las medidas de seguridad que la normativa exige para asegurar la protección de los datos personales.

En cualquier caso, como nota común a ambas modalidades de transferencia internacional que pueden realizar (dentro de la Unión y fuera de la Unión), habrá que documentar en el registro de actividades y en un documento aparte, la relación de entidades y países en los que se engloban dichas transferencias internacionales. A ello hay que añadir el motivo en el que se fundamenta la transferencia

Entendida la importancia que tiene conocer el alcance territorial de los tratamientos que realice la entidad sujeta a la adaptación, procede formular ciertas recomendaciones y notas prácticas que ayuden al lector a aplicar correctamente las directrices que impone la normativa. Así, lo primero que se debe tener en cuenta es que el principio general que rige el ámbito de estas transferencias de datos es que se realicen con la observancia plena de las obligaciones establecidas, no ya solo en la LOPD-GDD si se trata de entidades españolas, sino del RGPD.

2. Transferencias fuera de la Unión Europea

2.1. Decisión de adecuación

El RGPD proporciona varias herramientas para establecer el marco para las transferencias de datos desde la UE a Estados no pertenecientes a la UE:

A veces, mediante una decisión de la Comisión Europea («decisión de adecuación») se declara que un Estado no perteneciente a la UE ofrece un nivel de protección de datos adecuado, lo cual significa que se pueden transferir datos a otra empresa de ese

Estado no perteneciente a la UE sin que el exportador de los datos deba ofrecer más garantías o esté sujeto a condiciones adicionales. En otras palabras, las transferencias a un tercer país «adecuado» se asimilarán a una transmisión de datos dentro de la UE.

A falta de una decisión de adecuación, la transferencia puede hacerse mediante el establecimiento de garantías adecuadas y a condición de que las personas cuenten con derechos exigibles y acciones legales efectivas. Tales garantías adecuadas incluyen, entre otras:

- En el caso de los grupos empresariales o la unión de empresas dedicadas a una actividad económica conjunta, que las empresas pueden transferir los datos personales basándose en las denominadas «normas corporativas vinculantes».
- Acuerdos contractuales con el destinatario de los datos personales que utilizan, por ejemplo, las cláusulas contractuales tipo aprobadas por la Comisión Europea.
- La adhesión a un código de conducta o un mecanismo de certificación junto con compromisos vinculantes y exigibles asumidos por el destinatario en relación con la aplicación de las garantías adecuadas para la protección de los datos transferidos.

Por último, si se prevé realizar una transferencia de datos personales a un tercer país que no está sujeto a una decisión de adecuación, y en ausencia de garantías adecuadas, se puede realizar la transferencia basándose en varias excepciones para situaciones específicas, por ejemplo, cuando una persona haya consentido explícitamente a la transferencia propuesta tras haber recibido toda la información necesaria sobre los riesgos relacionados con dicha transferencia.

2.2. Normas corporativas vinculantes

Las normas corporativas vinculantes (o en inglés *Binding Corporate Rules*, BCRs), son un instrumento que permite a las organizaciones ofrecer garantías adecuadas en el caso de transferencias internacionales de datos, sobre todo en el caso de que el destinatario no haya sido declarado como que cuenta con un nivel de protección adecuado según la Comisión Europea.

Cuando una autoridad de control competente vaya a aprobar unas normas corporativas vinculantes tendrá que comunicar al Comité su proyecto de decisión para que este último emita su dictamen, en virtud de lo previsto en el art. 64.1 f) del RGPD. Las autoridades de control o supervisión han implementado también el reconocimiento mutuo en el que participan veintiún países del Espacio Económico Europeo (Alemania, Austria, Bélgica, Bulgaria, Chipre, Eslovenia, Eslovaquia, España, Estonia, Francia, Irlanda, Islandia, Italia, Letonia, Liechtenstein, Luxemburgo, Malta, Noruega, Países Bajos, Reino Unido y República Checa) lo que significa, e implica, que cuando unas normas corporativas vinculantes han sido aprobadas por la autoridad líder, el resto de autoridades de supervisión participantes en el procedimiento de reconocimiento mutuo considerarán que cumplen con los requisitos necesarios sin necesidad de volver a analizarlas.

Centrando la atención en cuáles son los requisitos esenciales que deben incluir las normas corporativas vinculantes, son los siguientes:

- Principios de la protección de datos personales.
- Herramientas para la efectividad de las normas corporativas vinculantes (auditoría, formación o sistemas de gestión de quejas).
- Elementos para probar que son vinculantes.

Por lo que se refiere a su definición, es el RGPD el que las ha definido formalmente en su artículo 4.20 como "las políticas de protección de datos personales asumidas por un responsable o encargado del tratamiento establecido en el territorio de un Estado miembro para transferencias o un conjunto de transferencias de datos personales a un responsable o encargado en uno o más países terceros, dentro de un grupo empresarial o una unión de empresas dedicadas a una actividad económica conjunta".

Hay tres condiciones para que, en el marco del procedimiento de coherencia al que están sujetas las autoridades de supervisión, puedan aprobarse normas corporativas vinculante y que son las relativas a que:

1) sean jurídicamente vinculantes y se cumplan «por todos los miembros correspondientes del grupo empresarial o de la unión de empresas dedicadas a una actividad económica conjunta, incluidos sus empleados»

2) "confieran expresamente a los interesados los derechos exigibles en relación con el tratamiento de sus datos personales" y

3) cumplan, como mínimo, con los requisitos previstos en el apartado 2 del art 47

Entre otras cuestiones, las normas corporativas vinculantes tendrán que especificar:

a) su "estructura y los datos de contacto del grupo empresarial o de la unión de empresas dedicadas a una actividad económica conjunta y de cada uno de sus miembros" y

b) su ámbito material, incluyendo entre otros «las transferencias o conjuntos de transferencias de datos, incluidas las categorías de datos personales, el tipo de tratamientos y sus fines, el tipo de interesados afectados y el nombre del tercer o los terceros países en cuestión».

Además, deberán explicar, por una parte, los principios de transparencia, lealtad, limitación de la finalidad, calidad de los datos y, por otra parte, también principios tales como los de la minimización de los datos, los periodos de conservación limitados, las garantías para el tratamiento de categorías especiales de datos o los requisitos aplicables a las transferencias ulteriores a organismos no vinculados por las normas corporativas vinculantes.

Deberá tenerse en cuenta que se podrán realizar transferencias internacionales de datos sin necesidad de una autorización de la AEPD, ni de elaborar normas corporativas vinculantes, siempre que el tratamiento observe lo dispuesto en el RGPD y el destinatario se encuentre en un país, territorio o uno o varios sectores específicos de ese país u organización internacional que haya sido declarado de nivel de protección adecuado por la comisión europea. Hasta la fecha, los países y territorios están declarados como adecuados[6]:

- Suiza. Decisión 2000/518/CE de la Comisión, de 26 de julio de 2000.
- Canadá. Decisión 2002/2/CE de la Comisión, de 20 de diciembre de 2001, respecto de las entidades sujetas al ámbito de aplicación de la ley canadiense de protección de datos.
- Argentina. Decisión 2003/490/CE de la Comisión, de 3 de junio de 2003.
- Guernsey. Decisión 2003/821/CE de la Comisión, de 21 de noviembre de 2003.
- Isla de Man. Decisión 2004/411/CE de la Comisión, de 28 de abril de 2004.
- Jersey. Decisión 2008/393/CE de la Comisión, de 8 de mayo 2008.
- Islas Feroe. Decisión 2010/146/UE de la Comisión, de 5 de marzo de 2010.
- Andorra. Decisión 2010/625/UE de la Comisión, de 19 de octubre de 2010.

---

6 Además, en la página web del Escudo de Privacidad (*Privacy Shield) se accede a la relación de entidades de otros países que están certificadas* (https://www.privacyshield.gov/list)

- Israel. Decisión 2011/61/UE de la Comisión, de 31 de enero de 2011.
- Uruguay. Decisión 2012/484/UE de la Comisión, de 21 de agosto de 2012.
- Estados Unidos. Aplicable a las entidades certificadas en el marco del Escudo de Privacidad UE-EE.UU. Decisión (UE) 2016/1250 de la Comisión, de 12 de julio de 2016.

2.3. Excepciones sobre garantías

Finalmente se podrá realizar una transferencia a un tercer país u organización sin que concurran ninguna de las garantías o normas corporativas si:

- El interesado haya dado explícitamente su consentimiento a la transferencia propuesta, tras haber sido informado de los posibles riesgos para él de dichas transferencias debido a la ausencia de una decisión de adecuación y de garantías adecuadas;
- La transferencia sea necesaria para la ejecución de un contrato entre el interesado y el responsable del tratamiento o para la ejecución de medidas precontractuales adoptadas a solicitud del interesado;
- La transferencia sea necesaria para la celebración o ejecución de un contrato, en interés del interesado, entre el responsable del tratamiento y otra persona física o jurídica;
- La transferencia sea necesaria por razones importantes de interés público;
- La transferencia sea necesaria para la formulación, el ejercicio o la defensa de reclamaciones;
- La transferencia sea necesaria para proteger los intereses vitales del interesado o de otras personas, cuando el interesado esté física o jurídicamente incapacitado para dar su consentimiento;
- La transferencia se realice desde un registro público que, con arreglo al Derecho de la Unión o de los Estados miembros, tenga por objeto facilitar información al público y esté abierto a la consulta del público en general o de cualquier persona que pueda acreditar un interés legítimo, pero sólo en la medida en que se cumplan, en cada caso particular, las condiciones que establece el Derecho de la Unión o de los Estados miembros para la consulta.

BLOQUE III. Estructura del Programa

1. Concepto e idea general

Habiendo llegado hasta el presente punto, el lector ya ha recorrido todos los pasos que son necesarios para la comprensión del procedimiento de adaptación de una entidad privada a la nueva LOPD-GDD y las disposiciones del RGPD. Se han explorado las diferentes fases que deben contemplarse para analizar el contexto y conocer en profundidad la actividad de la empresa, así como los elementos a tener en cuenta para la realización de un correcto análisis de riesgos que responda a la imagen fiel de la empresa.

En todos los pasos tomados, se ha resaltado constantemente que la óptica que hay que adoptar para tomar cualquier decisión en este procedimiento, tanto en la fase previa a la implantación, como en la implantación misma y la convivencia con el Programa de Cumplimiento, se trata de la proactividad. Pensar en cómo adelantarse a los problemas o coyunturas delicadas, en aquello que tiene que ver con la privacidad y la protección de datos, de cara a implementar soluciones por defecto a dichos problemas. De esto se trata, de adelantarse a los posibles problemas y no de reaccionar cuando ocurran, como estaba planteado en el modelo regulatorio anterior[7].

De este modo, para poder adelantarse y actuar de modo proactivo, se deben implementar medidas técnicas y organizativas, así como adoptar decisiones basadas en la cultura del cumplimiento. Todo ello se consigue informando correctamente a los clientes, respetando sus derechos y siendo plenamente transparentes en nuestras operaciones de tratamiento. Para ello, es evidente que se deben incorporar cláusulas correctamente confeccionadas, en lenguaje claro y accesible, de cara a mantener informados a los clientes y demás interesados, así como para recabar los consentimientos y autorizaciones que resulten necesarios en las operaciones de tratamiento.

Además de este tipo de medidas (clausulado), que podrán constar en papel o en sentido informatizado (piénsese, por ejemplo, en la cláusula informativo que se utiliza como firma en los correos electrónicos o la política de privacidad de una página web), ya hemos convenido en que cualquier otro tipo de actuación debe documentarse de cara a acumular evidencias sobre las medidas tomadas. Esto es especialmente importante, no solo de cara a que es este el modo en el que se debe construir un buen Programa de Cumplimiento, sino que será gracias a este tipo de medidas como podremos, en un momento dado, evitar la responsabilidad de la entidad responsable (o encargada de tratamiento) de incurrir en una sanción por incumplimiento o cualquier otro tipo de medida perniciosa para la entidad.

Así, a efectos de que el lector comprenda a qué nos referimos cuando hablamos de Programa de Cumplimiento aplicado a la privacidad y a la protección de datos de la entidad, debe tomar en consideración lo que anteriormente se denominada Documento de Seguridad. En efecto, con el régimen de la anterior LOPD y su Reglamento de desarrollo (conocido como RLOPD),

2. Repositorio de evidencias

De acuerdo con lo dicho en el apartado anterior, es necesario recopilar todas las decisiones que se han ido tomando a lo largo del procedimiento de adaptación de modo ordenado y con una explicación de cada paso tomado. Si se puede, se debe incorporar una suerte de repositorio de evidencias, propio del ámbito del Compliance, que se debe ir actualizando a lo largo de la vida de las operaciones del tratamiento.

No se asuste por la denominación de esta herramienta, pues no deja de ser una recopilación de las distintas garantías o medidas que se han implementado en la entidad para asegurar el cumplimiento de lo dispuesto en la normativa sobre protección de datos. Como se puede deducir, las evidencias pueden basarse en diferentes escenarios o pruebas, desde un extracto del clausulado que se viene usando con los clientes, hasta pantallazos de ordenador o fotografías de las instalaciones físicas que prueben las medidas técnicas y de organización que existen en el recinto físico en el que se procede a los tratamientos.

Este repositorio de evidencias que se pueda incorporar en la entidad debe ser un registro en constante actualización. De este modo, es importante efectuar revisiones

7 Recuérdese que la modificación del régimen aplicable a la protección de datos de carácter personal que ha ocurrido el 25 de mayo del 2018, con la aplicación directa del RGPD, que ha venido reforzada por la aprobación de la nueva LOPD-GDD, supone un cambio transversal en la filosofía de cumplimiento normativo en esta materia. Anteriormente, con la derogada LOPD, la perspectiva de cumplimiento era más bien estática, reactiva, tendente a la formalidad. Con la de actual aplicación, nos encontramos ante una perspectiva proactiva y material, rechazando toda declaración meramente formal que no conduce a ningún beneficio ni protección real para los interesados.

de su contenido e indicar la fecha en la que han sido realizadas. Debe haber un compromiso de auditoría de este tipo de herramientas, pues de nada servirá recopilar evidencias que están desactualizadas o ya han dejado de proyectarse. Recuérdese que, si bien es importante contar con este tipo de repositorio documental, ante un procedimiento de inspección de la AEPD o la petición de un sello de certificación sobre el cumplimiento, de nada servirá contar un repositorio de evidencias que no se pueda cotejar con la realidad práctica de la entidad.

Ejemplos prácticos

Ejemplo práctico 27

¿Cómo puedo probar que informo correctamente a mis clientes, a través del correo electrónico, del modo en el que serán tratados sus datos?

Este tipo de evidencias deben pasar por incorporar el texto legal que se esté usando en la firma de los correos electrónicos que se envíen a nuestros clientes, así como capturas de pantalla de diferentes correos enviados, con la debida anonimización de la identidad del destinatario.

Ejemplo práctico 28

¿Qué tipo de evidencias se pueden recopilar sobre la aplicación de medidas de seguridad en la sala de archivo de documentación?

En este caso, lo adecuado será implementar las medidas adecuadas, como puede ser una puerta cortafuegos o cerradura bajo llave. Posteriormente, se debe fotografiar dicho escenario y aportar una explicación sobre cómo se procede al acceso a dicha sala y la relación de las personas que tienen autorización para dicho acceso a la misma.

2.1. Funcionalidad del clausulado

De conformidad con lo dicho en el apartado anterior, entre las principales evidencias que se pueden aportar al repositorio, teniendo en cuenta que nos situamos en el ámbito de la privacidad y la protección de datos, debemos prestar especial atención al clausulado que se debe incorporar en la actividad de cualquier entidad adaptada a la normativa.

Cabe destacar que, sin perjuicio de que haremos una explicación de los principales documentos y textos legales que se deben incorporar, muchos de ellos no tendrán aplicación para todas las entidades y otros habrá que diseñarlos desde un inicio. El objetivo de esta explicación es guiar al lector en el sentido más práctico posible.

Dicho lo cual, dedicaremos las siguientes líneas a efectuar una aproximación práctica a las principales y más esenciales coletillas que debe incorporar la entidad responsable o encargada en sus operaciones de tratamiento. Ello lo acompañaremos con una explicación sencilla de cuál es la funcionalidad de cada una y cómo implementarlas. Para facilitar la comprensión, dividiremos la explicación entre los textos legales generales y los textos específicos por tipologías de tratamientos.

2.1.1. Clausulado general

Con independencia de las actividades de tratamiento que ostente la entidad, se debe contar con ciertas cláusulas generales para cumplir con el deber de información y que deben constar en el repositorio de evidencias del Programa de Cumplimiento. Estos textos legales, cuyos modelos se aportarán en los anexos del presente trabajo, son:

- **Cartel informativo**:

Se trata de un texto legal que se venía aplicando con la anterior Ley Orgánica 15/1999, sobre protección de datos de carácter personal (en adelante, LOPD), cuya finalidad consiste en trasladar a los clientes, proveedores y demás personas físicas que acudan a las instalaciones de la empresa la información necesaria sobre cómo dicha entidad trata sus datos.

Lo recomendable es tener la cláusula impresa en algún punto visible de las instalaciones de la empresa, de modo que toda persona física pueda acceder fácilmente a ella.

- **Información por capas**:

Se trata de un texto legal novedoso con respecto a la anterior LOPD. Sin embargo, la finalidad que persigue es exactamente la misma que el CARTEL INFORMATIVO; esto es, informar a las personas físicas del modo en el que la empresa trata sus datos.

La primera capa de este texto legal contiene la información principal sobre la empresa, que se debe proporcionar al interesado (cliente, proveedor o cualquier otra persona física de que la que se recaben los datos) en el momento inmediato en el que se recaban sus datos.

La segunda capa contiene la información ampliada contenida en la primera capa, debiendo ponerse a disposición del interesado que lo solicite en un soporte que permita su correcta visualización y disposición.

Lo recomendable es proporcionar la información contenida en la primera capa en el momento inmediato en el que recabamos sus datos. Por ejemplo, si los recabamos presencialmente, le deberíamos proporcionar una copia de la primera capa, dejando a disposición del interesado la segunda capa en la página web, si fuese el caso, o a través de un envío de correo electrónico o, en cualquier caso, entregándola como anexo a la primera capa.

- **Cláusula para facturas**:

Es una cláusula orientada a cumplir con el deber de información exigido por el RGPD, que ya se venía utilizando con la anterior LOPD.

Como se puede deducir, el uso que se debe dar a esta cláusula consiste en colocarla en un punto visible del formulario de factura que utilice la empresa, al objeto de reiterar la información sobre la política de protección de datos de la empresa.

- **Cláusula general para contratos, formularios o presupuestos**:

Se trata de una cláusula legal dirigida, una vez más, a formalizar el deber de información legal exigible. También se usaba en aplicación de la LOPD.

El uso previsto de este texto legal consiste en colocarlo en un punto visible de cualquier formulario de presupuestos o cualquier otro formulario que utilice la empresa Responsable (ya sean hojas de encargo para abogados, formularios de matrícula para centros docentes, etc.). Con ello se reitera, una vez más, el deber de información legal relativo a la política de protección de datos de la empresa.

2.1.2. Clausulado específico

Una vez abordado el clausulado general con el que debería contar cualquier entidad que opere con datos de interesados en calidad de responsable de tratamiento, resta por analizar el contenido práctico de otro tipo de textos legales tendentes a legalizar y adaptar a la normativa operaciones de tratamiento concretas. Se debe recalcar que la enumeración que realizaremos a continuación se efectúa a título orientativo, sin que todos los textos mencionados se deban utilizar en la entidad. Tómese el contenido a título de ejemplo y guía práctica.

Así, los textos legales a que nos referimos, agrupados por categorías de tratamiento, son los siguientes:

- **Tratamientos de ámbito laboral:**

- **Funciones y obligaciones del personal con recuadro para firmas:** se trata de un texto legal, que se debe entregar a cada trabajador, al objeto de que se encuentre informado de cuáles son sus funciones y obligaciones en el ámbito de los datos personales que trate la empresa. En dicho documento se especifican los protocolos que deben seguir para tratar correctamente los datos.

Se incorpora al final del documento un recuadro para firmas, al objeto de que, en el momento de la entrega, cada trabajador plasme su firma con la fecha en la que ha recibido el documento.

- **Cláusula adicional al contrato de trabajo:** se trata de un pequeño texto legal, que debe incorporarse en el contrato de trabajo que se suscriba con un trabajador, al objeto de informarle sobre la finalidad de sus datos contenidos en dicho contrato y los organismos que podrán tratar sus datos.

Normalmente es usado por asesorías que redactan contratos para las empresas, aunque nada obsta para que la propia empresa que redacte el contrato pueda incluirla. En caso de que opte por no hacerlo, deberá hacer uso de la cláusula siguiente.

- **Información sobre protección de datos para trabajadores:** se trata de una cláusula sustitutiva de la anterior, ya que este texto legal se usa para informar a los trabajadores de la empresa de cuál va a ser el tratamiento detallado de sus datos.

Reviste la forma de un contrato que, a través de su suscripción, se manifiesta la conformidad del trabajador en cuanto a su contenido

- **Instrucciones en caso de oposición del trabajador a firmar anexos:** se trata de una breve guía con los pasos a seguir por el empleador en caso de que algún trabajador se niegue a firmar alguno de los documentos relativos a la política de protección de datos de la empresa y de sus propios datos.

El uso de este texto legal es a meros efectos informativos del empleador, no debiendo entregarla a sus empleados.

- **Tratamientos relacionados con la videovigilancia:**

- **Información de videovigilancia general:** se trata de un breve documento en el que se resumen las principales características de este tipo de tratamiento de datos, con los plazos de conservación y demás información de interés.

El uso previsto es meramente interno, por parte del empleador y el personal, sin perjuicio de que pueda ponerse a disposición del público en un lugar visible de la empresa.

- **Información de videovigilancia para control empresarial:** se trata de un breve documento en el que se resumen las principales características de este tipo de tratamiento de datos, con los plazos de conservación y demás información de interés dirigido a las empresas que utilizan este sistema para controlar el rendimiento de los trabajadores.

El uso previsto es meramente interno, por parte del empleador y el personal, sin perjuicio de que pueda ponerse a disposición del público en un lugar visible de la empresa.

- **Información de videovigilancia para establecimientos abiertos al público:** se trata de un breve documento en el que se resumen las principales características de este tipo de tratamiento de datos, con los plazos de conservación y demás información de interés dirigido a establecimientos públicos.

El uso previsto es meramente interno, por parte del empleador y el personal, sin perjuicio de que pueda ponerse a disposición del público en un lugar visible de la empresa.

- **Zona videovigilada:** se trata del nuevo cartel informativo, proporcionado por la Agencia Española de Protección de Datos, sobre la existencia de un sistema de videovigilancia.

Este cartel debe cubrirse con los datos identificativos que solicitan los campos del mismo y debe colocarse en un lugar visible de la empresa, siendo recomendable que se incorpore antes de entrar a la misma. Con él se informa a los usuarios y demás personas físicas de la existencia de este tratamiento.

- **Cláusula informativa sobre cámaras de videovigilancia para particulares**: este documento será necesario que se lo facilitemos a cualquier particular que solicite más información sobre las cámaras de videovigilancia instaladas. Deberá estar a disposición de cualquier particular que lo solicite, por lo que o se tiene algún ejemplar preimpreso o bien deberemos saber donde lo tenemos para imprimirlo en el momento en que nos lo soliciten; también se recomienda que esté impreso y colocado cerca de alguno de los carteles de zona videovigilada.

• **Tratamientos relacionados con los recursos humanos y selección de personal**:

- **Texto a enviar cuando envían un currículum por mail**: se trata de un texto a enviar a todos aquellos candidatos o aspirantes de empleo que envíen su currículum por correo electrónico.

La finalidad de este texto es enviarlo inmediatamente después de recibir el correo electrónico del aspirante, con el objetivo de informarle de que sus datos pasarán a formar parte de los tratamientos de la empresa.

- **Cláusula a firmar cuando entregan un currículum en mano**: a diferencia de la anterior, este texto se utiliza para informar a los aspirantes de la política de privacidad de la empresa una vez entreguen su currículum de manera presencial.

En este texto legal se ha incorporado un pequeño *checkbox*, que debe cumplimentar el aspirante, de cara autorizar la utilización de sus datos para el envío de información laboral y demás contenido que pueda resultar de su interés.

• **Tratamientos relacionados con datos de alumnos o becarios en prácticas**:

- **Funciones y obligaciones de becarios o alumnos en prácticas**: se trata de un pequeño dosier documental, muy similar al indicado en el apartado laboral para los trabajadores, en el que se expone de manera detallada cuáles son las obligaciones y deberes a desarrollar por los becarios que tenga la empresa de cara al tratamiento de los datos personales.

Se incorpora al final del documento un recuadro para firmas, al objeto de que, en el momento de la entrega, cada becario plasme su firma con la fecha en la que ha recibido el documento.

• **Tratamientos relacionados con e-mails y mensajería instantánea**:

- **Cláusula de e-mails**: al igual que ocurría con la anterior LOPD, en aplicación del nuevo RGPD se debe incorporar esta coletilla legal en la firma de todos los correos electrónicos que emita la empresa, dirigidos a las personas físicas. En esta cláusula se resume de manera ordenada la política de privacidad general de la entidad.

- **Cláusula de e-mails con publicidad:** al igual que la anterior, se debe colocar en la firma de los correos electrónicos que emita la empresa dirigidos a las personas físicas. La diferencia estriba en que esta cláusula en concreto sólo debe ser usada en aquellos correos electrónicos de contenido publicitario, promocional o de prospección comercial (por ejemplo, la invitación a unas jornadas organizadas por la empresa, la promoción de algún producto o una felicitación por un día festivo en nombre de la compañía).

- **Texto para correo no deseado**: se trata de un texto informativo que debe enviarse en el momento inmediatamente posterior, vía e-mail, a la recepción de un correo electrónico que no ha sido solicitado por la entidad que lo recibe.

- **Tratamientos relacionados con páginas web y redes sociales:**

- **Política de privacidad / política de privacidad y cookies**: se trata de textos legales destinados a ser incorporados en las páginas web de las entidades Responsables que tengan formularios de contacto, única y exclusivamente.

Asimismo, en el caso de que se utilicen cookies en la web, se deben incorporar las menciones que en el clausulado correspondiente se indican y que, en cualquier caso, se deben consultar con el gestor informático de la web.

Se recomienda establecer un enlace en algún punto visible de la web a los efectos de que los visitantes puedan hacer *click* y que se abra una nueva ventana al objeto de leer la información. Igualmente, en el caso de que la web cuente con formularios de contacto o secciones de suscripción, se debe incorporar un *checkbox* con el enlace a este texto legal antes del botón de aceptar y sin pre-marcar, al objeto de que el usuario consienta expresamente el envío de la información y el tratamiento de los datos.

- **Aviso legal web**: se trata de un texto legal que debe aparecer SIEMPRE en cualquier página web. A diferencia de la política de privacidad (que solo aparece si hay formularios de contacto) este texto permite a los visitantes de la web conocer quién es el titular y cuáles son las condiciones y características básicas de la web que visita.

Se recomienda establecer un enlace en algún punto visible de la web a los efectos de que los visitantes puedan hacer *click* y que se abra una nueva ventana al objeto de leer la información. Igualmente, en el caso de que la web cuente con formularios de contacto o secciones de suscripción, se debe incorporar un *checkbox* con el enlace a este texto legal antes del botón de aceptar y sin pre-marcar, al objeto de que el usuario consienta expresamente el envío de la información y el tratamiento de los datos.

- **Cláusula para debajo de formularios sin *checkbox***: se trata de un texto legal informativo para todos aquellos usuarios del sitio web que, habiendo cumplimentado el formulario de contacto o de suscripción, deseen enviar esta información.

De esta manera, en el caso de que no se incorpore el *checkbox* al que hacemos referencia en los apartados anteriores, se debe incorporar el contenido de este texto antes del botón de aceptar para informar a los usuarios.

- **Tratamientos relacionados con expedientes, bases de datos, certificados de delitos sexuales o antecedentes penales y datos de menores**.**

- **Consentimiento expreso general para tratar datos**: se trata de la cláusula que se debe hacer firmar a los clientes y personas físicas de la empresa, de cara a autorizar a la empresa Responsable el tratamiento de dichos datos. Ello es debido a que entre los datos que se tratan puede haber datos especialmente protegidos, debiendo asegurar la posibilidad de probar, ante una exigencia de este tipo, que hemos recabado el consentimiento de los interesados para llevar a cabo dicho tratamiento.

** **Autorización de toma de fotos de menores**: se trata de una cláusula legal que debe ser entregada a los padres o tutores legales de un menor al objeto de recabar el consentimiento para la aparición del niño en fotografías y vídeos que realice la entidad Responsable del tratamiento en un determinado acto concreto. Asimismo, con la firma de este documento, el padre o tutor autoriza la posible publicación de las mismas en la página web asociada u otro soporte de difusión.

Cabe destacar que se trata de un consentimiento puntual para una finalidad concreta y determinada, siendo necesario volver a recabar dicho consentimiento si en un futuro la finalidad para la que se recaban las imágenes tiene una finalidad distinta.

- **Tratamientos relacionados con el historial médico/clínico:**

- **Acuse de recibo de la entrega de documentación para clínicas:** se trata de un texto legal pensado para las clínicas o instituciones que presten servicios médicos al objeto de acreditar que el paciente, o el representante de este, ha recibido toda la documentación que contiene datos personales previamente entregada a la clínica.

Se recomienda hacer entrega de este escrito a todos los pacientes, o personas que acudan físicamente en representación de estos, para que lo firmen y quede constancia del recibo de la documentación. Se debe proporcionar una copia al interesado.

- **Cláusula legal para tratar datos salud-historias clínicas:** se trata de un texto legal destinado a recabar el consentimiento expreso de los pacientes de una clínica u organización que preste servicios médicos.

El uso de este documento debe pasar por ser entregado al paciente del responsable del tratamiento en el momento en el que le recabamos sus datos personales (primera visita, contratación del servicio, etc.), debiendo ser conservado durante la vigencia del tratamiento.

- **Cláusula informativa para pacientes con cesión**: al igual que la cláusula anterior, este texto legal tiene como finalidad recabar el consentimiento expreso de los pacientes de una clínica u organización que preste servicios médicos, cumpliendo con el deber de información legal al ser firmado por el paciente.

Asimismo, tiene la particularidad de que se prevén cesiones a otras instituciones (ya sea otro profesional de la medicina, compañías aseguradoras, Administraciones Públicas, etc.), por lo que sólo deberá proporcionarse a los pacientes en aquellas circunstancias en las que esté previsto realizar esta cesión de datos.

Del mismo modo, el uso de este documento debe pasar por ser entregado al paciente del responsable del tratamiento en el momento en el que le recabamos sus datos personales (primera visita, contratación del servicio, etc.), debiendo ser conservado durante la vigencia del tratamiento.

3. Contenido del Programa

Al margen de todo lo que hemos abordado hasta aquí, en relación con lo que debe contener o cómo se debe estructurar un Programa de Cumplimiento en materia de protección de datos personales, es necesario dar una mayor aproximación práctica al lector sobre algunos otros elementos que deben componer el mismo y que se integran como pieza central en cualquier adaptación.

A estos efectos, habiendo analizado el impacto práctico de cada uno de los elementos que deben componer el mismo, lo que enumeraremos en las siguientes líneas tiene que ver como una propuesta de organización documental del propio Programa. Una vez más, sea advertido el lector de que la incorporación del índice de contenidos que proponemos en el presente trabajo tiene un ánimo dispositivo y meramente ilustrativo, de modo que se debe tomar como guía a la hora de confeccionar el Programa respectivo de cada entidad. De nada servirá contar con un Programa excesivamente completo, si ello no responde a la imagen fiel de la empresa o fija unos objetivos o misiones de muy difícil asunción.

De acuerdo con el ya mencionado principio de proporcionalidad, el objetivo de una adaptación efectiva es "fotografiar" la imagen real de la empresa, de cara a confeccionar un Plan de acción que resulte proporcional y adecuado con la misma. Más vale fijarse unos objetivos asumibles, aunque sean a largo plazo, que algo totalmente desproporcionado a corto o medio plazo, porque en la mayoría de las ocasiones no se producen tales objetivos. El defecto de la grandilocuencia es lo que se debe evitar en la confección de los Programas de Cumplimiento, para pasar por el criterio de la sencillez, utilidad y efectividad.

A continuación, proponemos el ejemplo práctico del que venimos hablando en el presente apartado para apoyar nuestra explicación.

Ejemplos prácticos

Ejemplo práctico 29

Ejemplo práctico de índice de contenido del Programa de Cumplimiento

CONTENIDO Y PROCEDIMIENTO

OBJETO Y ÁMBITO (Arts 1 y 2 LOPDGDD y arts 1-3 RGPD)

DEFINICIONES (Art 4 RGPD)

BASES DE LEGITIMACIÓN

DEBER DE INFORMACIÓN (Art 11 LOPDGDD y Arts. 12-14 RGPD)

CONSENTIMIENTO (Arts 6-7 LOPDGDD y Arts 7-8 RGPD)

TRATAMIENTO DE DATOS DE MENORES (Art 7 LOPDGDD y Art 8 RGPD)

DERECHOS DE LOS INTERESADOS (PROCEDIMIENTO)

- Dº DE ACCESO (Art 13 LOPDGDD y Art 15 RGPD)
- Dº DE RECTIFICACIÓN (Art 14 LOPDGDD y Art 16 RGPD)
- Dº DE SUPRESIÓN (Dº AL OLVIDO) (Art 15 LOPDGDD y Art 17 RGPD)
- LIMITACIÓN AL TRATAMIENTO (Art 16 LOPDGDD y Art 18 RGPD)
- Dº PORTABILIDAD DE LOS DATOS (Art 17 LOPDGDD y Art 20 RGPD)
- Dº OPOSICIÓN (Art 18 LOPDGDD y Art 21 RGPD)
- DECISIONES INDIVIDUALIZADAS AUTOMATIZADAS (ELABORACIÓN DE PERFILES)

DELEGADO DE PROTECCIÓN DE DATOS (Arts 34-37 LOPDGDD y Arts 37-39 RGPD)

RESPONSABLE Y ENCARGADO DE TRATAMIENTO (Arts 28-33 LOPDGDD y Arts 24-29 RGPD)

NORMAS Y PROCEDIMIENTOS DE SEGURIDAD

CÓDIGOS DE CONDUCTA Y CERTIFICACIÓN (Arts 38-39 LOPDGDD y Arts 40-43 RGPD)

NORMAS CORPORATIVAS VINCULANTES (Art 41.2 LOPDGDD y Art 47 RGPD)

AUTORIDADES DE CONTROL (Arts 44-59 LOPDGDD y Arts 51-67 RGPD)

COMITÉ EUROPEO (Arts 60-62 LOPDGDD y Arts 68-76 RGPD)

RECURSOS, RESPONSABILIDAD Y SANCIONES (Arts 63-78 LOPDGDD y Arts 77-84 RGPD)

ANEXOS

MEDIDAS DE RESPONSABILIDAD ACTIVA

I. IDENTIFICACIÓN, ESTRUCTURA Y REGISTRO DE LOS TRATAMIENTOS (Art 31 LOPDGDD y Art 30 RGPD)

II. ANÁLISIS DE RIESGO

III. MEDIDAS DE SEGURIDAD TÉCNICAS Y ORGANIZATIVAS (Art 30 LOPDGDD y Art 32 RGPD)

1. - ANONIMIZACIÓN, SEUDONIMIZACIÓN Y CIFRADO
2. - DEBER DE INFORMACIÓN Y CONSENTIMIENTO

3. - DEBER DE CONFIDENCIALIDAD
4. - COPIAS DE SEGURIDAD Y GESTIÓN DE INCIDENCIAS
5. - INVENTARIO DE ACTIVOS TÉCNICOS Y ORGANIZATIVOS

IV. LISTADO DE CUMPLIMIENTO NORMATIVO Y VERIFICACIONES PERIÓDICAS DE LAS MEDIDAS

V. NOTIFICACIÓN DE VIOLACIONES DE SEGURIDAD (Arts 33-34 RGPD)

VI. EVALUACIÓN DEL IMPACTO (Arts 35-36 RGPD)

VII. RESPONSABLE DE SEGURIDAD Y DELEGADO DE PROTECCIÓN DE DATOS (DPD) - (Arts 28-30 LOPDGDD y Arts 37-39 RGPD)

VIII. TRANSFERENCIAS INTERNACIONALES (Arts 40-43 LOPDGDD y Arts 44-46 RGPD)

Esquemas

Esquema orientativo sobre proceso de adaptación

PARTE VII.- GARANTÍA DE LOS DERECHOS DIGITALES

BLOQUE I. Protección de menores en el ámbito digital

1. Nociones generales y justificación del Título X

Habiendo llegado al presente punto del trabajo, el lector ha sido partícipe de todo el proceso de adaptación de una entidad privada a la normativa nacional y europea sobre protección de datos personales. Se han realizado todas cuantas anotaciones y consejos son necesarios para conocer al detalle los entresijos del procedimiento y poder emprender dicha tarea con resultados efectivos y profesionales.

Sin embargo, no podemos desechar la oportunidad de formular ciertas anotaciones y aproximaciones prácticas en lo que se refiere al ámbito de los derechos digitales. La razón es bien sencilla, y es que nuestra reciente LOPD-GDD ha incorporado un título entero a regular la garantía de los derechos digitales. Es tal la importancia de esta materia, que el legislador ha incluido en la propia denominación oficial de la ley el apartado, "Garantía de los derechos digitales".

Podría pensarse que el único cambio está en la denominación, pero (como ya hemos indicado) es que ello obedece a la incorporación de un novedoso Título X en la ley, cuyo objeto es la determinación y regulación de los derechos digitales. En este sentido, es destacable que el contenido de este Título no se encontraba en el Proyecto de LOPD, lo cual es comprensible en tanto en cuanto el objetivo de esta era adaptar el contenido del RGPD al contexto nacional, en todo aquello que hubiese dejado habilitado para ello el legislador europeo.

Sin embargo, tal y como ha entendido el legislador nacional y ha justificado en el considerando IV del Preámbulo de la LOPD-GDD, Internet es ya una realidad absolutamente omnipresente en la vida personal y colectiva de todos los ciudadanos. Casi todos los aspectos de la vida diaria, en el aspecto económico, profesional y de relaciones con la Administración Pública, pasan por Internet y sus condicionantes. Esto es motivo más que suficiente para fomentar políticas "*que hagan efectivos los derechos de la ciudadanía en Internet promoviendo la igualdad de los ciudadanos y de los grupos en los que se integran para hacer posible el pleno ejercicio de los derechos fundamentales en la realidad digital*" (párrafo tercero del considerando IV de la LOPD-GDD).

Ello, unido al mandato impuesto por el apartado cuarto del artículo 18 de la Constitución Española, hace necesario el abordar en la práctica legislativa el ámbito de los derechos digitales y el impacto que el uso de las nuevas tecnologías pueda tener sobre los ciudadanos y, en especial, sobre los sujetos más vulnerables, como son los menores.

2. Catálogo de derechos de los menores en el ámbito digital

2.1. Derechos e intereses de los menores

El nuevo Título X ha hecho mucho hincapié en la necesidad de proteger el acceso a internet de los menores de edad, además de los datos que puedan encontrarse a disposición de todos en este ámbito digital. Para nadie pasa desapercibido el hecho de que lo más habitual hoy en día es encontrarse con perfiles de redes sociales de menores de edad, así como contenido multimedia o audiovisual destinado a este colectivo, en el que incluso puede aparecer la imagen de los menores (por ejemplo, vídeos subidos a plataformas de contenido audiovisual de excursiones de los menores o grabaciones caseras de actos de actuaciones de fin de curso).

Por esta razón, se han reconocido, por primera vez, derechos relacionados con este conjunto de interesados y las vicisitudes que la era digital puede presentar sobre este ámbito. Así, uno de los elementos esenciales a este respecto es el ámbito de la educación digital, sin perjuicio de que la educación se trata de un factor transversal y fundamental de toda la sociedad.

De este modo, el artículo 83 de la LOPD-GDD reconoce la necesidad de que todo el alumnado se encuentra plenamente insertado en la sociedad digital y en el uso de los medios digitales, con plena observancia al *"respeto y la garantía de la intimidad personal y familiar y la protección de datos personales"*. Ello se debe implementar en el sistema educativo a través del diseño del bloque de asignaturas, introduciendo la cultura TIC, así como en los bloques temáticos de los temas de oposiciones.

Por otro lado, por lo que se refiere a los derechos de los menores en sentido estricto, encontramos ciertas menciones en el Título X, que pasamos a abordar. Así, en primer lugar, es necesario hacer referencia a la **protección de los menores en Internet**, la cual se traduce en un mandato hacia los padres, madres, tutores, curadores o representantes legales para que procuren el uso equilibrado y responsable de los dispositivos digitales y el acceso al mundo de Internet.

Otro de los aspectos a tener en cuenta por las entidades responsables de tratamiento, es el relacionado con el interés mayor del menor, que debe prevalecer sobre el resto de los derechos e intereses en yuxtaposición. De este modo, en virtud del artículo 92 de la LOPD-GDD, todas las entidades responsables de tratamientos relacionadas con el ámbito educativo en las que intervengan menores de edad deben garantizar *"la protección del interés superior del menor y sus derechos fundamentales, especialmente el derecho a la protección de datos personales, en la publicación o difusión de sus datos personales a través de servicios de la sociedad de la información"*. Para la publicación de imágenes en redes sociales, típicas de los tiempos que corren, es absolutamente necesario contar con el consentimiento del menor (siempre que sea mayor de catorce años) o sus representantes legales.

Ejemplos prácticos

Ejemplo práctico 30

En aquellos casos en los que el colegio o academia a la que acude el menor organice una actividad extraescolar o de ocio, en el caso de que desee documentar fotográficamente dicho evento, debe recabar el consentimiento del menor (si es mayor de catorce años) o de sus representantes legales con las finalidades específicas. Esto es, por un lado, debe recabar el consentimiento para la toma de la fotografía y, por el otro, para la publicación de la misma en una web o cualquier otro soporte de acceso público o privado.

En caso de que los progenitores del menor se encuentren en situación de separación o divorcio, ¿es suficiente con que el consentimiento lo otorgue uno de los progenitores?

De conformidad con lo dispuesto en el artículo 7 de la LOPD-GDD, en los supuestos en los que sea necesario, el consentimiento deberá ser otorgado por los titulares de la patria potestad; es decir, por ambos progenitores, si ninguno de ellos ha visto privado su derecho a la patria potestad por resolución judicial.

Esquemas

Tabla orientativa sobre los principales derechos digitales de los menores

Derechos reconocidos	Regulación en LOPD-GDD
Derecho no consentir tratamientos de datos de menores	Artículo 7
Derecho a la educación digital	Artículo 83
Derecho a la protección de los menores en Internet	Artículo 84
Derecho a la protección de datos del menor en Internet	Artículo 92

2.2. Mandatos al ejecutivo

Por último, resta por hacer referencia a los mandatos que la LOPD-GDD dirige al ejecutivo con el objetivo de fortalecer los derechos de los menores en la era digital y evitar que los anteriores derechos mencionados queden en papel mojado.

Por un lado, encontramos referencias a la necesaria elaboración y aprobación de un Plan de Actuación, claramente dirigido a la promoción de acciones formativas, de difusión y concienciación sobre los elementos necesarios a tener en cuenta por los responsables de tratamiento al objeto de facilitar que los menores *"hagan un uso equilibrado y responsable de los dispositivos digitales y de las redes sociales y de los servicios de la sociedad de la información equivalentes de Internet"*.

Por el otro, se establece que antes del seis de diciembre de 2019 el Gobierno debe remitir al Congreso de los Diputados un proyecto de ley específica a este respecto. Es decir, sin perjuicio de que el Título X asienta las bases sobre el reconocimiento y desarrollo de los derechos digitales de los menores, dada la relevancia que esta materia conlleva, es necesario dotar de una normativa separada y específica para garantizar la seguridad de los menores ante Internet y *"luchar contra la discriminación y la violencia que sobre los mismos es ejercida mediante las nuevas tecnologías"* (disposición adicional decimonovena de la LOPD-GDD).

Esquema orientativo

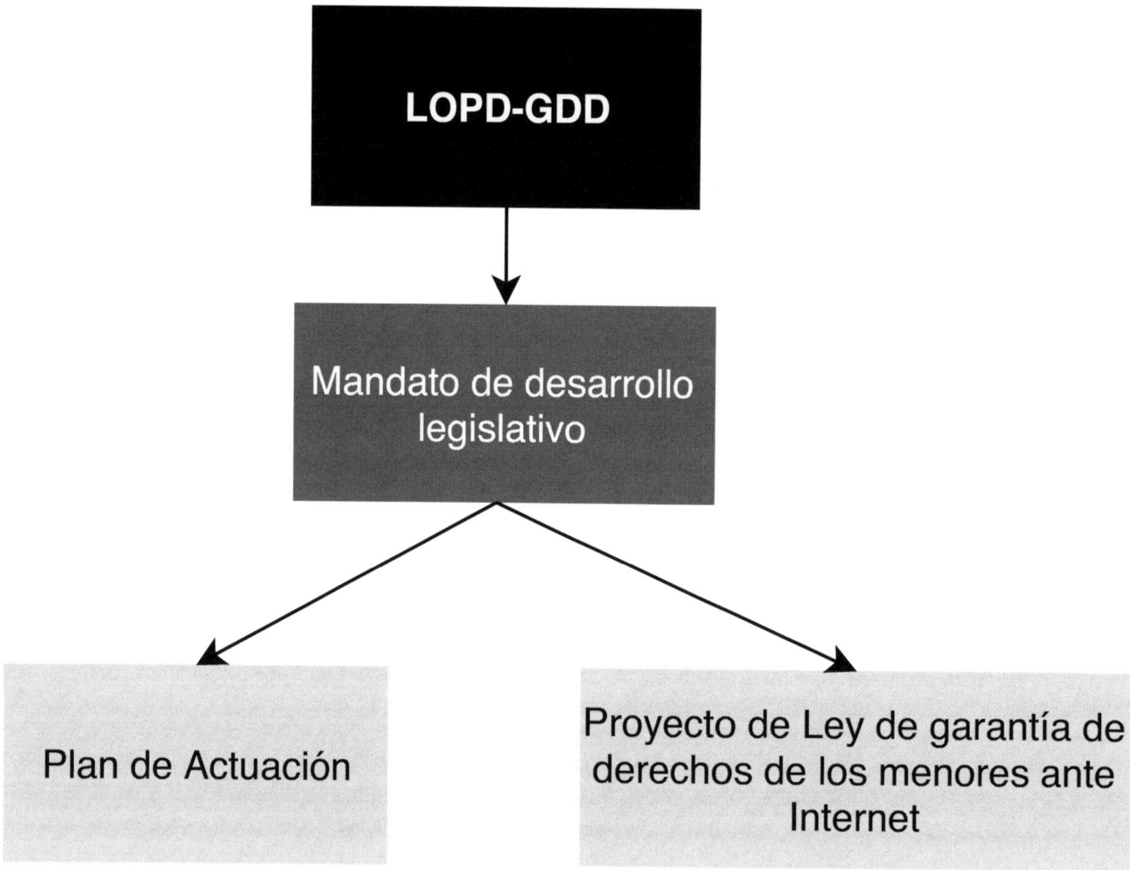

BLOQUE II. Reconocimiento de derechos digitales

1. Derechos digitales generales

Este novedoso Título X se configura en torno a diecinueve preceptos normativos, cada uno de los cuales se encarga de determinar y desarrollar el contenido de los nuevos derechos que le son definitivamente reconocidos a los ciudadanos. Es importante destacar que los prestadores de servicios de la sociedad de la información y de servicios de internet están obligados a contribuir a la aplicación del contenido de este Título, así como cualquier otra normativa nacional que resulte de aplicación (artículo 79 LOPD-GDD).

A continuación, manteniendo el hilo estructural establecido en la LOPD-GDD, abordaremos cada uno de los preceptos al objeto de entender su contenido y la utilidad en el mundo digital de su determinación legal.

- **Derecho a la neutralidad de Internet**:

Sencillamente, supone un mandato directo a los proveedores de servicios de Internet, en virtud del cual deben proporcionar una oferta transparente de servicios sin discriminación por motivos técnicos o económicos.

Esto tiene importancia en la medida en que cada vez son más las entidades que están presentes en internet y que ofrecen productos o servicios a nivel digital. En este sentido, es fundamental observar el principio de neutralidad, de modo que cualquier ciudadano pueda acceder a los mismos servicios, con independencia de las características técnicas de su dispositivo de acceso o el nivel económico del mismo.

- **Derecho de acceso universal a Internet**:

El contenido de este derecho es bastante amplio y puede estructurarse, de conformidad con su literalidad, en seis condicionantes, a saber:

"1. Todos tienen derecho a acceder a Internet independientemente de su condición personal, social, económica o geográfica.

2. Se garantizará un acceso universal, asequible, de calidad y no discriminatorio para toda la población.

3. El acceso a Internet de hombres y mujeres procurará la superación de la brecha de género tanto en el ámbito personal como laboral.

4. El acceso a Internet procurará la superación de la brecha generacional mediante acciones dirigidas a la formación y el acceso a las personas mayores.

5. La garantía efectiva del derecho de acceso a Internet atenderá la realidad específica de los entornos rurales.

6. El acceso a Internet deberá garantizar condiciones de igualdad para las personas que cuenten con necesidades especiales".

Como se puede apreciar, se trata de una suerte de prolegómeno que introduce los principios que deben regir esta regulación. Encontramos la necesaria observancia del principio de igualdad en el acceso a internet, así como la superación de la brecha de género y la generacional en todos los sectores.

Se puede afirmar, a la vista de su contenido, que el alcance práctico que tiene no es muy reseñable, pues más bien se trata (como se ha señalado) de un artículo que sienta las bases para desarrollar todo tipo de regulación tendente a garantizar la integridad de los derechos de las personas físicas en el ámbito de Internet.

- **Derecho a la seguridad digital**:

La seguridad a la que hace referencia el presente artículo tiene conexión directa con el principio de confidencialidad y seguridad de la información, de modo que lo que se pretende garantizar es el contenido de las comunicaciones electrónicas que se realicen en el ámbito digital. Sobre todo, más allá del ámbito de la confidencialidad (de la que ya hemos hablado anteriormente en el presente trabajo), se trata de implementar todas aquellas medidas técnicas y de control que sean necesarias para conservar la seguridad de las transmisiones de información y la exposición pública de la misma.

- **Derecho a la educación digital**:

El contenido de este precepto tiene que ver con garantizar la plena inserción del alumnado en la sociedad digital, siempre que se encuentre entroncado en el contenido del resto de derecho que regula el Título X de la LOPD-GDD. Cabe destacar que este mandato también se extiende a las Administraciones Públicas en lo que respecta al diseño de programas de estudio (véanse las oposiciones), además de a nivel universitario en el ámbito en el que se pueda impartir el contenido de los programas académicos.

- **Derecho de rectificación en Internet**:

Además de reconocer el derecho a la libertad de expresión en Internet como pilar fundamental en el que se debe asentar este derecho, se trata de afianzar el ya clásico derecho a la rectificación de datos personales, pero en el ámbito digital. Se trata de un mandato dirigido a los responsables de tratamiento que operan en Internet al objeto de habilitar protocolos que faciliten el ejercicio de este derecho, manteniendo un esquema de sencillez y eficacia a partes iguales. Lo más deseable es que se trate de protocolos de actuación que permitan una decisión rápida y concreta sobre la petición del interesado.

- **Derecho a la actualización de informaciones en medios de comunicación digitales**:

Se trata de una suerte de derecho a la rectificación, en este caso aplicable al ámbito de los medios de comunicación. Consiste en el derecho a insertar un aviso de actualización suficientemente visible junto a las noticias que conciernan al interesado y no reflejen su situación actual. Deben guardar relación con actuaciones policiales o judiciales que se hayan visto afectadas en beneficio del interesado como consecuencia de decisiones judiciales posteriores.

- **Derecho al olvido en Internet, redes sociales y servicios equivalentes**:

Se reconoce el derecho al olvido, como extensión del derecho a la supresión (antigua cancelación) aplicado al ámbito de los buscadores de Internet, las redes sociales y demás servicios equivalentes.

De este modo, en todos aquellos casos en los que se pueda acceder a información que identifique al interesado en materias que no tengan interés público y sean de libre disposición de este, se podrá ejercitar el derecho a la supresión. La utilidad del ejercicio de este derecho es que se busca la desindexación de los buscadores de todos los términos que puedan vincularse con el interesado.

Se debe aclarar que, si bien se puede proceder a la supresión absoluta de los datos del interesado, en algunos casos puede caber el mantenimiento del contexto con la identificación del interesado totalmente anonimizada. Ello se entenderá con un ejemplo práctico.

- **Derecho de portabilidad en servicios de redes sociales y servicios equivalentes**:

Al igual que los anteriores derechos al olvido y a la rectificación, el derecho de portabilidad supone una extensión del mismo derecho que se aplica para los tratamientos de datos comunes, pero en la esfera digital. Cabe tener en cuenta que los prestadores del servicio podrán conservar una copia de los contenidos a portar cuando sea necesario para el cumplimiento de una obligación legal.

- **Derecho al testamento digital**:

En este apartado se viene a regular el derecho de las personas vinculadas a un fallecido de gestionar el contenido personal volcado en redes sociales y servicios de Internet. En este sentido, para llevar ello a cabo se deben seguir las siguientes reglas:

  - Las personas vinculadas al fallecido por razones familiares o de hecho, así como sus herederos podrán dirigirse a los prestadores de servicios de la sociedad de la información al objeto de acceder a dichos contenidos e impartirles las instrucciones que estimen oportunas sobre su utilización, destino o supresión. Como excepción, las personas mencionadas no podrán acceder a los contenidos del causante, ni solicitar su modificación o eliminación, cuando la persona fallecida lo hubiese prohibido expresamente o así lo establezca una ley. Dicha prohibición no afectará al derecho de los herederos a acceder a los contenidos que pudiesen formar parte del caudal relicto.
  - El albacea testamentario, así como aquella persona o institución a la que el fallecido hubiese designado expresamente para ello también podrá solicitar, con arreglo a las instrucciones recibidas, el acceso a los contenidos con vistas a dar cumplimiento a tales instrucciones.
  - En caso de personas fallecidas menores de edad, estas facultades podrán ejercerse también por sus representantes legales o, en el marco de sus competencias, por el Ministerio Fiscal, que podrá actuar de oficio o a instancia de cualquier persona física o jurídica interesada.

- En caso de fallecimiento de personas con discapacidad, estas facultades podrán ejercerse también, además de por quienes señala la letra anterior, por quienes hubiesen sido designados para el ejercicio de funciones de apoyo si tales facultades se entendieran comprendidas en las medidas de apoyo prestadas por el designado.

Ejemplos prácticos

Ejemplo práctico 31

Individuo que ha sido condenado en una sentencia judicial, a la cual puede tener acceso cualquiera que busque en el buscador por la materia sobre la que versa la resolución. ¿Qué debe hacer?

Debe dirigirse a la entidad responsable del tratamiento de dicha sentencia (por ejemplo, portal web que ha colgado la sentencia sin anonimizar) solicitando el derecho a la supresión de sus datos y solicitando, subsidiariamente, que se tramite la desindexación de sus resultados en el motor de búsqueda que se trate. Cabe tener en cuenta que se trata de una petición subsidiaria que puede ser o no estimada por parte de la entidad, por lo que, en cualquier caso, se podrá acudir de modo unilateral al motor de búsqueda ejercitando el derecho al olvido con los formularios que se facilitan.

Esquemas

Tabla orientativa sobre los derechos digitales generales

Derechos reconocidos	Regulación en LOPD-GDD
Derecho a la neutralidad en Internet	Artículo 80
Derecho de acceso universal a Internet	Artículo 81
Derecho a la seguridad digital	Artículo 82
Derecho a la educación digital	Artículo 93
Derechos de rectificación en Internet	Artículo 85
Derecho a la actualización de informaciones en medios de comunicación digitales	Artículo 86
Derecho al olvido en búsquedas de Internet	Artículo 93
Derecho al olvido en servicios de redes sociales y servicios equivalentes	Artículo 94
Derecho de portabilidad en servicios de redes sociales y servicios equivalentes	Artículo 95
Derecho al testamento digital	Artículo 96

2. Derechos digitales aplicables al ámbito laboral

Al margen de los derechos digitales que en sentido general son reconocidos a todos los interesados, resulta de suma importancia hacer referencia al abanico de derechos digitales que afectan al ámbito laboral. Así, a nadie le resulta extraño que las implicaciones de las nuevas tecnologías generan un impacto relevante en el método de trabajo de los interesados.

Este impacto puede tener consecuencias positivas y negativas, debiendo incorporar los márgenes limitativos de los que disponen los interesados a la hora de interactuar con el ámbito digital. De este modo, en el presente apartado abordaremos el elenco de derechos que afectan al ámbito laboral con una breve aproximación práctica a su contenido.

- **Derechos digitales en el ámbito laboral**:

Se reconocen diferentes derechos en el ámbito laboral, ya reclamados en numerosas reivindicaciones a nivel europeo y que la jurisprudencia nacional venía reconociendo. Así, el derecho a la desconexión digital fuera del horario de trabajo se conceptúa como la limitación al uso de las tecnologías de la comunicación para garantizar el tiempo de descanso y vacaciones de los trabajadores.

La nueva LOPD-GDD fija el derecho de los trabajadores a la desconexión digital en el ámbito laboral en su artículo 88, en los siguientes términos:

"1. Los trabajadores y los empleados públicos tendrán derecho a la desconexión digital a fin de garantizar, fuera del tiempo de trabajo legal o convencionalmente establecido, el respeto de su tiempo de descanso, permisos y vacaciones, así como de su intimidad personal y familiar.

2. Las modalidades de ejercicio de este derecho atenderán a la naturaleza y objeto de la relación laboral, potenciarán el derecho a la conciliación de la actividad laboral y la vida personal y familiar y se sujetarán a lo establecido en la negociación colectiva o, en su defecto, a lo acordado entre la empresa y los representantes de los trabajadores.

3. El empleador, previa audiencia de los representantes de los trabajadores, elaborará una política interna dirigida a trabajadores, incluidos los que ocupen puestos directivos, en la que definirán las modalidades de ejercicio del derecho a la desconexión y las acciones de formación y de sensibilización del personal sobre un uso razonable de las herramientas tecnológicas que evite el riesgo de fatiga informática. En particular, se preservará el derecho a la desconexión digital en los supuestos de realización total o parcial del trabajo a distancia, así como en el domicilio del empleado vinculado al uso con fines laborales de herramientas tecnológicas."

Dentro del contexto de la desconexión digital, la LOPD-GDD ha añadido un nuevo artículo 20 *bis* al texto Refundido de la Ley del Estatuto de los Trabajadores, el cual pasa a estar redactado del siguiente modo:

"Artículo 20 bis. Derechos de los trabajadores a la intimidad en relación con el entorno digital y a la desconexión.

Los trabajadores tienen derecho a la intimidad en el uso de los dispositivos digitales puestos a su disposición por el empleador, a la desconexión digital y a la intimidad frente al uso de dispositivos de videovigilancia y geolocalización en los términos establecidos en la legislación vigente en materia de protección de datos personales y garantía de los derechos digitales".

Además, de lo anterior, se añade una nueva letra j) bis en el artículo 14 del Texto Refundido de la Ley del Estatuto Básico del Empleado Público, quedando igualmente redactado de la siguiente forma:

"j) bis A la intimidad en el uso de dispositivos digitales puestos a su disposición y frente al uso de dispositivos de videovigilancia y geolocalización, así como a la desconexión digital en los términos establecidos en la legislación vigente en materia de protección de datos personales y garantía de los derechos digitales".

- **Derecho a la intimidad y uso de dispositivos digitales en el ámbito laboral**:

El acceso por el empleador al contenido de dispositivos digitales respecto de los que haya admitido su uso con fines privados requerirá que se especifiquen de modo preciso los usos autorizados y se establezcan garantías para preservar la intimidad de los trabajadores, tales como, en su caso, la determinación de los períodos en que los dispositivos podrán utilizarse para fines privados. A estos efectos, los trabajadores deberán ser informados de los criterios de utilización a los que se refiere este apartado.

El precepto en el que se encuentra regulado es el artículo 90 de la LOPD-GDD y su contenido parte de la siguiente literalidad:

"1. Los trabajadores y los empleados públicos tendrán derecho a la protección de su intimidad en el uso de los dispositivos digitales puestos a su disposición por su empleador.

2. El empleador podrá acceder a los contenidos derivados del uso de medios digitales facilitados a los trabajadores a los solos efectos de controlar el cumplimiento de las obligaciones laborales o estatutarias y de garantizar la integridad de dichos dispositivos.

3. Los empleadores deberán establecer criterios de utilización de los dispositivos digitales respetando en todo caso los estándares mínimos de protección de su intimidad de acuerdo con los usos sociales y los derechos reconocidos constitucional y legalmente. En su elaboración deberán participar los representantes de los trabajadores".

- **Derecho a la intimidad frente al uso de dispositivos de videovigilancia y de grabación de sonidos en el lugar de trabajo**:

Dado el carácter eminentemente práctico que se ha observado en su redacción por parte de nuestro legislador, basta con transcribir la literalidad del artículo 89 de la LOPD-GDD al objeto de que el lector conozca las implicaciones que señala el presente apartado. Así, el precepto mencionado establece lo siguiente:

"1. Los empleadores podrán tratar las imágenes obtenidas a través de sistemas de cámaras o videocámaras para el ejercicio de las funciones de control de los trabajadores o los empleados públicos previstas, respectivamente, en el artículo 20.3 del Estatuto de los Trabajadores y en la legislación de función pública, siempre que estas funciones se ejerzan dentro de su marco legal y con los límites inherentes al mismo. Los empleadores habrán de informar con carácter previo, y de forma expresa, clara y concisa, a los trabajadores o los empleados públicos y, en su caso, a sus representantes, acerca de esta medida.

En el supuesto de que se haya captado la comisión flagrante de un acto ilícito por los trabajadores o los empleados públicos se entenderá cumplido el deber de informar cuando existiese al menos el dispositivo al que se refiere el artículo 22.4 de la LOPDGDD.

2. En ningún caso se admitirá la instalación de sistemas de grabación de sonidos ni de videovigilancia en lugares destinados al descanso o esparcimiento de los trabajadores o los empleados públicos, tales como vestuarios, aseos, comedores y análogos.

3. La utilización de sistemas similares a los referidos en los apartados anteriores para la grabación de sonidos en el lugar de trabajo se admitirá únicamente cuando resulten relevantes los riesgos para la seguridad de las instalaciones, bienes y personas derivados de la actividad que se desarrolle en el centro de trabajo y siempre respetando el principio de proporcionalidad, el de intervención mínima y las garantías previstas en los apartados anteriores. La supresión de los sonidos conservados por estos sistemas de grabación se realizará atendiendo a lo dispuesto en el apartado 3 del artículo 22 la LOPDGDD".

- **Derecho a la intimidad ante la utilización de sistemas de geolocalización en el ámbito laboral**:

Al igual que hemos establecido en la explicación del derecho anterior, nos limitamos a transcribir la literalidad del artículo 90 de la LOPD-GDD:

"1. Los empleadores podrán tratar los datos obtenidos a través de sistemas de geolocalización para el ejercicio de las funciones de control de los trabajadores o los

empleados públicos previstas, respectivamente, en el artículo 20.3 del Estatuto de los Trabajadores y en la legislación de función pública, siempre que estas funciones se ejerzan dentro de su marco legal y con los límites inherentes al mismo.

2. Con carácter previo, los empleadores habrán de informar de forma expresa, clara e inequívoca a los trabajadores o los empleados públicos y, en su caso, a sus representantes, acerca de la existencia y características de estos dispositivos. Igualmente deberán informarles acerca del posible ejercicio de los derechos de acceso, rectificación, limitación del tratamiento y supresión".

- **Derechos digitales en la negociación colectiva:**

Finalmente, se reconoce que los convenios colectivos podrán establecer garantías adicionales de los derechos y libertades relacionados con el tratamiento de los datos personales de los trabajadores y la salvaguarda de derechos digitales en el ámbito laboral. De este modo, estaremos ante una suerte de Código de conducta aplicable únicamente al ámbito de los derechos digitales en el ámbito laboral, en el que se podrían adherir numerosos responsables de tratamientos que pertenezcan a un mismo sector de actividad.

Esquemas

Tabla orientativa sobre derechos digitales en el ámbito laboral

Derechos reconocidos	Regulación en LOPD-GDD
Derecho a la intimidad y uso de los dispositivos digitales en el ámbito digital	Artículo 87
Derecho a la desconexión digital en el ámbito laboral	Artículo 88
Derecho a la intimidad frente al uso de dispositivos de videovigilancia y de grabación de sonidos en el lugar de trabajo	Artículo 89
Derecho a la intimidad ante la utilización de sistemas de geolocalización en el ámbito laboral	Artículo 90
Derechos digitales en la negociación colectiva	Artículo 91

Esquema sobre estructura de contenido del Título X

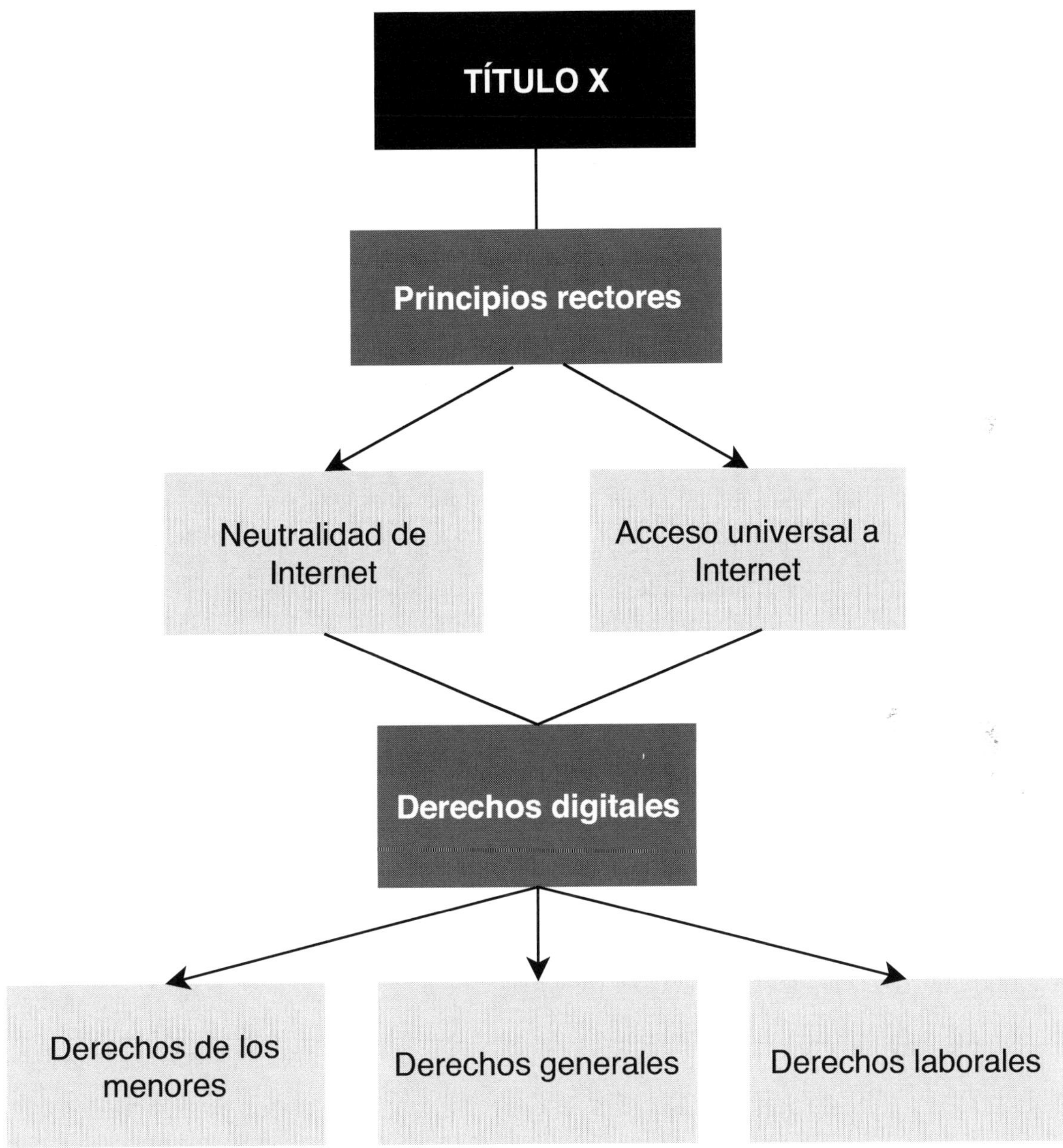

ANEXO 1. FORMULARIOS

Todos los formularios contenidos en este anexo están adaptados a la nueva Ley Orgánica 3/2018, de 5 de diciembre, de Protección de Datos Personales y garantía de los derechos digitales y al Reglamento (UE) 2016/679 del Parlamento Europeo y del Consejo, de 27 de abril de 2016, relativo a la protección de las personas físicas en lo que respecta al tratamiento de datos personales y a la libre circulación de estos datos y por el que se deroga la Directiva 95/46/CE (Reglamento general de protección de datos)

FORMULARIO 1. Información al público de política de privacidad de entidad.

Modelo de cartel informativo a colocar en la pared o un marco, por ejemplo en recepción, en la sala de espera... (igual que se suelen tener los carteles de que "Existen hojas de reclamación a disposición de los usuarios") de modo que cualquier cliente o usuario visualice la política de protección de datos de la empresa al entrar en sus instalaciones.

CARTEL INFORMATIVO DE LA POLÍTICA DE PRIVACIDAD DE LA ENTIDAD

Responsable: [NOMBRE] - NIF/CIF: [NUMERO] - Teléfono de contacto: [NUM_TLF]

Correo electrónico: [CORREO_ELECTRONICO] - Dirección postal: [CALLE], [NUMERO], [LUGAR], [CIUDAD], [CODIGO_POSTAL], [PROVINCIA].

Delegado de Protección de datos: [ESPECIFIQUE AQUI, LOS DATOS DE CONTACTO DEL DELEGADO, INCLUYENDO, DIRECCION, TELEFONO, EMAIL, Y TODOS LOS DATOS QUE SEAN NECESARIOS PARA LA CORRECTA IDENTIFICACION] **(1)**

Le comunicamos que los datos que usted nos facilite quedarán incorporados a nuestro registro interno de actividades de tratamiento y serán tratados con las finalidades de poderle dar adecuado cumplimiento a las obligaciones legales adquiridas, tanto contractuales como precontractuales, cumplir con un interés legítimo acreditado, así como para mantenerle informado sobre cuestiones relativas a la actividad de la entidad y sus servicios que sean de su interés y estén relacionados con los productos o servicios ya prestados. Así mismo, y sólo en caso de que lo haya autorizado expresamente en contrato o documento de consentimiento, se podrán utilizar para mantenerle informado de sus novedades comerciales, prospección comercial y distintas ofertas promocionales vía e-mail, sms, fax, correo postal, etc.

Los datos proporcionados se conservarán mientras se mantenga la relación comercial o durante los años necesarios para cumplir con las obligaciones legales. Así mismo, le informamos de que los datos que nos facilite no serán transferidos internacionalmente ni serán cedidos a terceros, salvo en aquellos casos en que exista una obligación legal. **(2)**

Finalmente, si necesita más información sobre el tratamiento de datos de carácter personal puede solicitárnosla personalmente o vía correo electrónico en la cuenta: [CORREO_ELECTRONICO]. Recuerde que tiene derecho a acceder a sus datos personales, rectificar los datos inexactos, solicitar su supresión, limitar alguno de los tratamientos u oponerse a algún uso (por ej. oponerse posteriormente al envío de publicidad), vía e-mail, personalmente o mediante correo postal (véanse los datos al inicio de esta política).

(1) Especifique aquí, los datos de contacto del delegado (sólo si es el caso) incluyendo, dirección, teléfono, email, y todos los datos que sean necesarios para la correcta identificación.

(2) Este modelo reconoce que no se realizan transferencias internacionales, ni cesiones, ni elaboración de perfiles. Si usted si las efectúa deberán incorporarse dichos extremos

FORMULARIO 2. Cláusula de Política de Privacidad para añadir a la plantilla de facturas.

Si bien actualmente no es obligatorio incluir la mención a la política de privacidad en las facturas (véase art. 6 del Reglamento de facturación -Real Decreto 1619/2012, de 30 de noviembre-), es recomendable puesto que en muchos casos no se llega a firmar un contrato o documento de consentimiento y de este modo, al incluir dicho texto en las facturas, cuando se le entregue al cliente, ya se cumpliría de manera fehaciente con el deber de información.

Política de privacidad

Responsable: [NOMBRE_EMPRESA] - NIF/CIF: [NUMERO] - Teléfono de contacto: [NUM_TLF]

Correo electrónico: [CORREO_ELECTRONICO] - Dirección postal: [DIRECCION], [POBLACION], [CODIGO_POSTAL], [PROVINCIA].

Le comunicamos que los datos que usted nos facilite quedarán incorporados en nuestro registro interno de actividades de tratamiento con el fin de llevar a cabo una adecuada gestión fiscal y contable. Los datos proporcionados se conservarán mientras se mantenga la relación contractual y durante los años necesarios para cumplir con las obligaciones legales. Así mismo, los datos no serán transferidos internacionalmente ni cedidos a terceros salvo en aquellos casos en que exista una obligación legal. Tiene derecho a acceder a sus datos personales, rectificar los datos inexactos, solicitar su supresión, limitar alguno de los tratamientos u oponerse a algún uso vía e-mail, personalmente o mediante correo postal.

FORMULARIO 3. Cláusula para adjuntar como firma a los mails salientes.

La cláusula de e-mails es para que se adjunte como firma digital a todas sus cuentas de correo electrónico de modo que aparezca siempre en todos los e-mails salientes (tanto reenvíos, como respuestas o correos nuevos).

Recuerde además que siempre que envíe un correo electrónico a más de una dirección de e-mail, todas las cuentas de correo a las que vaya dirigido deberían ir en el campo CCO (Con Copia Oculta), y siempre que envíen un correo electrónico con documentos que contengan datos sensibles (historiales clínicos, datos de salud, raza, sexo, afiliación sindical...) esos documentos deberán ir cifrados con una contraseña de apertura. Finalmente, en el caso de que realicen publicidad vía email deberán incorporar un texto diferente ("Cláusula para adjuntar a mails con publicidad") y recabar el consentimiento expreso de cada cliente o pre-cliente para poder usar sus datos con esta finalidad publicitaria, además de cumplir con el resto de obligaciones que impone la LSSICE.

Política de Protección de Datos de Carácter Personal

Responsable: [NOMBRE_EMPRESA] - NIF/CIF: [NUMERO] - Teléfono de contacto: [NUM_TLF]

Correo electrónico: [CORREO_ELECTRONICO] - Dirección postal: [DIRECCION], [POBLACION], [CODIGO_POSTAL], [PROVINCIA].

Delegado de Protección de datos: [ESPECIFIQUE AQUI, LOS DATOS DE CONTACTO DEL DELEGADO, INCLUYENDO, AL MENOS EL EMAIL] **(1)**

Los datos de carácter personal que nos facilite quedarán incorporados en nuestros registros internos de actividades de tratamiento, con la finalidad de poder llevar a cabo una adecuada gestión de las comunicaciones (envíos, respuestas y reenvíos) y para el mantenimiento de las obligaciones contractuales o precontractuales entre las partes. Los datos proporcionados se conservarán mientras se mantenga la relación comercial/ contractual o durante los años necesarios para cumplir con las obligaciones legales a que puedan estar afectos. Así mismo, los datos no serán transferidos internacionalmente ni cedidos a terceros, salvo en aquellos casos en que exista una obligación legal. **(2)**

Si necesita más información sobre el tratamiento de datos de carácter personal puede solicitárnosla, escribiéndonos a la cuenta: [CORREO_ELECTRONICO]. Tiene derecho a acceder a sus datos personales, rectificar los datos inexactos, solicitar su supresión, limitar alguno de los tratamientos u oponerse a algún uso, vía e-mail, personalmente o mediante correo postal (datos al inicio de esta política).

(1) Especifique aquí, los datos de contacto del delegado (sólo si es el caso) incluyendo al menos el email, y todos los datos que sean necesarios para la correcta identificación.

(2) En este modelo se reconoce que no se realizan transferencias internacionales, ni cesiones. Si usted si las efectúa deberán incorporarse dichos extremos incluyendo las entidades a las que se ceden y la finalidad y/o bien terceros países fuera de la Unión Europea a los que se transfieren los datos y el motivo.

FORMULARIO 4. Cláusula para adjuntar a mails con publicidad.

Téngase en cuenta que:

- será necesario disponer del consentimiento previo, libre, específico e inequívoco para el envío de correos publicitarios o promocionales, ya sea mediante una declaración o una clara acción afirmativa para que el consentimiento sea válido;

- en este modelo reconoce que no se realizan transferencias internacionales, ni cesiones, ni elaboración de perfiles. Si usted si las efectúa deberán incorporarse dichos extremos;

- además, en caso de que los datos no se hayan obtenido del propio interesado, se deberá añadir el origen de los datos y las categorías de interesados.

Política de Protección de Datos de Carácter Personal

Responsable: [NOMBRE_EMPRESA] - NIF/CIF: [NUMERO] - Teléfono de contacto: [NUM_TLF]

Correo electrónico: [CORREO_ELECTRONICO] - Dirección postal: [DIRECCION], [POBLACION], [CODIGO_POSTAL], [PROVINCIA].

Delegado de Protección de datos: [ESPECIFIQUE AQUI, LOS DATOS DE CONTACTO DEL DELEGADO, INCLUYENDO, DIRECCION, TELEFONO, EMAIL, Y TODOS LOS DATOS QUE SEAN NECESARIOS PARA LA CORRECTA IDENTIFICACION] **(1)**

Le informamos que los datos de carácter personal que nos facilite se incorporan en nuestro registro interno de actividades de tratamiento y serán tratados con la finalidad de poder dar adecuado cumplimiento a las obligaciones legales y/o contractuales adquiridas, así como mantenerle informado sobre cuestiones relativas a la actividad de la empresa y sus servicios. Además, se podrán utilizar los datos facilitados así como las direcciones de correo electrónico facilitadas por usted, para mantenerle informado de novedades comerciales y distintas ofertas promocionales, publicidad y prospección comercial de los servicios ofrecidos por la empresa, así como el desempeño de las tareas de información, formación, comercialización (siempre identificada como tal) y otras actividades propias, siempre que lo haya autorizado expresamente en contrato o documento de consentimiento anterior.

Los datos proporcionados se conservarán mientras se mantenga la relación comercial/ contractual y/o durante los años necesarios para cumplir con las obligaciones legales. No se contempla la realización de transferencias internacionales de datos a terceros países, ni la existencia de decisiones automatizadas o elaboración de perfiles ni la cesión de sus datos a terceros más allá de las cesiones obligadas por la legislación vigente.

Si necesita más información sobre el tratamiento de datos de carácter personal puede solicitárnosla, escribiéndonos a la cuenta: [CORREO_ELECTRONICO]. Tiene derecho a acceder a sus datos personales, rectificar los datos inexactos, solicitar su supresión, limitar alguno de los tratamientos u oponerse a algún uso (por ej. oponerse posteriormente al envío de publicidad), vía e-mail, personalmente o mediante correo postal (véanse datos al inicio de esta política).

(1) Especifique aquí, los datos de contacto del delegado (sólo si es el caso) incluyendo, dirección, teléfono, email, y todos los datos que sean necesarios para la correcta identificación

FORMULARIO 5. Cláusula básica de protección de datos para incorporar a documentos generales como contratos, presupuestos, formularios, etc.

Política de privacidad

Responsable: [NOMBRE_EMPRESA] - NIF/CIF: [NUMERO] - Teléfono de contacto: [NUM_TLF]

Correo electrónico: [CORREO_ELECTRONICO] - Dirección postal: [DIRECCION], [POBLACION], [CODIGO_POSTAL], [PROVINCIA].

Delegado de Protección de datos: [ESPECIFIQUE AQUI, LOS DATOS DE CONTACTO DEL DELEGADO, SI ES EL CASO] **(1)**

Le comunicamos que los datos que usted nos facilite quedarán incorporados en nuestro registro interno de actividades de tratamiento y serán tratados con el fin de poder dar adecuado cumplimiento de las obligaciones legales adquiridas, así como mantenerle informado sobre cuestiones relativas a las actividades de la empresa y los servicios por esta prestados. Los datos proporcionados se conservarán mientras se mantenga la relación comercial o durante los años necesarios para cumplir con las obligaciones legales. No se contempla la realización de transferencias internacionales de datos a terceros países, ni la existencia de decisiones automatizadas o elaboración de perfiles ni la cesión de sus datos a terceros más allá de las cesiones obligadas por la legislación vigente.

Así mismo, mediante las siguientes casillas, solicitamos su autorización para ofrecerle productos o servicios relacionados con los solicitados y fidelizarle como cliente mediante envío de ofertas y promociones vía email, sms, fax, correo postal, etc.

[] Autorizo dicho tratamiento

[] No autorizo dicho tratamiento

Si necesita más información sobre el tratamiento de datos de carácter personal puede solicitárnosla, escribiéndonos a la cuenta: [CORREO_ELECTRONICO]. Tiene derecho a acceder a sus datos personales, rectificar los datos inexactos, solicitar su supresión, limitar alguno de los tratamientos u oponerse a algún uso (por ej. oponerse posteriormente al envío de publicidad), vía e-mail, personalmente o mediante correo postal (véanse datos al inicio de esta política).

(1) Especifique aquí, los datos de contacto del delegado (sólo si es el caso) incluyendo, dirección, teléfono, email, y todos los datos que sean necesarios para la correcta identificación.

FORMULARIO 6. Modelo informativo de protección de datos de trabajadores.

Este modelo se debería entregar a firmar al trabajador al inicio de la relación contractual, por ejemplo como un anexo al contrato laboral, de modo que quede constancia de que se le informa del tratamiento y finalidades para las que se usarán sus datos por parte de la entidad.

PROTECCIÓN DE DATOS DE LOS TRABAJADORES

En [LOCALIDAD], a [DIA] de [MES] de [ANIO]

REUNIDOS

De una parte D/Dña [NOMBRE] Con DNI [DNI] en nombre y representación de la mercantil [NOMBRE_EMPRESA] en los sucesivo denominado la ENTIDAD.

Y de otra parte D/Dña [NOMBRE_TRABAJADOR_A] con DNI [DNI], trabajador/a de la referida ENTIDAD con la categoría profesional de [CATEGORIA_PROFESIONAL] en lo sucesivo denominado TRABAJADOR/A.

MANIFIESTAN

La ENTIDAD en su constante esfuerzo por mejorar y adaptarse a la normativa actual sobre protección de datos de carácter personal (LOPD-GDD y RGPD) y con la finalidad de dar un mejor servicio a sus trabajadores informa de lo siguiente:

- Los datos que se almacenan de los trabajadores son los mínimos precisos para la relación laboral, elaboración de nóminas, contratos, seguros sociales, prevención de riesgos laborales, y demás gestiones laborales necesarias, y forman parte de los registros de actividad correspondientes. Dichos datos únicamente se utilizarán para la gestión de los fines aludidos, prevaleciendo el deber de secreto y guarda.

- Los datos de los trabajadores podrán ser comunicados a:

    - la entidad externa encargada de gestionar las obligaciones en materia de prevención de riesgos laborales y vigilancia de la salud.
    - la Mutua de accidentes de trabajo y enfermedades profesionales asignada.
    - la asesoría/asesor encargado de confeccionar las nóminas, seguros sociales, contratos... etc, en caso de que dichas gestiones se externalicen.

Sus datos serán también comunicados a la Tesorería General de la Seguridad Social, Agencia Tributaria, organismos oficiales con competencias laborales así como a terceros con la finalidad de desarrollar la/s actividad/es de la ENTIDAD que sean necesarias y siempre con base en el marco legal de la relación laboral existente con el trabajador. No se prevé ninguna otra cesión a terceros ni transferencias internacionales de datos. **(1)**

Los datos proporcionados se conservarán mientras se mantenga la relación contractual y durante los años necesarios para cumplir con las obligaciones legales impuestas en materia laboral. **(2)**

Así mismo se le comunica que los datos facilitados a través de su C.V. serán mantenidos en soporte papel y/o soporte informático en las instalaciones de la entidad para futuros procesos de selección de personal llevados a cabo por la ENTIDAD.

Igualmente, salvo indicación en contrario por su parte, su fotografía y otros datos identificativos podrán aparecer, a título informativo, en las publicaciones de la entidad edite o distribuya, incluidas las páginas web y/o redes sociales de la ENTIDAD, tras notificárselo expresamente.

Finalmente la ENTIDAD informa al Trabajador/a que tiene derecho a acceder a sus datos personales, rectificar los datos inexactos, solicitar su supresión, limitar alguno de los tratamientos u oponerse a algún uso, vía e-mail, personalmente o mediante correo postal.

Para que así conste y en prueba de conformidad de lo estipulado, se firma el presente documento en el lugar y fecha al inicio indicados,

Fdo: (en representación de la [NOMBRE_ EMPRESA])	Fdo: (TRABAJADOR/A)

(1) En caso de que se prevean cesiones de datos a terceras entidades o transferencias internacionales deberán consignarse específicamente los datos de esos terceros y la finalidad por la cual se ceden o transfieren)

(2) En caso de que se prevean plazos diferentes a los legales deberán especificarse los plazos concretos de conservación.

FORMULARIO 7. Contrato de encargo de tratamiento entre responsable y encargado.

Este modelo de Contrato de Encargado de Tratamiento, o tratamiento de datos por cuenta de terceros, deberá firmarse:

- por una parte, si es el caso, entre su cliente como Responsable de los tratamiento y el asesor/asesoría/informático/empresa de videovigilancia... todos ellos como Encargados de tratamiento, puesto que es el cliente quien obtiene esos datos de sus clientes y/o trabajadores y por tanto el que mantiene algún tipo de relación, comercial o laboral, con esas personas físicas. Este contrato dejará constancia de que el cliente es el propietario de dichos datos y que la asesoría/asesor/informático... los gestiona por cuenta del cliente en base al contrato de prestación de servicios que tengan suscrito.

- por otra parte, el asesor o empresa que maneje datos deberá firmarlo con todos sus clientes (empresas y/o autónomos) que le faciliten el acceso a datos de terceras personas físicas, por ejemplo, datos de los trabajadores o clientes de esas empresas o autónomos. Este contrato dejará constancia de que, por ej. el asesor, no es el propietario de dichos datos, sino que los gestiona por cuenta de sus clientes de forma confidencial y ajustada a la ley. De esta forma, se considera como Encargado del tratamiento y sus clientes como los Responsables.

**Téngase en cuenta que una misma entidad puede ser Responsable de los datos de sus clientes y empleados y a su vez ser Encargado de tratamiento de los datos de terceros que le faciliten sus clientes. Ej. una asesoría laboral con sus propios empleados, será Responsable de los datos de sus empleados y Encargado de los datos de empleados de sus clientes.*

CONTRATO DE ENCARGO DE TRATAMIENTO

De una parte, EL CLIENTE O RESPONSABLE DEL TRATAMIENTO, Don/Doña [NOMBRE] con D.N.I. número [NUMERO], en nombre y representación de la mercantil [NOMBRE_EMPRESA], con C.I.F. número [NUMERO] y domicilio social en [CALLE], [NUMERO], [LUGAR], [CIUDAD], [CODIGO_POSTAL], [PROVINCIA] (en adelante, RESPONSABLE DE TRATAMIENTO)

De la otra, EL PRESTADOR DE SERVICIOS O ENCARGADO DE TRATAMIENTO, la mercantil [NOMBRE_EMPRESA], con CIF [NUMERO] y domicilio social en [CALLE], [NUMERO], [LUGAR], [CIUDAD], [CODIGO_POSTAL], [PROVINCIA], y actuando en su nombre el representante legal de la misma identificado al final del presente documento (en adelante, ENCARGADO DE TRATAMIENTO).

Ambas partes se reconocen mutua y recíprocamente la capacidad legal necesaria y que en derecho se requiere para la celebración del presente contrato y, en su virtud, libre y voluntariamente,

EXPONEN

I. Que EL RESPONSABLE DEL TRATAMIENTO es una empresa dedicada a la prestación de servicios de [DESCRIPCION].

Que ha obtenido y trata legítimamente los datos de carácter personal, sin que exista limitación alguna que se oponga a lo estipulado en el presente contrato.

II. Que EL ENCARGADO DE TRATAMIENTO es una empresa dedicada, entre otras actividades propias de su objeto social, a la prestación de servicios de [DESCRIPCION].

Que, asimismo, conoce y cumple con las obligaciones establecidas en la normativa de protección de datos.

III. Que entre las partes existe una relación contractual por la cual EL ENCARGADO DE TRATAMIENTO presta servicios relacionados con [DESCRIPCION].

IV. Que el acceso a estos datos de carácter personal es necesario para la prestación del servicio por parte del ENCARGADO DE TRATAMIENTO. Por ello, y con el fin de proteger dichos datos de carácter personal y dar cumplimiento a las obligaciones que dicha normativa establece, ambas partes suscriben el presente contrato de encargo de tratamiento, sobre la base de las siguientes

ESTIPULACIONES

PRIMERA.- Objeto del encargo del tratamiento

Mediante las presentes cláusulas se habilita a la entidad [NOMBRE_EMPRESA], ENCARGADA DEL TRATAMIENTO, para tratar por cuenta de [NOMBRE], RESPONSABLE DEL TRATAMIENTO, los datos de carácter personal necesarios para prestar el servicio contratado. El tratamiento consistirá en: [DESCRIPCION] **(1)**

Concreción de los tratamientos a realizar:

[] Recogida

[] Registro

[] Estructuración

[] Modificación

[] Conservación

[] Extracción

[] Consulta

[] Comunicación por transmisión

[] Difusión

[] Interconexión

[] Cotejo

[] Limitación

[] Supresión

[] Destrucción

[] Comunicación

[] Otros: ....

SEGUNDA.- Identificación de la información afectada

Para la ejecución de las prestaciones derivadas del cumplimiento del objeto de este encargo, el RESPONSABLE DEL TRATAMIENTO, pone a disposición del ENCARGADO DE TRATAMIENTO, la información que se describe a continuación: **(2)**

- [DESCRIPCION]
- [DESCRIPCION]
- [DESCRIPCION]
- [DESCRIPCION]
- [DESCRIPCION]
- [DESCRIPCION]

TERCERA.- Duración

El presente acuerdo tiene una duración anual, renovable por períodos sucesivos mientras se mantenga la relación contractual entre las partes. Una vez finalice el presente contrato, el encargado de tratamiento debe [DESCRIPCION] **(3)** los datos personales y suprimir cualquier copia que esté en su poder.

Asimismo, el presente contrato podrá extinguirse por las siguientes razones.

- Extinción o expiración de la prestación de servicios entre las partes; por las demás causas prevista en Derecho.

- En caso de incumplimiento por alguna de las partes de las obligaciones asumidas en el presente contrato, la otra parte podrá dar por resuelto enteramente el mismo, sin preaviso ni indemnización de clase alguna, siendo suficiente la comunicación de tal rescisión a la parte contraria, a no ser que la parte incumplidora remediase su incumplimiento a satisfacción de la otra en un plazo de 15 días contado desde el requerimiento que en tal sentido se efectúe.
- Demás causas previstas en Derecho.

CUARTA.- Obligaciones del encargado del tratamiento

El encargado del tratamiento y todo su personal se obliga a:

a. Utilizar los datos personales objeto de tratamiento, o los que recoja para su inclusión, sólo para la finalidad objeto de este encargo. En ningún caso podrá utilizar los datos para fines propios.

b. Tratar los datos de acuerdo con las instrucciones del responsable del tratamiento.

Si el encargado del tratamiento considera que alguna de las instrucciones infringe el RGPD o cualquier otra disposición en materia de protección de datos de la Unión o de los Estados miembros, el encargado informará inmediatamente al responsable.

c. Llevar, por escrito, un registro de todas las actividades de tratamiento del responsable, que contenga:

- El nombre y los datos de contacto del encargado o encargados y de cada responsable por cuenta del cual actúe el encargado y, en su caso, del representante del responsable o del encargado y del Delegado de Protección de Datos (en adelante, DPD).
- Las categorías de tratamientos efectuados por cuenta de cada responsable.
- En su caso, las transferencias de datos personales a un tercer país u organización internacional, incluida la identificación de dicho tercer país u organización internacional y, en el caso de las transferencias indicadas en el artículo 49.1, párrafo segundo, del RGPD., la documentación de garantías adecuadas.
- Una descripción general de las medidas técnicas y organizativas de seguridad relativas a:
  - La seudonimización y el cifrado de datos personales.
  - La capacidad de garantizar la confidencialidad, integridad, disponibilidad y resiliencia permanentes de los sistemas y servicios de tratamiento.
  - La capacidad de restaurar la disponibilidad y el acceso a los datos personales de forma rápida, en caso de incidente físico o técnico.
  - El proceso de verificación, evaluación y valoración regulares de la eficacia de las medidas técnicas y organizativas para garantizar la seguridad del tratamiento-

d. No comunicar los datos a terceras personas, salvo que cuente con la autorización expresa del responsable del tratamiento, en los supuestos legalmente admisibles

El encargado puede comunicar los datos a otros encargados del tratamiento del mismo responsable, de acuerdo con las instrucciones del responsable. En este caso, el responsable identificará, de forma previa y por escrito, la entidad a la que se deben comunicar los datos, los datos a comunicar y las medidas de seguridad a aplicar para proceder a la comunicación.

Si el encargado debe trasferir datos personales a un tercer país o a una organización internacional, en virtud del Derecho de la Unión o de los Estados miembros que le sea aplicable, informará al responsable de esa exigencia legal de manera previa, salvo que tal Derecho lo prohíba por razones destacables de interés público.

e. Subcontratación

No subcontratar ninguna de las prestaciones que formen parte del objeto de este contrato que comporten el tratamiento de datos personales, salvo los servicios auxiliares necesarios para el normal funcionamiento de los servicios del encargado.

Si fuera necesario subcontratar algún tratamiento, este hecho se deberá comunicar previamente y por escrito al responsable, con una antelación de [NUMERO] días/semanas/mes, indicando los tratamientos que se pretende subcontratar e identificando de forma clara e inequívoca la empresa subcontratista y sus datos de contacto. La subcontratación podrá llevarse a cabo si el responsable no manifiesta su oposición en el plazo establecido.

El subcontratista, que también tendrá la condición de encargado del tratamiento, está obligado igualmente a cumplir las obligaciones establecidas en este documento para el encargado de tratamiento y las instrucciones que dicte el responsable. Corresponde al encargado inicial regular la nueva relación de forma que el nuevo encargado quede sujeto a las mismas condiciones (instrucciones, obligaciones, medidas de seguridad, etc.) y con los mismos requisitos formales que él, en lo referente al adecuado tratamiento de los datos personales y a la garantía de los derechos de las personas afectadas. En el caso de incumplimiento por parte del sub-encargado, el encargado inicial seguirá siendo plenamente responsable ante el responsable en lo referente al cumplimiento de las obligaciones.

f. Mantener el deber de secreto respecto a los datos de carácter personal a los que haya tenido acceso en virtud del presente encargo, incluso después de que finalice su objeto.

g. Garantizar que las personas autorizadas para tratar datos personales se comprometan, de forma expresa y por escrito, a respetar la confidencialidad y a cumplir las medidas de seguridad correspondientes, de las que hay que informarles convenientemente.

h. Mantener a disposición del responsable la documentación acreditativa del cumplimiento de la obligación establecida en el apartado anterior.

i. Garantizar la formación necesaria en materia de protección de datos personales de las personas autorizadas para tratar dichos datos.

j. Asistir al responsable de tratamiento en la respuesta a los derechos que el RGPD despliega para los interesados.

En este sentido, se establece que el encargado de tratamiento debe resolver, por cuenta del responsable, y dentro del plazo establecido, las solicitudes de ejercicio de los derechos de acceso, rectificación, supresión y oposición, limitación del tratamiento, portabilidad de datos y a no ser objeto de decisiones individualizadas automatizadas, en relación con los datos objeto del encargo.

k. Derecho de información.

Corresponde al responsable facilitar el derecho de información en el momento de la recogida de los datos.

l. Notificación de violaciones de la seguridad de los datos.

El encargado del tratamiento notificará al responsable de tratamiento, sin dilación indebida, y en cualquier caso antes del plazo máximo de 72 horas y a través de........., las violaciones de la seguridad de los datos personales a su cargo de las que tenga conocimiento, juntamente con toda la información relevante para la documentación y comunicación de la incidencia.

No será necesaria la notificación cuando sea improbable que dicha violación de la seguridad constituya un riesgo para los derechos y las libertades de las personas físicas.

Si se dispone de ella se facilitará, como mínimo, la siguiente información:

a) Descripción de la naturaleza de la violación de la seguridad de los datos personales, inclusive, cuando sea posible, las categorías y el número aproximado de interesados afectados y las categorías y el número aproximado de registros de datos personales afectados.

b) El nombre y los datos de contacto del DPD o de otro punto de contacto en el que pueda obtenerse más información.

c) Descripción de las posibles consecuencias de la violación de la seguridad de los datos personales.

d) Descripción de las medidas adoptadas o propuestas para poner remedio a la violación de la seguridad de los datos personales, incluyendo, si procede, las medidas adoptadas para mitigar los posibles efectos negativos.

Si no es posible facilitar la información simultáneamente, y en la medida en que no lo sea, la información se facilitará de manera gradual sin dilación indebida.

Corresponde al encargado del tratamiento comunicar las violaciones de la seguridad de los datos a la Autoridad de Protección de Datos (Agencia Española de Protección de Datos). Asimismo, corresponderá a esta misma figura la comunicación en el menor tiempo posible, estas mismas comunicaciones a los interesados, en tanto que dicha violación suponga la posibilidad de un alto riesgo para sus derechos y libertades.

La comunicación debe realizarse en un lenguaje claro y sencillo y deberá contener, como mínimo:

a) La explicación de la naturaleza de la violación de datos.

b) La indicación del nombre y datos de contacto del DPD u otro punto de contacto del que pueda obtenerse mayor información.

c) Describir las posibles consecuencias de la violación de la seguridad de los datos personales.

d) Describir las medidas adoptadas o propuestas por el responsable de tratamiento para poner remedio a la violación de la seguridad de los datos personales, incluyendo, si procede, las medidas adoptadas para mitigar los posibles efectos negativos.

m. Dar apoyo al responsable de tratamiento en la realización de las Evaluaciones de Impacto relativas a la protección de datos, si procediese.

n. Dar apoyo al responsable del tratamiento en la realización de las consultas previas a la autoridad de control, si procediese.

o. Poner a disposición del responsable toda la información necesaria para demostrar el cumplimiento de sus obligaciones, así como para la realización de las auditorías o las inspecciones que realicen el responsable u otro auditor autorizado por él.

p. Implantar las medidas de seguridad de acuerdo con el análisis de riesgos realizado y en todo caso, deberá implantar mecanismos para:

a) Garantizar la confidencialidad, integridad, disponibilidad y resiliencia permanentes de los sistemas y servicios de tratamiento.

b) Restaurar la disponibilidad y el acceso a los datos personales de forma rápida, en caso de incidente físico o técnico.

c) Verificar, evaluar y valorar, de forma regular, la eficacia de las medidas técnicas y organizativas implantadas para garantizar la seguridad del tratamiento.

d) Seudonimizar y cifrar los datos personales, en su caso.

q. Designar un DPD, si fuese conveniente o legalmente obligatorio, y comunicar su identidad y datos de contacto al responsable.

r. Destino de los datos.

Devolver o destruir, según se convenga entre las partes, los datos de carácter personal y, si procede, los soportes donde consten, una vez cumplida la prestación.

La devolución debe comportar el borrado total de los datos existentes en los equipos informáticos utilizados por el encargado de tratamiento.

La destrucción, por su parte, de deberá certificar por escrito, cuyo documento deberá entregarse al responsable del tratamiento.

No obstante, el encargado puede conservar una copia, con los datos debidamente bloqueados, mientras puedan derivarse responsabilidades de la ejecución de la prestación, según los plazos legalmente fijados para cada caso. Una vez cumplidos los plazos señalados, se debe proceder a su destrucción total.

QUINTA.- Obligaciones del responsable del tratamiento

Corresponde al responsable del tratamiento:

a) La entrega al encargado de los datos a los que se refiere la cláusula segunda del presente contrato.

b) La realización de una Evaluación de Impacto en la protección de datos personales de las operaciones de tratamiento a realizar por el encargado, si así procediese.

c) La realización de las consultas previas que corresponda.

d) Velar, de forma previa y durante todo el tratamiento, por el cumplimiento del RGPD y demás normativa aplicable por parte del encargado.

e) Supervisar el tratamiento, incluida la realización de inspecciones y auditorias.

En prueba de conformidad con el contenido de este contrato, las partes firman este contrato por duplicado, en el lugar y fecha arriba indicados.

En [LOCALIDAD], a [DIA] de [MES] de [ANIO]

Don/Doña (nombre)	Don/Doña (nombre)
Por [clientes_propios->nombre]	Por (denominación social)
RESPONSABLE DEL TRATAMIENTO	ENCARGADO DE TRATAMIENTO

(1) Descripción detallada del servicio.

(2) Indicar los tipos de datos que se manejan, por ej. datos identificativos, datos económico financieros, datos de salud, etc.

(3) Indicar la opción que proceda: suprimir/devolver al responsable/devolver a otro encargado que designe el responsable.

FORMULARIO 8. Cláusula informativa sobre cámaras de videovigilancia.

Modelo de cláusula informativa a facilitar a particulares que soliciten más información sobre las cámaras de videovigilancia que estén instaladas en las instalaciones (ya sean cámaras con grabación continua, con visionado en tiempo real o sólo con funcionamiento cuando se conecta la alarma).

Este documento deberá estar disponible para su entrega al particular que lo solicite (o bien disponer ya de algunos impresos con antelación o bien tener el documento "a mano" para poder imprimirlo en el mismo momento que nos lo soliciten). También se podrá imprimir este documento y ponerlo cerca de alguno de los carteles de "Zona videovigilada".

INFORMACIÓN SOBRE VIDEOVIGILANCIA:

Responsable	[NOMBRE_EMPRESA] - NIF/CIF: [NUMERO] - Teléfono de contacto: [NUM_TLF] - Correo electrónico: [CORREO_ELECTRONICO] - Dirección: [DIRECCION], [POBLACION], [CODIGO_POSTAL], [PROVINCIA]. (1)
Actividad de tratamiento	Videovigilancia
Legitimación del tratamiento	Artículo 6.1.e del RGPD: Cumplimiento de una misión de interés público
Fines del tratamiento	Garantizar la seguridad de personas, bienes e instalaciones
Nombre y datos del contacto del Delegado de Protección de Datos (en el caso de que existiese)	Correo electrónico contacto: [CORREO_ELECTRONICO] Dirección física: [DIRECCION], [POBLACION], [CODIGO_POSTAL], [PROVINCIA]
Categorías de datos personales	Imagen
Categorías de afectados	[ESPECIFICAR] (2)
Descripción de las medidas técnicas y organizativas de seguridad	[ESPECIFICAR]
Categorías de destinatarios de comunicaciones, incluidos terceros países u organizaciones internacionales	Fuerzas y Cuerpos de Seguridad Juzgados y Tribunales
Transferencias internacionales. Documentación de garantías adecuadas en caso del 49.1.	No existen (3)
Cuando sea posible, plazos previstos para las supresión de las diferentes categorías de datos	Transcurrido un mes, salvo comunicación a Fuerzas y Cuerpos de Seguridad, o/y Juzgados y Tribunales (4)

(1) Nombre y datos de contacto del responsable (o su representante)

(2) Por ejemplo: ciudadanos, clientes, trabajadores...

(3) Como regla general no existen, en caso contrario, indicar las entidades a las que se transfieren y las garantías que amparan dicha transferencia

(4) Si el plazo fuese diferente indicar el específico

FORMULARIO 9. Cartel de videovigilancia

Entre otros documentos, la AEPD ha publicado el modelo de Cartel Informativo así como una guía de videovigilancia, una serie de fichas e informes jurídicos más importantes con respecto a la captación y/o grabación de imágenes de personas identificadas o identificables captadas por las cámaras de videovigilancia, puesto que dicha captación constituye un tratamiento de datos sometido a la normativa de protección de datos.

Recordemos que no se podrán obtener imágenes de espacios públicos con fines de seguridad (actividad que está reservada en exclusiva a las Fuerzas y Cuerpos de Seguridad) salvo imágenes parciales y limitadas que resulten imprescindibles para la vigilancia o sea imposible evitarlas. Tampoco se pueden captar imágenes en baños, vestuarios o lugares análogos, ni de espacios ajenos.

La contratación de un servicio de videovigilancia externo o la instalación de las cámaras por un tercero no exime a su titular del cumplimiento de la normativa de protección de datos.

En todos los casos se deberá informar de la existencia de un sistema de videovigilancia. A este fin se colocará un cartel suficientemente visible en los accesos a las zonas vigiladas, que indicará de forma clara la identidad del responsable de la instalación y ante quién y dónde dirigirse para ejercer los derechos que prevé la normativa de protección de datos, y dónde obtener más información sobre el tratamiento de los datos personales. Igualmente, se pondrá a disposición de los afectados el resto de la información a la que se refiere el artículo 13 del Reglamento General de Protección de Datos.

FORMULARIO 10. Modelo general de consentimiento expreso para el tratamiento de datos de carácter personal.

Téngase en cuenta que:

- será necesario disponer del consentimiento previo, libre, específico e inequívoco para el envío de correos publicitarios o promocionales, ya sea mediante una declaración o una clara acción afirmativa para que el consentimiento sea válido;

- en este modelo reconoce que no se realizan transferencias internacionales, ni cesiones, ni elaboración de perfiles. Si usted si las efectúa deberán incorporarse dichos extremos;

- además, en caso de que los datos no se hayan obtenido del propio interesado, se deberá añadir el origen de los datos y las categorías de interesados.

El Art. 7, RGPD establece, en cuanto al consentimiento:

"1. Cuando el tratamiento se base en el consentimiento del interesado, el responsable deberá ser capaz de demostrar que aquel consintió el tratamiento de sus datos personales.

2. Si el consentimiento del interesado se da en el contexto de una declaración escrita que también se refiera a otros asuntos, la solicitud de consentimiento se presentará de tal forma que se distinga claramente de los demás asuntos, de forma inteligible y de fácil acceso y utilizando un lenguaje claro y sencillo. No será vinculante ninguna parte de la declaración que constituya infracción del presente Reglamento.

3. El interesado tendrá derecho a retirar su consentimiento en cualquier momento. La retirada del consentimiento no afectará a la licitud del tratamiento basada en el consentimiento previo a su retirada. Antes de dar su consentimiento, el interesado será informado de ello. Será tan fácil retirar el consentimiento como darlo.

4. Al evaluar si el consentimiento se ha dado libremente, se tendrá en cuenta en la mayor medida posible el hecho de si, entre otras cosas, la ejecución de un contrato, incluida la prestación de un servicio, se supedita al consentimiento al tratamiento de datos personales que no son necesarios para la ejecución de dicho contrato."

Responsable: [NOMBRE_EMPRESA] - Teléfono de contacto: [NUM_TLF]

NIF: [NIF] - Correo electrónico: [CORREO_ELECTRONICO]

Dirección postal: [CALLE], [NUMERO], [LUGAR], [CIUDAD], [CODIGO_POSTAL], [PROVINCIA]

Delegado de Protección de datos: [ESPECIFIQUE AQUI, LOS DATOS DE CONTACTO DEL DELEGADO, SI ES EL CASO] **(1)**

CONSENTIMIENTO EXPRESO PARA EL TRATAMIENTO DE DATOS DE CARÁCTER PERSONAL

Nombre: [NOMBRE]

Apellidos: [NOMBRE]

DNI: [NUMERO]

Le comunicamos que los datos que usted nos facilite quedarán incorporados al Registro interno de actividades de tratamientos, titularidad del Responsable arriba indicado, con el fin de poderle prestar nuestros servicios [ESPECIFICAR], así como para mantenerle informado sobre cuestiones relativas a la actividad de la entidad y sus servicios, siempre que consienta expresamente este segundo extremo marcando la siguiente casilla: **(2)**

Mediante la firma del presente documento, usted da su consentimiento expreso para que [NOMBRE_EMPRESA] pueda utilizar con este fin concreto los datos facilitados por usted, comprometiéndose a tratar de forma confidencial los datos de carácter personal facilitados y a no comunicar o ceder dicha información a terceros. Los datos proporcionados se conservarán mientras se mantenga la relación contractual y/o durante los años necesarios para cumplir con las obligaciones legales. No se contempla la realización de transferencias internacionales de datos a terceros países, ni la existencia de decisiones automatizadas o elaboración de perfiles.

Si necesita más información sobre el tratamiento de datos de carácter personal puede solicitárnosla, escribiéndonos a la cuenta: [CORREO_ELECTRONICO]. Asimismo, le informamos de la posibilidad que tiene de ejercer los derechos de acceso, rectificación, cancelación, limitación de tratamiento, bloqueo, portabilidad u oposición de sus datos de carácter personal mediante escrito dirigido al domicilio que consta en el encabezamiento del presente documento.

Fecha y Firma:

(1) Especifique aquí, los datos de contacto del delegado (sólo si es el caso) incluyendo, dirección, teléfono, email, y todos los datos que sean necesarios para la correcta identificación.

(2) Poner un cuadro de verificación (Check)

FORMULARIO 11. Modelo de política de privacidad para web básica.

Esta política de privacidad ha de incluirse en todas aquellas páginas web en las que se recaben datos (por ej. a través de formularios de contacto) y deberá ser aceptada por el usuario, cliente o persona de contacto que utilice dichos formularios para por ejemplo remitirnos consultas. Lo más recomendable en este caso es colocar un checkbox (casilla de verificación) bajo cualquier formulario de contacto, registro, consulta.... que el cliente o usuario deberá aceptar, con un vínculo al texto con la política de privacidad. Además se debería incluir un link al pie de página de la web por si se quiere consultar en cualquier momento.

Además, si quieren usar esos datos que recojan (e-mail del usuario, tlf...) para hacer publicidad, deberán incluir otro checkbox diferente solicitando la autorización expresa para esos fines

** NOTA: Recuerde que estas casillas NO pueden estar pre-marcadas, tiene que marcarlas el cliente o usuario específicamente y que en el caso de la de publicidad no puede ser obligatoria su aceptación.*

Política de Privacidad

[NOMBRE_EMPRESA] (en adelante, [NOMBRE_EMPRESA], la Entidad, la Web o el Sitio) informa a los usuarios de que los Datos de Carácter personal que recoge (por diferentes medios tales como: Encuestas al interesado, formularios de petición de información, chats online...) son objeto de tratamiento automatizado y se incorporan en el Registro de actividades de tratamiento correspondientes a la Entidad propietaria de este sitio web.

La recogida y tratamiento automatizado de los datos de carácter personal tiene como finalidad el cumplimiento de las obligaciones legales y de la relación contractual o precontractual que en su caso se establezca con el cliente o usuario, así como facilitarle información sobre los productos o servicios sobre los que usted lo solicite, siendo la base jurídica de dichos tratamiento el consentimiento expreso o la firma y ejecución del contrato o medidas precontractuales. En caso de recibir su currículum vitae, sus datos personales y curriculares podrán formar parte de nuestras bases de datos para participar en procesos de selección presentes o futuros.

Los datos de clientes se conservarán mientras se mantenga la relación contractual y posteriormente durante los plazos exigidos para el cumplimiento de obligaciones legales. Los datos de preclientes o antiguos clientes para la realización de acciones promocionales, se conservarán durante [NUMERO] años, sin perjuicio de la conservación que resultase necesaria para la formulación de reclamaciones judiciales o extrajudiciales y/o siempre que lo permita u obligue la legislación. Los datos de solicitantes de empleo se conservarán durante [NUMERO] años para futuros procesos de selección.

Así mismo, le informamos que sus datos, una vez se formalice la relación contractual serán cedidos a las entidades públicas con las exista una obligación legal (Agencia Tributaria, juzgados y tribunales...). **(1)**

En aquellos casos en que [NOMBRE_EMPRESA] figure como Encargado del Tratamiento asume las obligaciones establecidas en la LOPD-GDD y en el RGPD, y manifiesta que únicamente tratará los datos conforme a las instrucciones del responsable de tratamiento y que no los aplicará o utilizará con fines distintos a los que figuren en el contrato celebrado al efecto.

Asimismo, [NOMBRE_EMPRESA] informa que, en caso de que así se haya autorizado de forma expresa y previo consentimiento, podrá utilizar las direcciones de correo electrónico, teléfonos, direcciones... facilitados por usted, para mantenerle informado de sus novedades comerciales y sus distintas ofertas promocionales así como el desempeño de las tareas de información, formación, comercialización (tarea esta última siempre identificada como tal) y otras actividades propias. Si, en cualquier momento posterior, usted se opone a recibir comunicaciones comerciales, escribamos a la dirección de correo electrónico [CORREO_ELECTRONICO] indicando Baja LOPD-GDD en el asunto. El consentimiento se podrá revocar en cualquier momento.

Tiene derecho a acceder a sus datos personales, rectificar los datos inexactos, solicitar su supresión, limitar alguno de los tratamientos u oponerse a algún uso (por ej. oponerse con posterioridad al envío de publicidad), vía e-mail, personalmente o mediante correo postal, en la dirección: [DIRECCION], [POBLACION], [CODIGO_POSTAL], [PROVINCIA].

También puede ejercitar estos derechos en los términos que la normativa aplicable establece y que pueden consultar en www.aepd.es

El usuario del Sitio será el único responsable de la veracidad y exactitud de los datos aportados, actuando el propietario de la web de buena fe como mero prestador del servicio. En caso de haber facilitado datos falsos o de terceras personas sin mediar su consentimiento para ello, el propietario de la web se reserva el derecho a la destrucción inmediata de los citados datos a fin de proteger el derecho del titular o titulares de los mismos.

[NOMBRE_EMPRESA] se compromete al cumplimiento de su obligación de secreto de los datos de carácter personal y de su deber de guardarlos y adoptará todas las medidas de índole técnica y organizativa para garantizar la seguridad de los datos de carácter personal y evitar su alteración, pérdida, tratamiento o acceso no autorizado, habida cuenta del estado de la tecnología, la naturaleza de los datos almacenados y los riesgos a que estén expuestos. El sitio Web dispone de las medidas de seguridad de la información generalmente utilizadas para evitar el acceso no autorizado a los datos personales.

Por favor, lea detenidamente esta declaración de privacidad antes de usar este Sitio, conocerá la forma en que procesaremos sus datos personales. El uso de este Sitio y el envío de sus datos implica la aceptación de nuestra política de privacidad. En caso contrario no use este Sitio.

Cambios en nuestra Política de Privacidad

Cualquier cambio que en el futuro podamos introducir en nuestra política de privacidad será comunicado en esta página. De este modo, podrá comprobar regularmente las actualizaciones o cambios en nuestra política de privacidad.

Modos de contacto y datos del Responsable

Responsable: [NOMBRE_EMPRESA] – NIF/CIF: [NUMERO]

Teléfono de contacto: [NUM_TLF] - Correo electrónico: [CORREO_ELECTRONICO]

Dirección postal: [DIRECCION], [POBLACION], [CODIGO_POSTAL], [PROVINCIA].

Identidad y datos del representante: [NOMBRE], [NIF], [DESCRIPCION] **(2)**, [NUM_TLF] y [CORREO_ELECTRONICO]

Delegado de Protección de datos: [ESPECIFIQUE AQUI, LOS DATOS DE CONTACTO DEL DELEGADO, INCLUYENDO, DIRECCION, TELEFONO, EMAIL, Y TODOS LOS DATOS QUE SEAN NECESARIOS PARA LA CORRECTA IDENTIFICACION] **(3)**

Consulte nuestro Aviso Legal para conocer todos los datos referentes al propietario de la Web.

La Web realiza todos los esfuerzos razonables para asegurar que el contenido del Sitio es preciso y vigente.

(1) Si se efectúan cesiones de datos a terceras entidades, deberá añadirse en este párrafo las entidades a las que se cederá y el motivo/finalidad de dicha cesión.

(2) Cargo que ostenta.

(3) Especifique aquí, los datos de contacto del delegado (sólo si es el caso) incluyendo, dirección, teléfono, email, y todos los datos que sean necesarios para la correcta identificación.

FORMULARIO 12. Modelo de Aviso legal para página web

En el Art. 10 de la Ley 34/2002, de 11 de julio, de servicios de la sociedad de la información y de comercio electrónico, se establecen las menciones que deben contener los "Términos o Condiciones de uso".

La "Política de privacidad" se regirá por la LOPD-GDD y el RGPD.

AVISO LEGAL

Esta página Web es propiedad de [NOMBRE] con NIF nº [NIF], domicilio en [DIRECCION], [POBLACION], [CODIGO_POSTAL], [PROVINCIA] / e Inscrita en el Registro Mercantil de [POBLACION] **(1)**.

Para cualquier consulta o propuesta, contáctenos en el e-mail: [CORREO_ELECTRONICO] o bien el el teléfono: [TELEFONO].

Esta página Web se rige por la normativa exclusivamente aplicable en España y en el espacio que comprende la Unión Europea, quedando sometida a ella, tanto nacionales como extranjeros que utilicen esta Web.

El acceso a nuestra página Web por parte del USUARIO es gratuito y está condicionado a la previa lectura y aceptación integra, expresa y sin reservas del presente Aviso Legal vigente en el momento del acceso, que rogamos lea detenidamente. El USUARIO en el momento que utiliza nuestro portal, sus contenidos o servicios, acepta y se somete expresamente a las condiciones generales de uso del mismo. Si el usuario no estuviere de acuerdo con las condiciones de uso, deberá abstenerse de utilizar este portal y operar por medio del mismo.

En cualquier momento podremos modificar la presentación y configuración de nuestra Web, ampliar o reducir servicios, e incluso suprimirla de la Red, así como los servicios y contenidos prestados, todo ello de forma unilateral y sin previo aviso.

Propiedad intelectual

Todos los contenidos, textos, imágenes, marcas y códigos fuente son de nuestra propiedad o de terceros a los que se han adquirido sus derechos de explotación, y están protegidos por los derechos de Propiedad Intelectual e Industrial.

El usuario únicamente tiene derecho a un uso privado de los mismos, sin ánimo de lucro, y necesita autorización expresa para modificarlos, reproducirlos, explotarlos, distribuirlos o ejercer cualquier derecho perteneciente a su titular.

Condiciones de acceso

El acceso a nuestra página Web es gratuito y no exige previa suscripción o registro. La finalidad de la misma es meramente informativa o publicitaria, de cualquier modo se ofrece un formulario de contacto/consulta para que pueda solicitar más información.

El envío de datos personales a través del formulario implicará la aceptación expresa por parte del Usuario de nuestra política de privacidad, con la habilitación del check respectivo en el momento del envío de sus datos. Con respecto al uso de sus datos con fines publicitarios, si se pretende su uso con esa finalidad, se habilitará otro check que podrá o no marcar.

El usuario debe acceder a nuestra página Web conforme a la buena fe, las normas de orden público y a las Condiciones Generales de uso, Política de Cookies y Aviso Legal. El acceso a nuestro sitio Web se realiza bajo la propia y exclusiva responsabilidad del usuario, que responderá en todo caso de los daños y perjuicios que pueda causar a terceros o a nosotros mismos.

Teniendo en cuenta la imposibilidad de control respecto a la información, contenidos y servicios que contengan otras páginas web a los que se pueda acceder a través de los enlaces que nuestra página web pueda poner a su disposición, le comunicamos que quedamos eximidos de cualquier responsabilidad por los daños y perjuicios de toda clase que pudiesen derivar por la utilización de esas páginas web, ajenas a nuestra empresa, por parte del usuario.

Puede obtener más información sobre el uso que hacemos de sus datos de carácter personal en la Política de Privacidad de nuestra web.

(1) En el caso de empresas registradas en el Registro Mercantil o cualquier otro registro público, deberán señalarse el número y datos de inscripción que le corresponda. Además en el caso en que la actividad que se ejerza precise de una autorización administrativa previa, los datos relativos a la misma y los identificativos del órgano encargado de su supervisión. Si se ejerce una profesión regulada, los datos del colegio profesional y el número de colegiado; el título académico y el Estado de la Unión Europea en que se expidió; la correspondiente homologación (en su caso); y los códigos deontológicos aplicables al ejercicio de su profesión (en el caso de abogados o procuradores, véase el Modelo de Aviso Legal específico).

FORMULARIO 13. Modelo de Política de cookies para página web.

El uso de cookies o "dispositivos de almacenamiento y recuperación de datos en equipos terminales" está regulada en la Ley 34/2002, de 11 de julio, de servicios de la sociedad de la información y de comercio electrónico, norma que transpuso la Directiva europea 2009/136/CE. El prestador de servicios titular de las mismas debe de informar sobre su existencia y fines de uso, acatando la normativa de protección de datos.

POLÍTICA DE COOKIES

Ejemplo de texto a poner en el banner:

"Esta Web utiliza cookies propias y de terceros, para permitir el acceso, mejorar nuestros servicios y realizar el análisis de la navegación de los usuarios. Si continúas navegando, consideramos que aceptas su uso. Puedes cambiar la configuración para la aceptación de cookies u obtener más información pulsando aquí."

1. Tipos de datos procesados / Enlaces a otras páginas web

La Web respeta su privacidad. A través de este Sitio La Web no recoge ni procesa ningún tipo de datos personales, excepto los recogidos a través de los formularios de contacto y las cookies, según se explica a continuación.

Este Sitio puede contener enlaces a otras páginas web de otras empresas vinculadas o medios sociales. Al pulsar sobre un enlace a otra página web de La Web o de terceros relacionados, recuerde que estas páginas tienen su propia política de privacidad. Por favor, antes de usar estas páginas web conozca su política de privacidad.

La Web no asume ninguna responsabilidad de ningún tipo sobre las páginas web de terceros que aparezcan vinculadas en este Sitio.

2. Recogida y uso de la información

Para mejorar este Sitio, en términos de rendimiento del sistema y facilidad de uso, así como para proporcionar información útil sobre nuestros productos y servicios, recogemos automáticamente y almacenamos información en los archivos de registro (log files) de su ordenador.

¿Qué tipo de datos incluye esta información? **(1)**

- su dirección IP
- tipo de navegador
- idioma seleccionado
- sistema operativo
- proveedor de servicios de Internet (ISP)
- fecha/hora.

¿Con qué finalidad usamos esta información?

Esta información se emplea de forma global para mejorar la gestión de este Sitio, analizar las tendencias y recoger datos demográficos sobre nuestros usuarios. La información recogida puede ser usada por nuestros servicios de marketing, publicidad y comunicación (por ejemplo, para optimizar y mejorar la experiencia del usuario y/o presentar ofertas especiales, estudios estadísticos y servicios más atractivos).

Si la información no personal es utilizada en combinación con los Datos Personales, el conjunto es tratado como Datos Personales.

3. Uso de cookies

Para optimizar nuestros servicios, este Sitio, los mensajes enviados por correo electrónico, los servicios online, los anuncios y las aplicaciones interactivas pueden utilizar "cookies"

¿Qué es una cookie?

Una cookie es un fichero (pequeño archivo) que se descarga en su ordenador al acceder a determinadas páginas web, normalmente formado por letras y números, enviado por el servidor de nuestra web al archivo de cookies de su navegador. Las cookies permiten a nuestra página web, entre otras cosas, almacenar y recuperar información sobre sus hábitos de navegación o de su equipo y recordar su presencia al establecerse una nueva conexión entre nuestro servidor y su navegador. El principal propósito de una cookie es permitir a nuestro servidor presentar páginas web personalizadas que puedan convertir la visita a la web de La Web en una experiencia individual y ajustada a las preferencias personales.

¿Qué tipo de cookies emplea este Sitio? **(1)**

1.) La Web emplea dos tipos de cookies en este Sitio según el tiempo de permanencia:

- Cookies de sesión: son cookies temporales que permanecen en el archivo de cookies de su navegador mientras está en nuestra página web. Estas cookies son necesarios para ciertas aplicaciones o funciones y permiten que este Sitio funcione adecuadamente.

- Cookies persistentes: favorecen la experiencia como usuario (por ejemplo, ofreciendo una navegación personalizada). Estas cookies permanecen en su navegador durante un periodo de tiempo más amplio. Este periodo depende de los ajustes que haya introducido en su navegador. Las cookies persistentes permiten que la información sea transferida al servidor de este Sitio cada vez que lo visita. También se conocen como cookies de seguimiento.

2.) Según la finalidad para la que se tratan los datos obtenidos, este Sitio emplea los siguientes tipos de cookies:

- Cookies técnicas: Son aquéllas que le permiten la navegación a través de una página web, plataforma o aplicación y la utilización de las diferentes opciones o servicios que en esta existen como, por ejemplo, el control del tráfico y la comunicación de datos, identificar la sesión, acceder a partes de acceso restringido, recordar los elementos que integran un pedido, realizar el proceso de compra de un pedido, realizar la solicitud de inscripción o participación en un evento, utilizar elementos de seguridad durante la navegación, almacenar contenidos para la difusión de videos o sonido o compartir contenidos a través de redes sociales.

- Cookies de personalización: Son aquéllas que le permiten acceder al servicio con algunas características de carácter general predefinidas en función de una serie de criterios en el terminal su (por ejemplo el idioma, el tipo de navegador a través del cual accede al servicio, la configuración regional desde donde accede al servicio, etc).

- Cookies de análisis: Son aquéllas que bien tratadas por nosotros o por terceros, nos permiten cuantificar el número de usuarios y así realizar la medición y análisis estadístico de la utilización que hacen los usuarios del servicio ofertado. Para ello se analiza su navegación en nuestra página web con el fin de mejorar la oferta de productos o servicios que le ofrecemos.

- Cookies publicitarias: Son aquéllas que, bien tratadas por nosotros o por terceros, nos permiten gestionar de la forma más eficaz posible la oferta de los espacios publicitarios que hay en la página web, adecuando el contenido del anuncio al contenido del servicio solicitado o al uso que realice de nuestra página web. Para ello podemos analizar sus hábitos de navegación en Internet y podemos mostrarle publicidad relacionada con su perfil de navegación.

- Cookies de publicidad comportamental: Son aquéllas que, bien tratadas por nosotros o por terceros, nos permiten la gestión, de la forma más eficaz posible, de los espacios publicitarios que, en su caso, pudieran estar incluidos en este Sitio desde el que se presta el servicio solicitado. Estas cookies almacenan información de su comportamiento obtenida a través de la observación continuada de sus hábitos de navegación, lo que nos permite desarrollar un perfil específico para mostrar la publicidad en función del mismo.

Cookies propias usadas en la web: (1)

Cookie	Finalidad de la cookie	Duración	Descripción de la finalidad de la cookie
_utma	Análisis	2 años	Medición Interna con Google Analytics
_utmb	Análisis	1 día	Medición Interna con Google Analytics
_utmc	Análisis	Al finalizar la sesión de navegación	Medición Interna con Google Analytics
_utmt	Estadística	1 día	Establecimiento de estadísticas de uso de las páginas
_utmv	Análisis	1 día	Almacenamiento de datos de variables personalizadas de visitante
_utmz	Análisis	6 meses	Medición Interna con Google Analytics
_ga	Análisis	2 años	Permite distinguir a los Usuarios que navegan por el sitio web pero sin conocer la identidad (Medición Interna con Google Analytics)
beng_proxy_ session	Sesión	Al finalizar la sesión de navegación	Control de sesión
cdp-cookies-plugin-wp	Personalización	1 año	Utilizada para mostrar o no el aviso de política de cookies según si ya se ha aceptado o no

4. Cookies de terceros

Para mostrar publicidad y realizar el seguimiento de nuestras comunicaciones de marketing, La Web puede usar medios de terceros. Estos usan los cookies para medir la efectividad de los anuncios y personalizar su contenido. La información que puede ser recogida por terceros puede incluir datos tales como la localización geográfica (a través de la dirección IP), datos de contacto o, sólo si es introducida a través de este Sitio, la dirección de correo electrónico.

5. Web beacons o pixel tags (2)

Este Sitio utiliza web beacons (también denominados "píxel tags"). Un web beacon es una imagen gráfica transparente, normalmente no mayor de 1 x 1 pixel, que se sitúa en una página web o en un e-mail para monitorizar el comportamiento online del usuario que visita la página web.

Estas imágenes emplean principalmente tecnologías de terceros, en el caso de este Sitio se usan para monitorizar la actividad de los visitantes, como conocer qué páginas del Sitio visita, cuándo y desde dónde (país/ciudad).

6. Seguimiento y Análisis

Para la continua optimización de sus comunicaciones de marketing, La Web emplea el software analítico Google Analytics. Esta tecnología permite conocer el comportamiento online del visitante en términos de tiempo, localización geográfica y uso de este Sitio. La información se recoge a través de pixels tags y/o cookies de seguimiento. Esta información es anónima, no es vinculada con los datos personales y La Web no la comparte con terceros para su uso independiente. Toda la información necesaria para el análisis es almacenada en los servidores en Google.

7. Habilitación y deshabilitación de los cookies y de recursos similares

Recuerde que ciertas funciones y la plena funcionalidad de este Sitio pueden no estar disponibles después de deshabilitar los cookies. Puede usted permitir, bloquear o eliminar las cookies instaladas en su equipo mediante la configuración de las opciones del navegador instalado en su ordenador.

- Si utiliza Mozilla Firefox: Menú herramientas, opciones, privacidad, historial, configuración personalizada.
- Si usa Internet Explorer: Menú herramientas, opciones de internet, privacidad, configuración.
- Si utiliza Google Chrome: Menú configuración, mostrar opciones avanzadas, privacidad, configuración de contenido.
- Si utiliza Safari: Menú preferencias, seguridad.

8. Cambios en nuestra Política de Privacidad

Cualquier cambio que en el futuro podamos introducir en nuestra política de privacidad será comunicado en esta página. De este modo, podrá comprobar regularmente las actualizaciones o cambios en nuestra política de privacidad.

9. Contacto

Responsable: [NOMBRE_EMPRESA] – NIF/CIF: [NUMERO] - Teléfono de contacto: [NUM_TLF]

Correo electrónico: [CORREO_ELECTRONICO] - Dirección postal: [DIRECCION], [POBLACION], [CODIGO_POSTAL], [PROVINCIA].

Delegado de Protección de datos: [ESPECIFIQUE AQUI, LOS DATOS DE CONTACTO DEL DELEGADO, SI ES EL CASO] **(3)**

También puede contactar con nosotros para acceder a cualquier información personal que hayamos recogido a través de este Sitio o para ejercer su derecho de rectificación, bloqueo o anulación de esta información.

Consulte nuestras Condiciones de Uso, Aviso Legal y Política de Privacidad para conocer todos los datos referentes al propietario de la Web y el uso que hacemos de sus datos.

La Web realiza todos los esfuerzos razonables para asegurar que el contenido del Sitio es preciso y vigente.

(1) A revisar por los gestores de la web

(2) Sólo mantener si se utilizan

(3) Especifique aquí, los datos de contacto del delegado (sólo si es el caso) incluyendo, dirección, teléfono, email, y todos los datos que sean necesarios para la correcta identificación

FORMULARIO 14. Formulario para ejercicio del derecho de acceso.

Instrucciones:

1. Será necesario aportar fotocopia del D.N.I. o documento equivalente que acredite la identidad y sea considerado válido en derecho, en aquellos supuestos en que el responsable tenga dudas sobre su identidad. En caso de que se actúe a través de representación legal deberá aportarse, además, DNI y documento acreditativo de la representación del representante.

2. El derecho de acceso no podrá llevarse a cabo en intervalos inferiores a 12 meses, salvo interés legítimo debidamente justificado.

3. La Agencia Española de Protección de Datos no dispone de sus datos personales y sólo puede facilitar los datos de contacto de los Delegados de Protección de Datos de las entidades obligadas a designar uno que hubieren comunicado su nombramiento a la Agencia. También puede facilitar estos datos de contacto respecto a aquellas entidades que hayan designado un Delegado de forma voluntaria y lo hayan comunicado.

4. El titular de los datos personales objeto de tratamiento debe dirigirse directamente ante el organismo público o privado, empresa o profesional del que presume o tiene la certeza de que posee sus datos.

5. Para que la Agencia Española de Protección de Datos pueda tramitar su reclamación en caso de no haber sido atendida su solicitud de ejercicio del derecho de acceso, resulta necesario que haya transcurrido un mes desde la presentación de la solicitud por la que se ejercita el derecho de acceso, y que se aporte, junto con el escrito que en su caso haya recibido del responsable del tratamiento, alguno de los siguientes documentos:

- *copia del modelo de solicitud de acceso sellada por el responsable del tratamiento.*
- *copia del modelo de solicitud de acceso sellada por la oficina de correos o copia del resguardo del envío por correo certificado.*
- *cualesquiera otros medios de prueba facilitados por el responsable del tratamiento y de los que se pueda deducir la recepción de la solicitud.*

6. Este derecho de acceso es independiente del derecho de acceso a la información pública que regula la Ley 19/2013, de 9 de diciembre, de transparencia, acceso a la información pública y buen gobierno Ley de Transparencia, Acceso a la Información Pública y Buen Gobierno. También es independiente del derecho de acceso a la documentación en un procedimiento administrativo cuando se ostenta la condición de interesado, regulado por la Ley 39/2015, de 1 de octubre, del Procedimiento Administrativo Común de las Administraciones Públicas. El acceso a la historia clínica se regula por la Ley 41/2002, de 14 de noviembre, básica reguladora de la autonomía del paciente y de derechos y obligaciones en materia de información y documentación clínica, si bien la AEPD es competente para atender este acceso en caso de que una vez ejercitado, la respuesta no sea satisfactoria para el ciudadano, o no se haya respondido. Además, esta Ley permite el acceso a la historia clínica de los pacientes fallecidos a personas vinculadas con él, por razones familiares o de hecho, salvo que el fallecido lo hubiese prohibido expresamente y así se acredite.

EJERCICIO DEL DERECHO DE ACCESO

DATOS DEL RESPONSABLE DEL TRATAMIENTO.

Nombre / razón social: [NOMBRE_EMPRESA]

Dirección de la Oficina (Servicio ante el que se ejercita el derecho de acceso): [DIRECCION]

C.Postal: [CODIGO_POSTAL]

Localidad: [LOCALIDAD]

Provincia: [PROVINCIA]

Comunidad Autónoma: [COMUNIDAD_AUTÓNOMA]

DATOS DEL AFECTADO O REPRESENTANTE LEGAL.

D./Dña. [NOMBRE], mayor de edad, con domicilio en la C/Plaza [DIRECCION], Localidad [LOCALIDAD] Provincia [PROVINCIA] C.P. [CODIGO_POSTAL], Comunidad Autónoma [COMUNIDAD_AUTÓNOMA], con D.N.I. [NUMERO], con correo electrónico [CORREO_ELECTRONICO] por medio del presente escrito ejerce el derecho de acceso, de conformidad con lo previsto en el artículo 15 del Reglamento UE 2016/19679, General de Protección de Datos (RGPD) y el artículo 13 de la Ley Orgánica 3/2018, de 5 de diciembre, de Protección de Datos Personales y garantía de los derechos digitales.

SOLICITA

Que se le facilite gratuitamente el derecho de acceso por ese responsable en el plazo de un mes a contar desde la recepción de esta solicitud, y que se remita, a la dirección arriba indicada, la siguiente información:

- Copia de mis datos personales que son objeto de tratamiento por ese responsable.
- Los fines del tratamiento así como las categorías de datos personales que se traten
- Los destinatarios o categorías de destinarios a los que se han comunicado mis datos personales, o serán comunicados, incluyendo, en su caso, destinatarios en terceros u organizaciones internacionales.
- Información sobre las garantías adecuadas relativas a la transferencia de mis datos a un tercer país o a una organización internacional, en su caso.
- El plazo previsto de conservación, o de no ser posible, los criterios para determinar este plazo.
- Si existen decisiones automatizadas, incluyendo la elaboración de perfiles, información significativa sobre la lógica aplicada, así como la importancia y consecuencias previstas de dicho tratamiento.
- Si mis datos personales no se han obtenido directamente de mí, la información disponible sobre su origen.
- La existencia del derecho a solicitar la rectificación, supresión o limitación del tratamiento de mis datos personales, o a oponerme a dicho tratamiento.
- El derecho a presentar una reclamación ante una autoridad de control.

En [LOCALIDAD], a [DIA] de [MES] de [ANIO].

[FIRMA]

FORMULARIO 15. Formulario para ejercicio del derecho de supresión (derecho al olvido).

Instrucciones:

1. Este modelo se utilizará por el afectado cuando desee la supresión de los datos cuando concurra alguno de los supuestos contemplados en el Reglamento General de Protección de Datos. Por ejemplo, tratamiento ilícito de datos, o cuando haya desaparecido la finalidad que motivó el tratamiento o recogida. Además, el RGPD al regular este derecho lo conecta de cierta forma con el denominado "derecho al olvido", de manera que este derecho de supresión se amplíe de tal forma que el responsable del tratamiento que haya hecho públicos datos personales esté obligado a indicar a los responsables del tratamiento que estén tratando tales datos personales que supriman todo enlace a ellos, o las copias o réplicas de tales datos.

No obstante, se prevén ciertas excepciones en las que no procederá acceder a este derecho, por ejemplo, cuando deba prevalecer el derecho a la libertad de expresión e información, para el cumplimiento de una obligación legal, para el cumplimiento de una misión realizada en interés público, por razones de interés público, etc.

2. Será necesario aportar fotocopia del D.N.I. o documento equivalente que acredite la identidad y sea considerado válido en derecho, en aquellos supuestos en que el responsable tenga dudas sobre su identidad. En caso de que se actúe a través de representación legal deberá aportarse, además, DNI y documento acreditativo de la representación del representante.

3. La Agencia Española de Protección de Datos no dispone de sus datos personales y sólo puede facilitar los datos de contacto de los Delegados de Protección de Datos de las entidades obligadas a designar uno que hubieren comunicado su nombramiento a la Agencia. También puede facilitar estos datos de contacto respecto a aquellas entidades que hayan designado un Delegado de forma voluntaria y lo hayan comunicado.

4. El titular de los datos personales objeto de tratamiento debe dirigirse directamente ante el organismo público o privado, empresa o profesional del que presume o tiene la certeza que posee sus datos.

5. Para que la Agencia Española de Protección de Datos pueda tramitar su reclamación en caso de no haber sido atendida su solicitud de ejercicio del derecho de supresión, resulta necesario que el responsable no haya hecho efectivo el derecho, y aporte alguno de los siguientes documentos:

- *la negativa del responsable del tratamiento a la supresión de los datos solicitados.*
- *copia sellada por el responsable del tratamiento del modelo de petición de supresión.*
- *copia del modelo de solicitud de acceso sellada por la oficina de correos o copia del resguardo del envío por correo certificado.*
- *cualesquiera otros medios de prueba facilitados por el responsable del tratamiento y de los que se pueda deducir la recepción de la solicitud.*

EJERCICIO DEL DERECHO DE SUPRESIÓN

DATOS DEL RESPONSABLE DEL TRATAMIENTO.

Nombre / razón social: [NOMBRE_EMPRESA]

Dirección de la Oficina (Servicio ante el que se ejercita el derecho de acceso): [DIRECCION]

C.Postal: [CODIGO_POSTAL]

Localidad: [LOCALIDAD]

Provincia: [PROVINCIA]

Comunidad Autónoma: [COMUNIDAD_AUTÓNOMA]

DATOS DEL AFECTADO O REPRESENTANTE LEGAL.

D./Dña. [NOMBRE], mayor de edad, con domicilio en la C/Plaza [DIRECCION], Localidad [LOCALIDAD] Provincia [PROVINCIA] C.P. [CODIGO_POSTAL], Comunidad Autónoma [COMUNIDAD_AUTÓNOMA], con D.N.I. [NUMERO], con correo electrónico [CORREO_ELECTRONICO], por medio del presente escrito ejerce el derecho de oposición previsto en el artículo 17 del Reglamento UE 2016/19679, General de Protección de Datos (RGPD) y en el artículo 15 de la Ley Orgánica 3/2018, de 5 de diciembre, de Protección de Datos Personales y garantía de los derechos digitales,

SOLICITA

Que se proceda a acordar la supresión de sus datos personales en el plazo de un mes a contar desde la recepción de esta solicitud, y que se me notifique de forma escrita el resultado de la supresión practicada. Dicha supresión afectará igualmente a las copias o réplicas de tales datos.

Que en caso de que se acuerde que no procede practicar total o parcialmente la supresión solicitada, se me comunique motivadamente a fin de, en su caso, reclamar ante la Autoridad de control que corresponda.

Que en caso de que mis datos personales hayan sido comunicados por este responsable a otros responsables del tratamiento, se comunique a todos ellos esta supresión.

En [LOCALIDAD], a [DIA] de [MES] de [ANIO].

[FIRMA]

FORMULARIO 16. Formulario para ejercicio del derecho de oposición al tratamiento de datos personales.

Instrucciones:

1. El presente modelo permite, oponerse al tratamiento de sus datos personales, por motivos relacionados con la situación particular del afectado, en cualquiera de las siguientes situaciones:

- El tratamiento de sus datos personales se está realizando en base a una misión de interés público o en el ejercicio de poderes públicos conferidos al responsable del tratamiento.

- El tratamiento de mis datos personales se está realizando en base a la satisfacción de intereses legítimos perseguidos por el responsable del tratamiento o un tercero.

En estos dos primeros supuestos, el mero ejercicio del derecho de oposición conlleva la limitación.

- El tratamiento de mis datos personales se está realizando con fines de investigación científica o histórica o fines estadísticos.

2. Será necesario aportar fotocopia del D.N.I. o documento equivalente que acredite la identidad y sea considerado válido en derecho, en aquellos supuestos en que el responsable tenga dudas sobre su identidad. En caso de que se actúe a través de representación legal deberá aportarse, además, DNI y documento acreditativo de la representación del representante.

3. La Agencia Española de Protección de Datos no dispone de sus datos personales y sólo puede facilitar los datos de contacto de los Delegados de Protección de Datos de las entidades obligadas a designar uno que hubieren comunicado su nombramiento a la Agencia. También puede facilitar estos datos de contacto respecto a aquellas entidades que hayan designado un Delegado de forma voluntaria y lo hayan comunicado.

4. El titular de los datos personales objeto de tratamiento debe dirigirse directamente ante el organismo público o privado, empresa o profesional del que presume o tiene la certeza que posee sus datos.

5. Para que la Agencia Española de Protección de Datos pueda tramitar su reclamación en caso de no haber sido atendida su solicitud de ejercicio del derecho de oposición, resulta necesario que hayan transcurrido un mes sin que el responsable haya hecho efectivo el derecho, y aporte alguno de los siguientes documentos:

- *la negativa del responsable del tratamiento a la oposición de los datos solicitados.*
- *copia sellada por el responsable del tratamiento del modelo de petición de oposición.*
- *copia del modelo de solicitud de oposición sellada por la oficina de correos o copia del resguardo del envío por correo certificado.*
- *cualesquiera otros medios de prueba facilitados por el responsable del tratamiento y de los que se pueda deducir la recepción de la solicitud.*

EJERCICIO DEL DERECHO DE OPOSICIÓN

DATOS DEL RESPONSABLE DEL TRATAMIENTO.

Nombre / razón social: [NOMBRE_EMPRESA]

Dirección de la Oficina (Servicio ante el que se ejercita el derecho de acceso): [DIRECCION]

C.Postal: [CODIGO_POSTAL]

Localidad: [LOCALIDAD]

Provincia: [PROVINCIA]

Comunidad Autónoma: [COMUNIDAD_AUTÓNOMA

Delegado de Protección de datos: [ESPECIFIQUE AQUI, LOS DATOS DE CONTACTO DEL DELEGADO, INCLUYENDO, DIRECCIÓN, TELEFONO, EMAIL, Y TODOS LOS DATOS QUE SEAN NECESARIOS PARA LA CORRECTA IDENTIFICACION] **(1)**

DATOS DEL AFECTADO O REPRESENTANTE LEGAL.

D./Dña. [NOMBRE], mayor de edad, con domicilio en la C/Plaza [DIRECCION], Localidad [LOCALIDAD] Provincia [PROVINCIA] C.P. [CODIGO_POSTAL], Comunidad Autónoma [COMUNIDAD_AUTÓNOMA, con D.N.I. [NUMERO], con correo electrónico [CORREO_ELECTRONICO], por medio del presente escrito ejerce el derecho de oposición previsto en el artículo 21 del Reglamento UE 2016/19679, General de Protección de Datos (RGPD) y en el artículo 18 de la Ley Orgánica 3/2018, de 5 de diciembre, de Protección de Datos Personales y garantía de los derechos digitales.

SOLICITO

La oposición al tratamiento de mis datos personales, teniendo en consideración que: **(2)**

- El tratamiento de mis datos personales se basa en una misión de interés público o en el ejercicio de poderes públicos conferidos al responsable del tratamiento, debiendo limitarse el tratamiento de los mismos hasta que obtenga respuesta del ejercicio de este derecho.
- El tratamiento de mis datos personales se basa en la satisfacción de intereses legítimos perseguidos por el responsable del tratamiento o un tercero, debiendo limitarse el tratamiento de los mismos hasta que se obtenga respuesta del ejercicio de este derecho.
- El tratamiento de mis datos personales se está realizando con fines de investigación científica o histórica o fines estadísticos.
- Sin perjuicio de que corresponde al responsable del tratamiento acreditar motivos legítimos imperiosos que prevalezcan sobre mis intereses, derechos y libertades (en los dos primeros supuestos), o una misión realizada en interés público (en el tercer supuesto), acredito como situación personal para oponerme al tratamiento de mis datos personales.

Que sea atendida mi solicitud en los términos anteriormente expuestos en el plazo de un mes.

En [LOCALIDAD], a [DIA] de [MES] de [ANIO].

[FIRMA]

(1) Especifique aquí, los datos de contacto del delegado (sólo si es el caso) incluyendo, dirección, teléfono, email, y todos los datos que sean necesarios para la correcta identificación.

(2) Dejar sólo la opción que proceda.

FORMULARIO 17. Formulario para ejercicio del derecho de oposición con fines de mercadotécnica directa.

Instrucciones:

1. El presente modelo permite, oponerse al tratamiento de sus datos personales con fines de mercadotécnica directa, incluyendo la elaboración de perfiles.

2. Será necesario aportar fotocopia del D.N.I. o documento equivalente que acredite la identidad y sea considerado válido en derecho, en aquellos supuestos en que el responsable tenga dudas sobre su identidad. En caso de que se actúe a través de representación legal deberá aportarse, además, DNI y documento acreditativo de la representación del representante.

3. La Agencia Española de Protección de Datos no dispone de sus datos personales y sólo puede facilitar los datos de contacto de los Delegados de Protección de Datos de las entidades obligadas a designar uno que hubieren comunicado su nombramiento a la Agencia. También puede facilitar estos datos de contacto respecto a aquellas entidades que hayan designado un Delegado de forma voluntaria y lo hayan comunicado.

4. El titular de los datos personales objeto de tratamiento debe dirigirse directamente ante el organismo público o privado, empresa o profesional del que presume o tiene la certeza que posee sus datos.

5. Para que la Agencia Española de Protección de Datos pueda tramitar su reclamación en caso de no haber sido atendida su solicitud de ejercicio del derecho de oposición, resulta necesario que hayan transcurrido un mes sin que el responsable haya hecho efectivo el derecho, y aporte alguno de los siguientes documentos:

- *la negativa del responsable del tratamiento a la oposición de los datos solicitados.*
- *copia sellada por el responsable del tratamiento del modelo de petición de oposición.*
- *copia del modelo de solicitud de oposición sellada por la oficina de correos o copia del resguardo del envío por correo certificado.*
- *cualesquiera otros medios de prueba facilitados por el responsable del tratamiento y de los que se pueda deducir la recepción de la solicitud.*

EJERCICIO DEL DERECHO DE OPOSICIÓN

DATOS DEL RESPONSABLE DEL TRATAMIENTO.

Nombre / razón social: [NOMBRE_EMPRESA]

Dirección de la Oficina (Servicio ante el que se ejercita el derecho de acceso): [DIRECCION]

C.Postal: [CODIGO_POSTAL]

Localidad: [LOCALIDAD]

Provincia: [PROVINCIA]

Comunidad Autónoma: [COMUNIDAD_AUTÓNOMA

Delegado de Protección de datos: [ESPECIFIQUE AQUI, LOS DATOS DE CONTACTO DEL DELEGADO, INCLUYENDO, DIRECCION, TELEFONO, EMAIL, Y TODOS LOS DATOS QUE SEAN NECESARIOS PARA LA CORRECTA IDENTIFICACION] **(1)**

DATOS DEL AFECTADO O REPRESENTANTE LEGAL.

D./Dña. [NOMBRE], mayor de edad, con domicilio en la C/Plaza [DIRECCION], Localidad [LOCALIDAD] Provincia [PROVINCIA] C.P. [CODIGO_POSTAL], Comunidad Autónoma [COMUNIDAD_AUTÓNOMA, con D.N.I. [NUMERO], con correo electrónico [CORREO_ELECTRONICO], por medio del presente escrito ejerce el derecho de oposición previsto en el artículo 21 del Reglamento UE 2016/19679, General de Protección de Datos (RGPD) y en el artículo 18 de la Ley Orgánica 3/2018, de 5 de diciembre, de Protección de Datos Personales y garantía de los derechos digitales,

SOLICITO

La oposición al tratamiento de mis datos personales con fines de mercadotecnia, incluyendo la elaboración de perfiles sobre mi persona.

Que sea atendida mi solicitud en los términos anteriormente expuestos en el plazo de un mes.

En [LOCALIDAD], a [DIA] de [MES] de [ANIO].

[FIRMA]

(1) Especifique aquí, los datos de contacto del delegado (sólo si es el caso) incluyendo, dirección, teléfono, email, y todos los datos que sean necesarios para la correcta identificación.

FORMULARIO 18. Modelo de contestación al ejercicio del derecho de cancelación (Bloqueo de datos).

Este formulario se utilizará para responder a todos aquellos solicitantes que hayan ejercitado el derecho de cancelación ("supresión") y que por algún motivo no se pueda proceder al borrado o destrucción de los mismos (por ejemplo cuando el tratamiento sea necesario para el ejercicio de la libertad de expresión e información, para el cumplimiento de una obligación legal, para el cumplimiento de una misión realizada en interés público o en el ejercicio de poderes públicos conferidos al responsable, por razones de interés público, en el ámbito de la salud pública, con fines de archivo de interés público, fines de investigación científica o histórica o fines estadísticos, o para la formulación, el ejercicio o la defensa de reclamaciones) y por tanto se procederá a su bloqueo.

[NOMBRE_EMPRESA]

CIF/NIF [NUMERO]

[DIRECCION]

[TELEFONO]

[CORREO_ELECTRONICO]

Delegado de Protección de datos: [ESPECIFIQUE AQUI, LOS DATOS DE CONTACTO DEL DELEGADO, INCLUYENDO, DIRECCION, TELEFONO, EMAIL, Y TODOS LOS DATOS QUE SEAN NECESARIOS PARA LA CORRECTA IDENTIFICACION] **(1)**

Asunto: contestación al ejercicio del derecho de cancelación (bloqueo de datos)

Estimado Sr./Sra:

Habiendo recibido su solicitud con fecha [FECHA], adjuntando la siguiente documentación [ESPECIFICAR] **(2)** mediante la que ejerce el Derecho de Cancelación de sus datos que están registrados almacenados en nuestros registros de actividades y, conforme a la normativa vigente sobre protección de datos, concretamente el Artículo 17 del Reglamento (UE) 2016/679 del Parlamento Europeo y del Consejo, de 27 de abril, relativo a la protección de las personas físicas en lo que respecta al tratamiento de datos personales y a la libre circulación de estos datos y por el que se deroga la Directiva 95/46/CE, y al artículo 15 de la Ley Orgánica 3/2018, de 5 de diciembre, de Protección de Datos Personales y garantía de los derechos digitales, le notificamos que los datos sobre los que se ejerce este derecho serán bloqueados, no eliminados, de acuerdo con lo establecido en el apartado 3 del citado art. 17 del RGPD, conservándose únicamente: **(3)**

- para la atención, formulación, ejercicio o defensa de las posibles reclamaciones o responsabilidades **(4)** que pudieran surgir durante el plazo de prescripción de éstas. Cumplido dicho plazo se procederá a la supresión de los mismos.
- para ejercer el derecho a la libertad de expresión e información
- para el cumplimiento de una obligación legal que requiera el tratamiento de datos impuesta por el Derecho de la Unión o de los Estados miembros que se aplique al responsable del tratamiento, o para el cumplimiento de una misión realizada en interés público o en el ejercicio de poderes públicos conferidos al responsable
- por razones de interés público en el ámbito de la salud pública de conformidad con el artículo 9, apartado 2, letras h) e i), y apartado 3 del RGPD
- con fines de archivo en interés público, fines de investigación científica o histórica o fines estadísticos, de conformidad con el artículo 89, apartado 1, en la medida en que el derecho indicado en el apartado 1 pudiera hacer imposible u obstaculizar gravemente el logro de los objetivos de dicho tratamiento

Igualmente le informamos que, para ejercer sus Derechos o si la respuesta no es satisfactoria puede contactar nuevamente con nosotros e indicarnos lo que considere oportuno o bien puede obtener la tutela de la Agencia Española de Protección de Datos dirigiendo su reclamación a la misma en la calle Jorge Juan número 6, Madrid 28001 Madrid (www.agpd.es).

En [LOCALIDAD], a [DIA] de [MES] de [ANIO]

[FIRMA]

Fdo.: RESPONSABLE DEL TRATAMIENTO

(1) Especifique aquí, los datos de contacto del delegado (sólo si es el caso) incluyendo, dirección, teléfono, email, y todos los datos que sean necesarios para la correcta identificación.

(2) Modelo de ejercicio de Derecho de Acceso y demás documentación adjunta

(3) Dejar sólo la opción que proceda.

(4) Los datos de carácter personal deberán ser conservados durante los plazos previstos en las disposiciones aplicables o, en su caso, en las relaciones contractuales entre la persona o entidad responsable del tratamiento y el interesado.

FORMULARIO 19. Formulario para ejercicio del derecho a rectificación de datos personales.

Instrucciones:

1. Este modelo se utilizará para el caso de que se deban rectificar datos inexactos o incompletos por parte del responsable del tratamiento.

2. Para probar el carácter inexacto o incompleto de los datos que se estén tratando resulta necesaria la aportación de la documentación que lo acredite al responsable del tratamiento.

3. Será necesario aportar fotocopia del D.N.I. o documento equivalente que acredite la identidad y sea considerado válido en derecho, en aquellos supuestos en que el responsable tenga dudas sobre su identidad. En caso de que se actúe a través de representación legal deberá aportarse, además, DNI y documento acreditativo de la representación del representante.

4. La Agencia Española de Protección de Datos no dispone de sus datos personales y sólo puede facilitar los datos de contacto de los Delegados de Protección de Datos de las entidades obligadas a designar uno que hubieren comunicado su nombramiento a la Agencia. También puede facilitar estos datos de contacto respecto a aquellas entidades que hayan designado un Delegado de forma voluntaria y lo hayan comunicado.

5. El titular de los datos personales objeto de tratamiento debe dirigirse directamente ante el organismo público o privado, empresa o profesional del que presume o tiene la certeza que posee sus datos.

6. Para que la Agencia Española de Protección de Datos pueda tramitar su reclamación en caso de no haber sido atendida su solicitud de ejercicio del derecho de rectificación, resulta necesario que hayan transcurrido un mes sin que el responsable haya respondido a su petición, y aporte alguno de los siguientes documentos:

- *la negativa del responsable del tratamiento a la rectificación de los datos solicitados.*
- *copia sellada por el responsable del tratamiento del modelo de petición de rectificación.*
- *copia del modelo de solicitud de rectificación sellada por la oficina de correos o copia del resguardo del envío por correo certificado.*
- *cualesquiera otros medios de prueba facilitados por el responsable del tratamiento y de los que se pueda deducir la recepción de la solicitud.*

EJERCICIO DERECHO DE RECTIFICACIÓN

DATOS DEL RESPONSABLE DEL TRATAMIENTO.

Nombre / razón social: [NOMBRE_EMPRESA]

Dirección de la Oficina (Servicio ante el que se ejercita el derecho de acceso): [DIRECCION]

C.Postal: [CODIGO_POSTAL]

Localidad: [LOCALIDAD]

Provincia: [PROVINCIA]

Comunidad Autónoma: [COMUNIDAD_AUTÓNOMA]

Delegado de Protección de datos: [ESPECIFIQUE AQUI, SI LO HAY, LOS DATOS DE CONTACTO DEL DELEGADO, INCLUYENDO, DIRECCIÓN, TELEFONO, EMAIL, Y TODOS LOS DATOS QUE SEAN NECESARIOS PARA LA CORRECTA IDENTIFICACION] **(1)**

DATOS DEL AFECTADO O REPRESENTANTE LEGAL.

D./Dña. [NOMBRE], mayor de edad, con domicilio en la C/Plaza [DIRECCION], Localidad [LOCALIDAD] Provincia [PROVINCIA] C.P. [CODIGO_POSTAL], Comunidad Autónoma [COMUNIDAD_AUTÓNOMA], con D.N.I. [NUMERO], con correo electrónico [CORREO_ELECTRONICO], por medio del presente escrito ejerce el derecho de oposición previsto en el artículo 16 del Reglamento UE 2016/19679, General de Protección de Datos (RGPD) y en el artículo 14 de la Ley Orgánica 3/2018, de 5 de diciembre, de Protección de Datos Personales y garantía de los derechos digitales.

SOLICITA

Que se proceda a acordar la rectificación de los datos personales, que se realice en el plazo de un mes a contar desde la recepción de esta solicitud, y que se me notifique de forma escrita el resultado de la rectificación practicada.

Datos sobre los que solicito el derecho de rectificación: [ESPECIFICAR]

Que en caso de que se acuerde que no procede practicar la rectificación solicitada, se me comunique motivadamente a fin de, en su caso, reclamar ante la Autoridad de control que corresponda.

Asimismo, en caso de que mis datos personales hayan sido comunicados por ese responsable a otros responsables del tratamiento, se comunique esta rectificación a los mismos.

En [LOCALIDAD], a [DIA] de [MES] de [ANIO].

[FIRMA]

(1) Especifique aquí, los datos de contacto del delegado (sólo si es el caso) incluyendo, dirección, teléfono, email, y todos los datos que sean necesarios para la correcta identificación.

FORMULARIO 20. Formulario para ejercicio del derecho a la portabilidad de datos personales.

Instrucciones:

1. El Modelo se utilizará por el afectado que desee que se le faciliten sus datos personales en un formato estructurado, de uso común y lectura mecánica.

También podrá emplearse si quisiera que los citados datos personales sean transmitidos directamente de responsable a responsable cuando sea técnicamente posible.

2. Será necesario aportar fotocopia del D.N.I. o documento equivalente que acredite la identidad y sea considerado válido en derecho, en aquellos supuestos en que el responsable tenga dudas sobre su identidad. En caso de que se actúe a través de representación legal deberá aportarse, además, DNI y documento acreditativo de la representación del representante.

3. La Agencia Española de Protección de Datos no dispone de sus datos personales y sólo puede facilitar los datos de contacto de los Delegados de Protección de Datos de las entidades obligadas a designar uno que hubieren comunicado su nombramiento a la Agencia. También puede facilitar estos datos de contacto respecto a aquellas entidades que hayan designado un Delegado de forma voluntaria y lo hayan comunicado.

4. El titular de los datos personales objeto de tratamiento debe dirigirse directamente ante el organismo público o privado, empresa o profesional del que presume o tiene la certeza que posee sus datos.

5. Para que la Agencia Española de Protección de Datos pueda tramitar su reclamación en caso de no haber sido atendida su solicitud de ejercicio del derecho a la portabilidad de datos en el plazo de un mes, y aporte alguno de los siguientes documentos:

- *la negativa del responsable del tratamiento a la portabilidad de los datos solicitados.*
- *copia sellada por el responsable del tratamiento del modelo de petición de portabilidad.*
- *copia del modelo de solicitud de portabilidad sellada por la oficina de correos o copia del resguardo del envío por correo certificado.*
- *cualesquiera otros medios de prueba facilitados por el responsable del tratamiento y de los que se pueda deducir la recepción de la solicitud.*

EJERCICIO DEL DERECHO A LA PORTABILIDAD DE LOS DATOS

DATOS DEL RESPONSABLE DEL TRATAMIENTO.

Nombre / razón social: [NOMBRE_EMPRESA]

Dirección de la Oficina (Servicio ante el que se ejercita el derecho de acceso): [DIRECCION]

C.Postal: [CODIGO_POSTAL]

Localidad: [LOCALIDAD]

Provincia: [PROVINCIA]

Comunidad Autónoma: [COMUNIDAD_AUTÓNOMA]

Delegado de Protección de datos: [ESPECIFIQUE AQUI, LOS DATOS DE CONTACTO DEL DELEGADO, INCLUYENDO, DIRECCIÓN, TELEFONO, EMAIL, Y TODOS LOS DATOS QUE SEAN NECESARIOS PARA LA CORRECTA IDENTIFICACION] **(1)**

DATOS DEL AFECTADO O REPRESENTANTE LEGAL.

D./Dña. [NOMBRE], mayor de edad, con domicilio en la C/Plaza [DIRECCION], Localidad [LOCALIDAD] Provincia [PROVINCIA] C.P. [CODIGO_POSTAL], Comunidad Autónoma [COMUNIDAD_AUTÓNOMA], con D.N.I. [NUMERO], con correo electrónico [CORREO_ELECTRONICO], por medio del presente escrito ejerce el derecho de oposición previsto en el artículo 20 del Reglamento UE 2016/19679, General de Protección de Datos (RGPD).

SOLICITA

Que se le faciliten en el plazo de un mes sus datos personales en un formato estructurado, de uso común y lectura mecánica.

En su caso, que los citados datos personales sean transmitidos directamente al responsable [ESPECIFICAR] **(2)**, siempre que sea técnicamente posible.

En [LOCALIDAD], a [DIA] de [MES] de [ANIO].

[FIRMA]

(1) Especifique aquí, los datos de contacto del delegado (sólo si es el caso) incluyendo, dirección, teléfono, email, y todos los datos que sean necesarios para la correcta identificación.

(2) especifíquese nombre o razón social y datos de contacto del nuevo Responsable.

FORMULARIO 21. Formulario para el ejercicio del derecho a no ser objeto de decisiones individualizadas.

Instrucciones:

1. Este modelo se utilizará por el afectado cuando no desee ser objeto de una decisión basada únicamente en el tratamiento automatizado, incluida la elaboración de perfiles, que produzca efectos jurídicos o le afecte a uno.

También se utilizará a los efectos de que el tratamiento se fundamente en la celebración o ejecución de un contrato, o en el consentimiento explícito del afectado, con la finalidad de que se adopten las medidas necesarias para salvaguardar sus derechos y libertades así como sus intereses legítimos, el derecho a la intervención humana y que pueda exponer su punto de vista e impugnar la decisión.

2. Será necesario aportar fotocopia del D.N.I. o documento equivalente que acredite la identidad y sea considerado válido en derecho, en aquellos supuestos en que el responsable tenga dudas sobre su identidad. En caso de que se actúe a través de representación legal deberá aportarse, además, DNI y documento acreditativo de la representación del representante.

3. La Agencia Española de Protección de Datos no dispone de sus datos personales y sólo puede facilitar los datos de contacto de los Delegados de Protección de Datos de las entidades obligadas a designar uno que hubieren comunicado su nombramiento a la Agencia. También puede facilitar estos datos de contacto respecto a aquellas entidades que hayan designado un Delegado de forma voluntaria y lo hayan comunicado.

4. El titular de los datos personales objeto de tratamiento debe dirigirse directamente ante el organismo público o privado, empresa o profesional del que presume o tiene la certeza que posee sus datos.

5. Para que la Agencia Española de Protección de Datos pueda tramitar su reclamación en caso de no haber sido atendida su solicitud de ejercicio del derecho a no ser objeto de decisiones individuales automatizadas, incluida la elaboración de perfiles, resulta necesario que el responsable no haya respondido a su solicitud en el plazo de un mes, y aporte alguno de los siguientes documentos:

- *la negativa del responsable del tratamiento al derecho a no ser objeto de decisiones individuales automatizadas, incluida la elaboración de perfiles.*
- *copia sellada por el responsable del tratamiento del modelo de petición de no ser objeto de decisiones individuales automatizadas, incluida la elaboración de perfiles.*
- *copia del modelo de solicitud de ejercicio del derecho a no ser objeto de decisiones individuales automatizadas, incluida la elaboración de perfiles, sellada por la oficina de correos o copia del resguardo del envío por correo certificado.*
- *cualesquiera otros medios de prueba facilitados por el responsable del tratamiento y de los que se pueda deducir la recepción de la solicitud.*

EJERCICIO DEL DERECHO A NO SER OBJETO DE DECISIONES INDIVIDUALIZADAS.

DATOS DEL RESPONSABLE DEL TRATAMIENTO.

Nombre / razón social: [NOMBRE_EMPRESA]

Dirección de la Oficina (Servicio ante el que se ejercita el derecho de acceso): [DIRECCION]

C.Postal: [CODIGO_POSTAL]

Localidad: [LOCALIDAD]

Provincia: [PROVINCIA]

Comunidad Autónoma: [COMUNIDAD_AUTÓNOMA

Delegado de Protección de datos: [ESPECIFIQUE AQUI, LOS DATOS DE CONTACTO DEL DELEGADO, INCLUYENDO, DIRECCION, TELEFONO, EMAIL, Y TODOS LOS DATOS QUE SEAN NECESARIOS PARA LA CORRECTA IDENTIFICACION] **(1)**

DATOS DEL AFECTADO O REPRESENTANTE LEGAL.

D./Dña. [NOMBRE], mayor de edad, con domicilio en la C/Plaza [DIRECCION], Localidad [LOCALIDAD] Provincia [PROVINCIA] C.P. [CODIGO_POSTAL], Comunidad Autónoma [COMUNIDAD_AUTÓNOMA, con D.N.I. [NUMERO], con correo electrónico [CORREO_ELECTRONICO], por medio del presente escrito ejerce el derecho de oposición previsto en el artículo 22 del Reglamento UE 2016/19679, General de Protección de Datos (RGPD) y en el artículo 18 de la Ley Orgánica 3/2018, de 5 de diciembre, de Protección de Datos Personales y garantía de los derechos digitales.

SOLICITA:

No ser objeto de una decisión basada únicamente en el tratamiento automatizado, incluida la elaboración de perfiles, que me produzca efectos jurídicos o me afecte significativamente de modo similar, en particular en los siguientes aspectos:

Que se adopten las medidas necesarias para salvaguardar mis derechos y libertades, así como mis intereses legítimos, el derecho a la intervención humana y que pueda exponer mi punto de vista e impugnar la decisión, todo ello en el supuesto de que el tratamiento de mis datos personales se fundamente en la celebración o ejecución de un contrato, o bien en mi consentimiento explícito.

Que sea atendida mi solicitud en los términos anteriormente expuestos en el plazo de un mes.

En [LOCALIDAD], a [DIA] de [MES] de [ANIO].

[FIRMA]

(1) Especifique aquí, los datos de contacto del delegado (sólo si es el caso) incluyendo, dirección, teléfono, email, y todos los datos que sean necesarios para la correcta identificación.

FORMULARIO 22. Formulario para ejercicio del derecho a la limitación del tratamiento de datos.

Instrucciones:

1. Este modelo se utiliza por el afectado que desee solicitar al responsable que limite el tratamiento de sus datos personales, por motivos relacionados con la situación particular del afectado, en cualquiera de las siguientes situaciones:

- *El tratamiento de sus datos personales es lícito y el afectado se oponga a la supresión de sus datos personales;*
- *El responsable ya no necesita los datos personales para los fines del tratamiento, pero el afectado los necesita para la formulación, ejercicio o defensa de sus reclamaciones.*

2. Será necesario aportar fotocopia del D.N.I. o documento equivalente que acredite la identidad y sea considerado válido en derecho, en aquellos supuestos en que el responsable tenga dudas sobre su identidad. En caso de que se actúe a través de representación legal deberá aportarse, además, DNI y documento acreditativo de la representación del representante.

3. La Agencia Española de Protección de Datos no dispone de sus datos personales y sólo puede facilitar los datos de contacto de los Delegados de Protección de Datos de las entidades obligadas a designar uno que hubieren comunicado su nombramiento a la Agencia. También puede facilitar estos datos de contacto respecto a aquellas entidades que hayan designado un Delegado de forma voluntaria y lo hayan comunicado.

4. El titular de los datos personales objeto de tratamiento debe dirigirse directamente ante el organismo público o privado, empresa o profesional del que presume o tiene la certeza que posee sus datos.

5. Para que la Agencia Española de Protección de Datos pueda tramitar su reclamación en caso de no haber sido atendida su solicitud de ejercicio del derecho de oposición, resulta necesario que hayan transcurrido un mes sin que el responsable haya hecho efectivo el derecho, y aporte alguno de los siguientes documentos:

- *la negativa del responsable del tratamiento a la oposición de los datos solicitados.*
- *copia sellada por el responsable del tratamiento del modelo de petición de oposición.*
- *copia del modelo de solicitud de oposición sellada por la oficina de correos o copia del resguardo del envío por correo certificado.*
- *cualesquiera otros medios de prueba facilitados por el responsable del tratamiento y de los que se pueda deducir la recepción de la solicitud.*

EJERCICIO DEL DERECHO A LA LIMITACIÓN DEL TRATAMIENTO

DATOS DEL RESPONSABLE DEL TRATAMIENTO.

Nombre / razón social: [NOMBRE_EMPRESA]

Dirección de la Oficina (Servicio ante el que se ejercita el derecho de acceso): [DIRECCION]

C. Postal: [CODIGO_POSTAL]

Localidad: [LOCALIDAD]

Provincia: [PROVINCIA]

Comunidad Autónoma: [COMUNIDAD_AUTÓNOMA

Delegado de Protección de datos: [ESPECIFIQUE AQUI, LOS DATOS DE CONTACTO DEL DELEGADO, INCLUYENDO, DIRECCION, TELEFONO, EMAIL, Y TODOS LOS DATOS QUE SEAN NECESARIOS PARA LA CORRECTA IDENTIFICACION] **(1)**

DATOS DEL AFECTADO O REPRESENTANTE LEGAL.

D./Dña. [NOMBRE], mayor de edad, con domicilio en la C/Plaza [DIRECCION], Localidad [LOCALIDAD] Provincia [PROVINCIA] C.P. [CODIGO_POSTAL], Comunidad Autónoma [COMUNIDAD_AUTÓNOMA, con D.N.I. [NUMERO], con correo electrónico [CORREO_ELECTRONICO], por medio del presente escrito ejerce el derecho de oposición previsto en el artículo 18 del Reglamento UE 2016/19679, General de

Protección de Datos (RGPD) y en el artículo 16 de la Ley Orgánica 3/2018, de 5 de diciembre, de Protección de Datos Personales y garantía de los derechos digitales.

SOLICITO

Que se limite el tratamiento de mis datos personales, teniendo en consideración: **(2)**

- Que el tratamiento es lícito y me opongo a su supresión.
- Que el responsable ya no necesita mis datos personales para los fines para los cuales fueron recabados, pero los necesito para la formulación, ejercicio o defensa de mis reclamaciones.

Que sea atendida mi solicitud en los términos anteriores expuestos en el plazo de un mes, y que se comunique esta limitación a cada uno de los destinatarios que ese responsable del tratamiento haya comunicado mis datos personales.

En [LOCALIDAD], a [DIA] de [MES] de [ANIO].

[FIRMA]

(1) Especifique aquí, los datos de contacto del delegado (sólo si es el caso) incluyendo, dirección, teléfono, email, y todos los datos que sean necesarios para la correcta identificación.

(2) Dejar sólo la opción que proceda.

FORMULARIO 23. Modelo de contestación a solicitud de ejercicio del derecho de acceso.

En caso de que la respuesta al ejercicio del derecho de acceso sea negativa (porque no constan datos sobre el solicitante, porque ha ejercitado el derecho de modo repetitivo, etc.), deberá acudirse al "Modelo de contestación a solicitud de ejercicio de derecho de acceso (negativa a su ejercicio)".

[NOMBRE_EMPRESA]

CIF/NIF [NUMERO]

[DIRECCION]

[TELEFONO]

[CORREO_ELECTRONICO]

Delegado de Protección de datos: [ESPECIFIQUE AQUI, LOS DATOS DE CONTACTO DEL DELEGADO, INCLUYENDO, DIRECCION, TELEFONO, EMAIL, Y TODOS LOS DATOS QUE SEAN NECESARIOS PARA LA CORRECTA IDENTIFICACION] **(1)**

Asunto: CONTESTACIÓN AL EJERCICIO DEL DERECHO DE ACCESO

Estimado/a Sr./Sra:

Habiendo recibido su [ESPECIFICAR] **(2)** con fecha [FECHA] adjuntando la siguiente documentación [ESPECIFICAR] **(3)** mediante la que ejerce el Derecho de Acceso a sus datos que están almacenados en nuestros registros de actividades y, conforme a la normativa vigente sobre protección de datos, concretamente el Artículo 15 del Reglamento (UE) 2016/679 del Parlamento Europeo y del Consejo, de 27 de abril, relativo a la protección de las personas físicas en lo que respecta al tratamiento de datos personales y a la libre circulación de estos datos y por el que se deroga la Directiva 95/46/CE, así como el artículo 13 de la Ley Orgánica 3/2018, de 5 de diciembre, de Protección de Datos Personales y garantía de los derechos digitales, le notificamos que nos constan los siguientes datos sobre su persona de los que adjuntamos copia:

* Hay que facilitar los siguientes documentos o aclaraciones: **(4)**

- Copia sus datos personales que son objeto de tratamiento.
- Los fines para los que se tratan dichos datos y las categorías de los mismos.
- Los destinatarios o categorías de destinarios a los que se han comunicado, o a los que serán comunicados, incluyendo, en su caso, destinatarios en terceros u organizaciones internacionales.
- Información sobre las garantías adecuadas relativas a la transferencia de datos a un tercer país o a una organización internacional, en su caso.
- El plazo previsto de conservación o los criterios para determinar este plazo.
- Si existen decisiones automatizadas, incluyendo la elaboración de perfiles, información significativa sobre la lógica aplicada, así como la importancia y consecuencias previstas de dicho tratamiento.
- Si los datos personales no se han obtenido directamente del solicitante, la información disponible sobre su origen.
- La existencia del derecho a solicitar la rectificación, supresión o limitación del tratamiento, o la oposición a dicho tratamiento.

En todo caso le informamos que, para ejercer sus Derechos o si la respuesta no es satisfactoria puede contactar nuevamente con nosotros e indicarnos lo que considere oportuno o bien puede obtener la tutela de la Agencia Española de Protección de Datos dirigiendo su reclamación a la misma en la calle Jorge Juan número 6, Madrid 28001 Madrid (www.agpd.es).

En [LOCALIDAD], a [DIA] de [MES] de [ANIO]

[SELLO_Y_FIRMA_EMPRESA]

Fdo.: RESPONSABLE DEL TRATAMIENTO

(1) Especifique aquí, los datos de contacto del delegado (sólo si es el caso) incluyendo, dirección, teléfono, email, y todos los datos que sean necesarios para la correcta identificación.

(2) A modo de ejmp: carta, e-mail, etc

(3) Modelo de ejercicio de Derecho de Acceso y demás documentación adjunta.

(4) Dejar sólo la opción que proceda y adjuntar copia de los datos correspondientes.

FORMULARIO 24. Modelo de contestación a solicitud de ejercicio del derecho de rectificación.

[NOMBRE_EMPRESA]
CIF/NIF [NUMERO]
[DIRECCION]
[TELEFONO]
[CORREO_ELECTRONICO]

ASUNTO: CONTESTACIÓN AL EJERCICIO DEL DERECHO DE RECTIFICACIÓN

Estimado/a Sr./Sra:

Habiendo recibido su [ESPECIFICAR] (1) con fecha [FECHA], adjuntando la siguiente documentación [ESPECIFICAR] (2) mediante la que ejerce el Derecho de Rectificación de sus datos que están registrados en nuestros registros de actividades de tratamiento y, conforme a la normativa vigente sobre protección de datos, concretamente el Artículo 16 del Reglamento (UE) 2016/679 del Parlamento Europeo y del Consejo, de 27 de abril, relativo a la protección de las personas físicas en lo que respecta al tratamiento de datos personales y a la libre circulación de estos datos y por el que se deroga la Directiva 95/46/CE y el Artículo 14 de la Ley Orgánica 3/2018, de 5 de diciembre, de Protección de Datos Personales y garantía de los derechos digitales, le notificamos que los Datos a rectificar, a petición suya, son los siguientes:

- [DESCRIPCION] (3)

Le comunicamos que, a partir de la fecha [FECHA], los datos que figurarán en nuestros registros serán los siguientes:

- [DESCRIPCION] (4)

Igualmente le informamos que, para ejercer sus Derechos o si la respuesta no es satisfactoria puede contactar nuevamente con nosotros e indicarnos lo que considere oportuno o bien puede obtener la tutela de la Agencia Española de Protección de Datos dirigiendo su reclamación a la misma en la calle Jorge Juan número 6, Madrid 28001 Madrid (www.agpd.es).

En [LOCALIDAD], a [DIA] de [MES] de [ANIO]

[FIRMA]

Fdo.: RESPONSABLE DEL TRATAMIENTO

(1) Ejmp.: carta, e-mail, etc.

(2) Modelo de ejercicio de Derecho de Rectificación y demás documentación adjunta.

(3) indicar datos antiguos sobre los que se ejerce el Derecho de Rectificación.

(4) Indicar nuevos Datos rectificados.

FORMULARIO 25. Modelo de contestación a solicitud de ejercicio de derecho de oposición al tratamiento.

[NOMBRE_EMPRESA]
CIF/NIF [NUMERO]
[DIRECCION]
[TELEFONO]
[CORREO_ELECTRONICO]

ASUNTO: CONTESTACIÓN AL EJERCICIO DEL DERECHO DE OPOSICIÓN

Estimado Sr./Sra.:

Acusamos recibo de su solicitud de fecha [FECHA], mediante el que ejercita su derecho de oposición en virtud del artículo 21 del Reglamento (UE) 2016/679 del Parlamento Europeo y del Consejo, de 27 de abril, relativo a la protección de las personas físicas en lo que respecta al tratamiento de datos personales y a la libre circulación de estos datos y por el que se deroga la Directiva 95/46/CE, así como del artículo 18 de la Ley Orgánica 3/2018, de 5 de diciembre, de Protección de Datos Personales y garantía de los derechos digitales.

En contestación a dicha solicitud y dentro del plazo legal estipulado de 1 mes a contar desde su recepción por nuestra parte, le comunicamos que, tal y como nos ha solicitado, los datos de carácter personal que se contenían en nuestros registros de tratamiento relativos a su persona con la finalidad de [ESPECIFICAR] **(1)**, han sido excluidos/eliminados de nuestros tratamientos para la citada finalidad.

Igualmente le informamos que, para ejercer sus Derechos o si la respuesta no es satisfactoria puede contactar nuevamente con nosotros e indicarnos lo que considere oportuno o bien puede obtener la tutela de la Agencia Española de Protección de Datos dirigiendo su reclamación a la misma en la calle Jorge Juan número 6, Madrid 28001 Madrid (www.agpd.es).

En [LOCALIDAD], a [DIA] de [MES] de [ANIO]

[FIRMA]

Fdo.: RESPONSABLE DEL TRATAMIENTO

(1) Indicar la/s finalidad/es sobre la/s que se ejerce el derecho de oposición por parte del interesado.

FORMULARIO 26. Modelo de contestación a solicitud de ejercicio de derecho de acceso (negativa a su ejercicio).

[NOMBRE_EMPRESA]

CIF/NIF [NUMERO]

[DIRECCION]

[TELEFONO]

[CORREO_ELECTRONICO]

Delegado de Protección de datos: [ESPECIFIQUE AQUI, LOS DATOS DE CONTACTO DEL DELEGADO, INCLUYENDO, DIRECCION, TELEFONO, EMAIL, Y TODOS LOS DATOS QUE SEAN NECESARIOS PARA LA CORRECTA IDENTIFICACION] **(1)**

Asunto: Respuesta negativa al ejercicio del derecho de acceso

Estimado/a Sr./Sra. D/Dña. [NOMBRE]

En respuesta a la solicitud de fecha [introducir fecha], cursada por usted en calidad de interesado **(2)**, sobre el acceso a sus/los datos de carácter personal incluidos en nuestros registros de tratamiento, y habiendo considerado la misma adecuada a Derecho de acuerdo a lo dispuesto en Artículo 15 de del Reglamento (UE) 2016/679 del Parlamento Europeo y del Consejo, de 27 de abril, relativo a la protección de las personas físicas en lo que respecta al tratamiento de datos personales y a la libre circulación de estos datos y por el que se deroga la Directiva 95/46/CE, y al artículo 13 de la Ley Orgánica 3/2018, de 5 de diciembre, de Protección de Datos Personales y garantía de los derechos digitales, le comunicamos que procedemos a desestimar, el ejercicio de su derecho de acceso debido a que: **(3)**

- En la actualidad no constan datos de carácter personal sobre su persona en nuestros registros de tratamiento.
- En función de los costes administrativos afrontados para facilitarle la información solicitada, sería necesario cobrarle un canon para sufragar los gastos. Dicho canon asciende a [CANTIDAD] €. Tan pronto recibamos su conformidad y el pago, le haremos llegar copia de sus datos y de toda la información necesaria.
- Ha ejercitado su derecho de acceso de modo repetitivo en el plazo de [NUMERO] meses y no acredita un interés legítimo que justifique una [ESPECIFICAR] **(4)** facilitación del mismo, considerándose su solicitud manifiestamente infundada o excesiva. **(5)**

No obstante, en el caso de no estar de acuerdo con la presente resolución, le informamos que puede obtener la tutela de la Agencia Española de Protección de Datos dirigiendo su reclamación a la misma en la calle Jorge Juan número 6, Madrid 28001 Madrid (www.agpd.es), que le indicará la procedencia o improcedencia de la misma.

Sin otro particular y quedando a su disposición para cualquier otra cuestión que precise.

En [LOCALIDAD], a [DIA] de [MES] de [ANIO]

[SELLO_Y_FIRMA_EMPRESA]

Fdo.: RESPONSABLE DEL TRATAMIENTO.

(1) Especifique aquí, los datos de contacto del delegado (sólo si es el caso) incluyendo, dirección, teléfono, email, y todos los datos que sean necesarios para la correcta identificación.

(2) o en calidad de representante legal de D/Dña. [NOMBRE]

(3) Dejar sólo la opción que proceda.

(4) Segunda, tercera, etc.

(5) El art. 13.3 de la LOPD-GDD establece que "A los efectos establecidos en el artículo 12.5 del Reglamento (UE) 2016/679 se podrá considerar repetitivo el ejercicio del derecho de acceso en más de una ocasión durante el plazo de seis meses, a menos que exista causa legítima para ello".

FORMULARIO 27. Modelo de contestación al ejercicio del derecho de cancelación (Bloqueo de datos).

Este formulario se utilizará para responder a todos aquellos solicitantes que hayan ejercitado el derecho de cancelación ("supresión") y que por algún motivo no se pueda proceder al borrado o destrucción de los mismos (por ejemplo cuando el tratamiento sea necesario para el ejercicio de la libertad de expresión e información, para el cumplimiento de una obligación legal, para el cumplimiento de una misión realizada en interés público o en el ejercicio de poderes públicos conferidos al responsable, por razones de interés público, en el ámbito de la salud pública, con fines de archivo de interés público, fines de investigación científica o histórica o fines estadísticos, o para la formulación, el ejercicio o la defensa de reclamaciones) y por tanto se procederá a su bloqueo.

[NOMBRE_EMPRESA]

CIF/NIF [NUMERO]

[DIRECCION]

[TELEFONO]

[CORREO_ELECTRONICO]

Delegado de Protección de datos: [ESPECIFIQUE AQUI, LOS DATOS DE CONTACTO DEL DELEGADO, INCLUYENDO, DIRECCION, TELEFONO, EMAIL, Y TODOS LOS DATOS QUE SEAN NECESARIOS PARA LA CORRECTA IDENTIFICACION] **(1)**

Asunto: contestación al ejercicio del derecho de cancelación (bloqueo de datos)

Estimado Sr./Sra:

Habiendo recibido su solicitud con fecha [FECHA], adjuntando la siguiente documentación [ESPECIFICAR] **(2)** mediante la que ejerce el Derecho de Cancelación de sus datos que están registrados almacenados en nuestros registros de actividades y, conforme a la normativa vigente sobre protección de datos, concretamente el Artículo 17 del Reglamento (UE) 2016/679 del Parlamento Europeo y del Consejo, de 27 de abril, relativo a la protección de las personas físicas en lo que respecta al tratamiento de datos personales y a la libre circulación de estos datos y por el que se deroga la Directiva 95/46/CE, y al artículo 15 de la Ley Orgánica 3/2018, de 5 de diciembre, de Protección de Datos Personales y garantía de los derechos digitales, le notificamos que los datos sobre los que se ejerce este derecho serán bloqueados, no eliminados, de acuerdo con lo establecido en el apartado 3 del citado art. 17 del RGPD, conservándose únicamente: **(3)**

- para la atención, formulación, ejercicio o defensa de las posibles reclamaciones o responsabilidades **(4)** que pudieran surgir durante el plazo de prescripción de éstas. Cumplido dicho plazo se procederá a la supresión de los mismos.
- para ejercer el derecho a la libertad de expresión e información.
- para el cumplimiento de una obligación legal que requiera el tratamiento de datos impuesta por el Derecho de la Unión o de los Estados miembros que se aplique al responsable del tratamiento, o para el cumplimiento de una misión realizada en interés público o en el ejercicio de poderes públicos conferidos al responsable.
- por razones de interés público en el ámbito de la salud pública de conformidad con el artículo 9, apartado 2, letras h) e i), y apartado 3 del RGPD.
- con fines de archivo en interés público, fines de investigación científica o histórica o fines estadísticos, de conformidad con el artículo 89, apartado 1, en la medida en que el derecho indicado en el apartado 1 pudiera hacer imposible u obstaculizar gravemente el logro de los objetivos de dicho tratamiento.

Igualmente le informamos que, para ejercer sus Derechos o si la respuesta no es satisfactoria puede contactar nuevamente con nosotros e indicarnos lo que considere oportuno o bien puede obtener la tutela de la Agencia Española de Protección de Datos dirigiendo su reclamación a la misma en la calle Jorge Juan número 6, Madrid 28001 Madrid (www.agpd.es).

En [LOCALIDAD], a [DIA] de [MES] de [ANIO]

[FIRMA]

Fdo.: RESPONSABLE DEL TRATAMIENTO

(1) Especifique aquí, los datos de contacto del delegado (sólo si es el caso) incluyendo, dirección, teléfono, email, y todos los datos que sean necesarios para la correcta identificación.

(2) Modelo de ejercicio de Derecho de Acceso y demás documentación adjunta

(3) Dejar sólo la opción que proceda.

(4) Los datos de carácter personal deberán ser conservados durante los plazos previstos en las disposiciones aplicables o, en su caso, en las relaciones contractuales entre la persona o entidad responsable del tratamiento y el interesado.

FORMULARIO 28. Modelo de contestación a solicitud de ejercicio del derecho de limitación del tratamiento de datos.

[NOMBRE_EMPRESA]

CIF/NIF [NUMERO]

[DIRECCION]

[TELEFONO]

[CORREO_ELECTRONICO]

Delegado de Protección de datos: [ESPECIFIQUE AQUI, LOS DATOS DE CONTACTO DEL DELEGADO, INCLUYENDO, DIRECCION, TELEFONO, EMAIL, Y TODOS LOS DATOS QUE SEAN NECESARIOS PARA LA CORRECTA IDENTIFICACION] **(1)**

Asunto: CONTESTACIÓN AL EJERCICIO DEL DERECHO DE LIMITACIÓN DEL TRATAMIENTO

Estimado/a Sr./Sra. [NOMBRE],

Habiendo recibido su solicitud con fecha [FECHA] adjuntando la siguiente documentación [ESPECIFICAR] **(2)** mediante la que ejerce el Derecho de Limitación del tratamiento sobre sus datos que están almacenados en nuestros registros de actividades y, conforme a la normativa vigente sobre protección de datos, concretamente el Artículo 18 del Reglamento (UE) 2016/679 del Parlamento Europeo y del Consejo, de 27 de abril, relativo a la protección de las personas físicas en lo que respecta al tratamiento de datos personales y a la libre circulación de estos datos y por el que se deroga la Directiva 95/46/CE, y en el Artículo 16 de la Ley Orgánica 3/2018, de 5 de diciembre, de Protección de Datos Personales y garantía de los derechos digitales, le notificamos que: **(3)**

Hemos procedido a limitar el tratamiento, si bien, tal y como nos solicita no hemos suprimido los mismos.

Hemos procedido a limitar el tratamiento durante el plazo necesario para verificar la exactitud de los mismos que usted ha impugnado.

Hemos procedido a limitar el tratamiento tras su solicitud de oposición mientras se verifica si los motivos legítimos de nuestra empresa prevalecen sobre los suyos.

Hemos procedido a limitar el tratamiento al no necesitar los mismos para los fines para los que fueron recabados inicialmente, si bien, tal y como nos solicita, siguen en nuestros registros a su disposición para la formulación, ejercicio o defensa de sus reclamaciones.

Igualmente le informamos que, para ejercer sus Derechos o si la respuesta no es satisfactoria puede contactar nuevamente con nosotros e indicarnos lo que considere oportuno o bien puede obtener la tutela de la Agencia Española de Protección de Datos dirigiendo su reclamación a la misma en la calle Jorge Juan número 6, Madrid 28001 Madrid (www.agpd.es).

En [LOCALIDAD], a [DIA] de [MES] de [ANIO]

[FIRMA]

Fdo.: RESPONSABLE DEL TRATAMIENTO

(1) Especifique aquí, los datos de contacto del delegado (sólo si es el caso) incluyendo, dirección, teléfono, email, y todos los datos que sean necesarios para la correcta identificación.

(2) Modelo de ejercicio del Derecho de Limitación del tratamiento y demás documentación adjunta

(3) Dejar sólo la opción que proceda.

FORMULARIO 29. Modelo de contestación al ejercicio del derecho de acceso (Inexistencia de datos).

> *Este documento se usará como modelo para dar respuesta al solicitante de un derecho de acceso del que no se poseen ningún tipo de datos, bien porque nunca se han tenido o bien porque ya han pasado los plazos legales y se han destruido no constando nada en los registros internos.*
>
> **Téngase en cuenta que es obligatorio responder siempre (dentro del plazo máximo de 1 mes) al ejercicio de un derecho, incluso para indicar que no se poseen datos.*

[NOMBRE_EMPRESA]

CIF/NIF [NUMERO]

[DIRECCION]

[TELEFONO]

[CORREO_ELECTRONICO]

Delegado de Protección de datos: [ESPECIFIQUE AQUI, LOS DATOS DE CONTACTO DEL DELEGADO, INCLUYENDO, DIRECCION, TELEFONO, EMAIL, Y TODOS LOS DATOS QUE SEAN NECESARIOS PARA LA CORRECTA IDENTIFICACION] **(1)**

Asunto: CONTESTACIÓN AL EJERCICIO DEL DERECHO DE ACCESO

Estimado/a Sr./Sra:

Habiendo recibido su [ESPECIFICAR] **(2)** con fecha [FECHA] adjuntando la siguiente documentación [ESPECIFICAR] **(3)** mediante la que ejerce el Derecho de Acceso a sus datos que están almacenados en nuestros registros de actividades y, conforme a la normativa vigente sobre protección de datos, concretamente el Artículo 15 de del Reglamento (UE) 2016/679 del Parlamento Europeo y del Consejo, de 27 de abril, relativo a la protección de las personas físicas en lo que respecta al tratamiento de datos personales y a la libre circulación de estos datos y por el que se deroga la Directiva 95/46/CE, así como con el artículo 13 de la Ley Orgánica 3/2018, de 5 de diciembre, de Protección de Datos Personales y garantía de los derechos digitales, le notificamos que en nuestro/s registros NO se encuentra ningún dato de carácter personal referente a su persona.

Igualmente le informamos que, para ejercer sus Derechos o si la respuesta no es satisfactoria puede contactar nuevamente con nosotros e indicarnos lo que considere oportuno o bien puede obtener la tutela de la Agencia Española de Protección de Datos dirigiendo su reclamación a la misma en la calle Jorge Juan número 6, Madrid 28001 Madrid (www.agpd.es).

En [LOCALIDAD], a [DIA] de [MES] de [ANIO]

[SELLO_Y_FIRMA_EMPRESA]

Fdo.: RESPONSABLE DEL TRATAMIENTO

(1) Especifique aquí, los datos de contacto del delegado (sólo si es el caso) incluyendo, dirección, teléfono, email, y todos los datos que sean necesarios para la correcta identificación.

(2) A modo de ejemplo: carta, e-mail, etc

(3) Modelo de ejercicio de Derecho de Acceso y demás documentación adjunta.

FORMULARIO 30. Modelo de contestación al ejercicio del derecho de cancelación sobre datos personales (Borrado de datos).

Este formulario se utilizará por aquel responsable del tratamiento ante el que el solicitante haya ejercitado el derecho de cancelación ("supresión") y al que se le indicará que se han eliminado/borrado/ destruido sus datos.

Téngase en cuenta que, al igual que para el resto de solicitudes de ejercicios de derechos, se dispone de 1 mes para su contestación.

**NOTA: En caso de que haya datos que deban conservarse para el cumplimiento de obligaciones legales (por. ej: facturas, contratos...) deberá usarse el "Modelo de contestación al ejercicio del derecho de cancelación (Bloqueo de datos)".*

[NOMBRE_EMPRESA]

CIF/NIF [NUMERO]

[DIRECCION]

[TELEFONO]

[CORREO_ELECTRONICO]

Delegado de Protección de datos: [ESPECIFIQUE AQUI, LOS DATOS DE CONTACTO DEL DELEGADO, INCLUYENDO, DIRECCION, TELEFONO, EMAIL, Y TODOS LOS DATOS QUE SEAN NECESARIOS PARA LA CORRECTA IDENTIFICACION] **(1)**

ASUNTO: Contestación al ejercicio del Derecho de Cancelación (borrado de datos)

Estimado Sr./Sra:

Habiendo recibido su solicitud con fecha [FECHA], adjuntando la siguiente documentación [ESPECIFICAR] **(2)** mediante la que ejerce el Derecho de Cancelación de sus datos que están registrados almacenados en nuestros registros de actividades y, conforme a la normativa vigente sobre protección de datos, concretamente el Artículo 17 del Reglamento (UE) 2016/679 del Parlamento Europeo y del Consejo, de 27 de abril, relativo a la protección de las personas físicas en lo que respecta al tratamiento de datos personales y a la libre circulación de estos datos y por el que se deroga la Directiva 95/46/CE, así como el artículo 15 de la Ley Orgánica 3/2018, de 5 de diciembre, de Protección de Datos Personales y garantía de los derechos digitales, le notificamos que los datos sobre los que se ejerce este derecho han sido eliminados, por la concurrencia de una de las siguientes circunstancias: **(3)**

- ha retirado su consentimiento al tratamiento lo que implica su borrado.
- los datos ya no son necesarios en relación con los fines para los que fueron recogidos
- los datos han sido tratados ilícitamente
- los datos deben suprimirse para el cumplimiento de una obligación legal establecida en el Derecho de la Unión o de los Estados miembros

En caso de que dichos datos se hayan transmitido a otros responsables que los hayan hecho públicos, **(4)** se adoptarán las medidas razonables y técnicas para informar a dichos responsables de su solicitud de supresión para que eliminen cualquier enlace a esos datos, o cualquier copia o réplica de los mismos. **(5)**

Igualmente le informamos que, para ejercer sus Derechos o si la respuesta no es satisfactoria puede contactar nuevamente con nosotros e indicarnos lo que considere oportuno o bien puede obtener la tutela de la Agencia Española de Protección de Datos dirigiendo su reclamación a la misma en la calle Jorge Juan número 6, Madrid 28001 Madrid (www.agpd.es).

En [LOCALIDAD], a [DIA] de [MES] de [ANIO]

[FIRMA]

Fdo.: RESPONSABLE DEL TRATAMIENTO

(1) Especifique aquí, los datos de contacto del delegado (sólo si es el caso) incluyendo, dirección, teléfono, email, y todos los datos que sean necesarios para la correcta identificación.

(2) Modelo de ejercicio de Derecho de Cancelación y demás documentación adjunta.

(3) Dejar sólo la opción que proceda.

(4) por ej. buscadores de internet.

(5) párrafo opcional y solo en caso de datos que se hayan hecho públicos

FORMULARIO 31. Modelo de contestación a solicitud de ejercicio del derecho a portabilidad de datos.

[NOMBRE_EMPRESA]
CIF/NIF [NUMERO]
[DIRECCION]
[TELEFONO]
[CORREO_ELECTRONICO]

Asunto: CONTESTACIÓN AL EJERCICIO DEL DERECHO DE PORTABILIDAD DE LOS DATOS

Estimado/a Sr./Sra:

Habiendo recibido su solicitud con fecha [FECHA] adjuntando la siguiente documentación [ESPECIFICAR] **(1)** mediante la que ejerce el Derecho de Portabilidad con respecto a sus datos que están almacenados en nuestros registros de actividades y, conforme a la normativa vigente sobre protección de datos, concretamente el Artículo 20 del Reglamento (UE) 2016/679 del Parlamento Europeo y del Consejo, de 27 de abril, relativo a la protección de las personas físicas en lo que respecta al tratamiento de datos personales y a la libre circulación de estos datos y por el que se deroga la Directiva 95/46/CE, así como el Artículo 17 de la Ley Orgánica 3/2018, de 5 de diciembre, de Protección de Datos Personales y garantía de los derechos digitales, le notificamos que: **(2)**

- Se le facilita [ESPECIFICAR] **(3)** para que pueda descargar los mismos en un formato estructurado, de uso común y lectura mecánica.
- Se le facilita [ESPECIFICAR] **(3)** al nuevo responsable [NOMBRE_EMPRESA], tal y como nos ha solicitado, para que pueda descargar los mismos en un formato estructurado, de uso común y lectura mecánica.

Igualmente le informamos que, para ejercer sus Derechos o si la respuesta no es satisfactoria puede contactar nuevamente con nosotros e indicarnos lo que considere oportuno o bien puede obtener la tutela de la Agencia Española de Protección de Datos dirigiendo su reclamación a la misma en la calle Jorge Juan número 6, Madrid 28001 Madrid (www.agpd.es).

En [LOCALIDAD], a [DIA] de [MES] de [ANIO]

[FIRMA]

Fdo.: RESPONSABLE DEL TRATAMIENTO

(1) Modelo de ejercicio del Derecho de Portabilidad y demás documentación adjunta.

(2) Dejar sólo la opción que proceda.

(3) Una copia/un acceso ftp/enlace.

FORMULARIO 32. Modelo genérico de contestación a ejercicio de derechos por los que se deniega su ejercicio.

Modelo genérico para contestación a ejercicio de cualquiera de los derechos reconocidos sobre datos personales en el que se denegará su ejercicio por alguno de los motivos indicados. Pueden verse igualmente modelos de contestación más específicos en la propia base de datos.

[NOMBRE_EMPRESA]

CIF/NIF [NUMERO]

[DIRECCION]

[TELEFONO]

[CORREO_ELECTRONICO]

Asunto: CONTESTACIÓN AL EJERCICIO DEL DERECHO DE [ESPECIFICAR]

Estimado/a Sr./Sra:

Habiendo recibido su solicitud con fecha [FECHA] adjuntando la siguiente documentación [ESPECIFICAR] **(1)** mediante la que ejerce el Derecho de [ESPECIFICAR] sobre sus datos que están almacenados en nuestros registros de actividades y, conforme a la normativa vigente sobre protección de datos, concretamente lo establecido en el Reglamento (UE) 2016/679 del Parlamento Europeo y del Consejo, de 27 de abril, relativo a la protección de las personas físicas en lo que respecta al tratamiento de datos personales y a la libre circulación de estos datos y por el que se deroga la Directiva 95/46/CE, asi como a la Ley Orgánica 3/2018, de 5 de diciembre, de Protección de Datos Personales y garantía de los derechos digitales, le notificamos que debemos denegar el ejercicio de su derecho en base al siguiente/s motivos/s: **(2)**

- En la actualidad no constan datos de carácter personal sobre su persona en nuestros registros de tratamiento o bien una Ley o norma de derecho comunitario de aplicación directa impide que revelemos el tratamiento de sus datos.
- Ha ejercitado su derecho de acceso de modo repetitivo en el plazo de [NUMERO] meses y no acredita un interés legítimo que justifique una [ESPECIFICAR] **(3)** facilitación del mismo, considerándose su solicitud manifiestamente infundada o excesiva
- Por imperativo legal, debemos conservar sus datos de carácter personal durante los plazos previstos en la legislación [ESPECIFICAR]. **(4)**
- Debemos conservar sus datos de carácter personal en base a la relación contractual existente entre ambas partes que justificó el tratamiento inicial y que sigue en vigor (denegación del derecho de rectificación o del derecho de supresión)
- Debemos conservar sus datos, aunque bloqueados, para la formulación, ejercicio o defensa de reclamaciones judiciales/extrajudiciales con motivo de [ESPECIFICAR]. **(5)**
- Debemos conservar sus datos para el cumplimiento de una misión realizada en interés público o en ejercicio de poderes públicos conferidos a nuestra empresa.
- Debemos conservar sus datos por razones de interés público en el ámbito de la salud pública de conformidad con el artículo 9, apartado 2, letras h) e i), y apartado 3 del RGPD arriba mencionado.
- Debemos conservar sus datos con fines de archivo en interés público, fines de investigación científica o histórica o fines estadísticos, de conformidad con el artículo 89, apartado 1, en la medida en que el derecho indicado en el apartado 1 pudiera hacer imposible u obstaculizar gravemente el logro de los objetivos de dicho tratamiento.

En todo caso le informamos que, para ejercer sus Derechos o si la respuesta no es satisfactoria puede contactar nuevamente con nosotros e indicarnos lo que considere oportuno o bien puede obtener la tutela de la Agencia Española de Protección de Datos dirigiendo su reclamación a la misma en la calle Jorge Juan número 6, Madrid 28001 Madrid (www.agpd.es).

En [LOCALIDAD], a [DIA] de [MES] de [ANIO]

[SELLO_Y_FIRMA_EMPRESA]

Fdo.: [ESPECIFICAR_CARGO_EMPRESA_Y_ORIGEN_PODERES]

(1) Indicar modelo de ejercicio de Derecho y demás documentación adjunta.

(2) Dejar sólo la opción que proceda.

(3) Segunda, tercera, etc.

(4) Opción solo válida en caso de denegación del derecho de rectificación o del derecho de supresión.

(5) Opción sólo válida en caso de denegación del derecho de supresión. A modo de ej. "el impago por su parte".

FORMULARIO 33. Modelo de cláusula de Información por capas adaptado al Reglamento General de Protección de Datos (RGPD) y a la LO 3/2018 (LOPDGDD).

Para hacer compatible la mayor exigencia de información que introduce el RGPD y la concisión y comprensión en la forma de presentarla, desde las Autoridades de Protección de Datos se recomienda adoptar un modelo de información por capas o niveles. El enfoque de información multinivel consiste en lo siguiente:

- presentar una información básica en un primer nivel, de forma resumida, en el mismo momento y en el mismo medio en que se recojan los datos,

- remitir a la información adicional en un segundo nivel, donde se presentarán detalladamente el resto de las informaciones, en un medio más adecuado para su presentación, comprensión y, si se desea, archivo.

Recuérdese además que la información a las personas interesadas debe proporcionarse con un lenguaje claro y sencillo, y de forma concisa, transparente, inteligible y de fácil acceso.

Por su parte, el artículo 11 de la LOPDGDD regula el procedimiento para informar a los interesados sobre el tratamiento de sus datos mediante el sistema de "información por capas". En esta cláusula, se establece que se facilitará la en una primera capa la información básica así como un medio sencillo que le permita acceder, o solicitar de forma sencilla e inmediata, a la restante información ampliada (segunda capa).

Téngase en cuenta que esta cláusula está sobre todo pensada para su uso en el ámbito digital, principalmente en páginas web o tiendas online, por lo que el modelo que se facilita está enfocado a estas, si bien se podrá adaptar a cualquier otro uso modificando los apartados correspondientes (adaptando o eliminado apartados, añadiendo finalidades, etc). Además, en el caso de que los datos no se obtengan directamente del interesado, sino que se obtengan a partir de terceros, deberá añadirse en la información básica de la primera capa: las categorías de datos objeto de tratamiento y las fuentes de las que proceden los datos.

INFORMACIÓN POR CAPAS: 1ª CAPA

INFORMACIÓN BÁSICA SOBRE PROTECCIÓN DE DATOS

Responsable	[NOMBRE_EMPRESA], [NIF] y [DIRECCION]
Finalidad	[ESPECIFICAR] **(1)**
Legitimación	Únicamente trataremos sus datos con su consentimiento previo, que podrá facilitarnos mediante el marcado de las casillas correspondientes establecidas al efecto en nuestra web. Sobre el envío de publicidad, sólo se la enviaremos con su autorización previa, que podrá facilitarnos mediante la casilla correspondiente al efecto.
Destinatarios	[ESPECIFICAR] **(2)**
Derechos	Tiene derecho a saber que información tenemos sobre usted, corregirla y eliminarla, tal como se explica en la información adicional.
Información adicional	Puede consultar la información adicional y con mayor detalle sobre Protección de Datos en [por ej. nuestra página web/ en la siguiente página] (3)

INFORMACIÓN POR CAPAS: 2ª CAPA

1. Identidad del Responsable de los Datos:

El responsable del tratamiento de los datos recabados a través del presente sitio web es [NOMBRE_EMPRESA] (en adelante [NOMBRE_COMERCIAL]; con NIF: [NIF]; dirección: [DIRECCION], [POBLACION], [CODIGO_POSTAL], [PROVINCIA]; teléfono: [NUM_TLF] y dirección de email: [CORREO_ELECTRONICO]. **(10)**

- Le informamos que somos una entidad jurídica inscrita en:

Registro Mercantil:

Registro Público:

Con los siguientes datos de inscripción:

- Nuestra actividad principal está sujeta a un régimen de autorización administrativa previa. Los datos relativos a dicha autorización y los identificativos del órgano competente de nuestra supervisión son los siguientes:

Autorización administrativa:

Órgano encargado de nuestra supervisión:

- El responsable de esta página web ejerce una profesión regulada, para lo cual le facilitamos la siguiente información:

Colegio profesional al que pertenece:

Título académico oficial o profesional:

Estado de la Unión Europea en que se expidió dicho título:

Normas profesionales aplicables al ejercicio de la profesión:

2. ¿Qué datos recabamos y para qué los usamos?

En función del tipo de usuario o formulario que haya rellenado, la finalidad y el tratamiento será diferente. Con carácter general, sus datos personales serán usados para poder relacionarnos con usted y poder prestar nuestros servicios. Así mismo, también pueden ser usados para otras actividades tales como el envío de publicidad/ newsletter y promocionar nuestras actividades, siempre que lo haya consentido expresamente. En concreto las finalidades y tratamientos serán las siguientes: **(4)**

- Clientes de la web (no registrados):

Cuando adquieres un producto en nuestra web, los datos que nos facilitas serán utilizados para tramitar, enviar y facturar tus pedidos. Para poder realizar pedidos en la tienda on line, cada cliente proporcionará, de forma voluntaria y bajo su responsabilidad, sus datos de carácter personal (nombre, apellidos, dirección, teléfono, datos de facturación y forma de pago) que deberán ser veraces y exactos. El Usuario que formaliza el proceso de compra on line, declara ser el titular de la información facilitada, o en su defecto, contar con autorización de la persona en cuyo nombre realice la gestión.

Los datos de contacto del Cliente son compartidos con la empresa encargada de los repartos, con el fin de entregar el pedido y ponerse en contacto con los usuarios para la entrega.

Los datos de los clientes no registrados en la web serán conservados para la gestión de su solicitud, ya sea el envío del pedido o la respuesta a su consulta. Tras esta gestión los datos se conservarán bloqueados hasta la prescripción de acciones legales o durante los plazos legales obligatorios.

- Clientes de la web (registrados):

La información que nos proporcionas en el formulario de registro se utiliza para la gestión de los usuarios de web, con el fin de que puedas acceder a tu perfil, consultar tus pedidos y realizar tus compras sin que tengas que introducir de nuevo tus datos identificativos (nombre, apellidos, email y teléfono) y domicilio de entrega en cada pedido. Puedes modificar la configuración de tu perfil siempre que quieras.

Los datos de contacto del cliente son compartidos con la empresa encargada de los repartos, con el fin de entregar el pedido y ponerse en contacto con los usuarios para la entrega.

Asimismo, como Usuario registrado, podrás acceder a las siguientes funcionalidades:

- [ESPECIFICAR] **(5)**

No admitiremos intentos de registros falsos o que suplanten la identidad de personas o empresas, el suministro de información falsa en el formulario de registro implicará la baja automática del Usuario. [NOMBRE_EMPRESA] se reserva el derecho de verificar la información facilitada por el Usuario mediante comprobación telefónica.

Los clientes registrados en la web tendrán un tratamiento de sus datos indefinido salvo que los usuarios soliciten la baja de los mismos. **(4)**

- Newsletter:

Si te has suscrito a nuestra newsletter, seas o no cliente, utilizaremos tus datos de contacto para enviarte información sobre novedades, promociones y ofertas de nuestros productos, noticias de interés y eventos que puedan interesarte. Siempre intentaremos hacerte llegar información de tu interés. Esta comunicación la podremos enviar por [ESPECIFICAR] **(7)**

Podrás solicitar la baja en cualquier momento o bien ponerte en contacto con nosotros ante cualquier duda en el email [CORREO_ELECTRONICO]

Los clientes de la newsletter tendrán un tratamiento de sus datos indefinido salvo que los usuarios soliciten la baja de los mismos. **(6)**

- Contacto web:

Los datos personales que nos proporciones en los formularios de contacto se tratarán únicamente para atender tu consulta o petición. La información recabada se limita a datos identificativos y de contacto, así como los datos que nos proporciones en el cuerpo de tu consulta.

En estos mismos formulario tendrás la opción de suscribirte a nuestra newsletter, quedando en caso afirmativo sujeto al tratamiento de los usuarios de dicha newsletter.

Los datos de los usuarios de formularios de contacto serán conservados para la gestión de su solicitud, ya sea el envío del pedido o la respuesta a su consulta. Tras esta gestión los datos se conservarán bloqueados hasta su prescripción de acciones legales, si fuese necesario conservarlos a tal fin.

- Solicitud de empleo:

Los datos que nos aportes en el formulario de empleo serán utilizados para tramitar la solicitud y gestionar las convocatorias de empleo de [NOMBRE_EMPRESA]. En este mismo formulario tendrás la opción de suscribirte a nuestra nwesletter, quedando en caso afirmativo sujeto al tratamiento de los usuarios de dicha newsletter.

Los datos de los solicitantes de empleo, serán borrados a partir de [NUMERO] años de la recepción de su solicitud.

- Tarjeta de fidelidad:

Los datos personales que nos aportas al utilizar la Tarjeta de Fidelidad, serán utilizados para [ESPECIFICAR] **(8)**. Siempre intentaremos hacerte llegar información de tu interés, según los pedidos efectuados anteriormente. Esta comunicación la podremos enviar por [ESPECIFICAR] **(7)**.

Además, estos datos podrán servirte para la gestión de pedidos en las tiendas, reserva de productos o envío de mensajes cuando un producto está disponible.

Los clientes de la tarjeta tendrán un tratamiento de sus datos indefinido salvo que los usuarios soliciten la baja de los mismos. **(6)**

Visite el apartado de la política de cookies para saber más sobre ellas, su funcionamiento y cómo desactivarlas en tu navegador web.

3. Veracidad de los datos:

Todos los datos aportados por el usuario deberán ser veraces y ciertos. Por tanto, el interesado garantiza la autenticidad de todos los datos aportados en los formularios. En caso de que sea necesario, podrá solicitar la modificación de sus datos enviando un correo electrónico a [CORREO_ELECTRONICO] con su solicitud, indicando los datos que han de ser actualizados. En todo caso, el Usuario será el único responsable de los datos falsos o inexactas que realice, y de los perjuicios que pudiera causar a la empresa, o a terceros, con la información que facilite.

4. Base Jurídica del tratamiento:

La base que legitima el tratamiento de datos es el propio consentimiento y aceptación que nos has dado en cada uno de los apartados en los que se recopila información de carácter personal mediante el marcado del "check" correspondiente a cada finalidad.

Tiene derecho a retirar el consentimiento en cualquier momento, sin que ello afecte a la licitud del tratamiento basado en el consentimiento previo a su retirada.

En relación con el tratamiento de datos con fines comerciales a través de medios telemáticos, en los casos en los que exista una relación contractual previa entre las partes, las comunicaciones que versen sobre productos o servicios relacionados con los previamente solicitados por el interesado, y se le haya dado la posibilidad al Usuario de que se oponga al tratamiento de sus datos mediante la marcación de casilla no pre-marcada, la base que legitima el tratamiento se fundamenta en lo previsto en el artículo 21.2 de la Ley 34/2002, de 11 de julio, de servicios de la Sociedad de la Información. En cada comunicación comercial que remitamos, se le dará la posibilidad de que manifieste su oposición a la recepción de nuevas comunicaciones.

Nuestra política es no usar sus datos para otras finalidades distintas a las que le hemos explicado. Si, no obstante, necesitásemos usar sus datos para actividades distintas, siempre le solicitaremos previamente su permiso a través de opciones claras que le permitirán decidir al respecto.

5. ¿Quién va a conocer los datos que le pedimos? (9)

Con carácter general, sólo el personal de nuestra entidad que esté debidamente autorizado podrá tener conocimiento de la información que nos facilita.

De igual modo, podrán tener conocimiento de su información personal aquellas entidades que necesiten tener acceso a la misma para que podamos prestarle nuestros servicios. Así, por ejemplo, nuestro banco conocerá sus datos si el pago de nuestros servicios se realiza mediante tarjeta o transferencia bancaria, la empresa de mensajería encargada de los repartos, con el fin de entregar el pedido y ponerse en contacto con los usuarios para la entrega, etc.

Asimismo, tendrán conocimiento de su información aquellas entidades públicas o privadas a las cuales estemos obligados a facilitar sus datos personales con motivo del cumplimiento de alguna ley. Poniéndole un ejemplo, la normativa tributaria obliga a facilitar a la Agencia Tributaria determinada información sobre operaciones económicas que superen determinadas cantidades, así como en caso de inspección en que nos podrán solicitar las facturas emitidas en las que constarán sus datos.

En el caso de que, al margen de los supuestos comentados, necesitemos dar a conocer su información personal a otras entidades, le solicitaremos previamente su permiso a través de opciones claras que le permitirán decidir a este respecto.

6. ¿Se realizan análisis de perfiles o transferencias a otros países? (9)

La política de [NOMBRE_EMPRESA] es no tomar decisiones basadas únicamente en el tratamiento automatizado de sus datos ni elaborar análisis de perfiles. No obstante, pueden existir situaciones en las que, con el fin de ofrecerle una adecuada prestación del servicio comercial o de otro tipo, necesitemos elaborar perfiles de información sobre usted. Un ejemplo pudiera ser la utilización de su historial de compras o servicios para poder ofrecerle productos o servicios adaptados a sus gustos o necesidades. Si fuese el caso, le solicitaremos su consentimiento expreso con anterioridad a dicho uso, salvo que dicho análisis sea necesario para la ejecución del contrato. En tal caso, aplicaremos medidas de seguridad eficaces que protejan su información en todo momento de personas no autorizadas que pretendan utilizarla en su propio beneficio, para salvaguardar sus derechos, libertades e intereses legítimos, como mínimo le proporcionaremos el derecho a obtener intervención humana por parte de [NOMBRE_EMPRESA], a expresar su punto de vista y a impugnar la decisión.

Por lo que respecta a las transferencia, nuestra política es no enviar su información personal a ningún país que no sea seguro desde el punto de vista de la protección de sus datos, por lo que no se prevé la realización de transferencias internacionales de datos. En el caso de que, con motivo de prestarle el servicio, sea imprescindible enviar sus datos a un país que no forme parte de la Unión Europea, siempre le solicitaremos previamente su permiso y aplicaremos medidas de seguridad eficaces que reduzcan los riesgos del envío de su información personal a otro país.

7. Ejercicio de tus derechos:

Tienes derecho, en cualquier momento, a acceder a tus datos personales, así como a solicitar la rectificación de los datos inexactos o, en su caso, solicitar su supresión cuando, entre otros motivos, los datos ya no sean necesarios para los fines que fueron recogidos. También podrás solicitar la limitación del tratamiento de tus datos, en cuyo caso [NOMBRE_EMPRESA] solo los conservará para el ejercicio o la defensa de reclamaciones durante los plazos legales obligatorios.

Además, podrás ejercer tu derecho a la portabilidad previsto en el RGPD y en la LOPDGDD con el fin de que tus datos puedan ser facilitados a otro Responsable del tratamiento que nos indiques.

Para hacer efectivo estos derechos puedes enviar un email a [CORREO_ELECTRONICO] o remitir una carta a la siguiente dirección: [DIRECCION], [POBLACION], [CODIGO_POSTAL], [PROVINCIA], junto con una fotocopia de DNI, para poder identificarle adecuadamente y cerciorarnos de su identidad.

Si consideras que durante el tratamiento de datos por parte de [NOMBRE_EMPRESA] se han vulnerado tus derechos en materia de protección de datos, especialmente cuando no hayas obtenido satisfacción en el ejercicio de tus derechos, puedes presentar una reclamación ante la Agencia Española de Protección de Datos, a través de alguno de los medios siguientes:

- Sede electrónica: www.agpd.es

- Dirección postal: Agencia Española de Protección de Datos. C/ Jorge Juan, 6. 28001-Madrid

- Vía telefónica: 901 100 099 / 91 266 35 17

Asimismo, tal y como le indicábamos, usted puede retirar su consentimiento si cambia de opinión sobre el uso de sus datos en cualquier momento. Así, por ejemplo, si en su día estuvo interesado en recibir newsletters o publicidad de nuestros productos o servicios, pero ya no desea seguir recibiéndola, puede retirar su consentimiento a recibir comunicaciones online:

a) bien marcando la casilla para darse de baja de nuestro boletín de noticias y/o newsletter; o bien

b) enviando un correo electrónico a la cuenta [CORREO_ELECTRONICO] indicando que ya no desea recibir más comunicaciones comerciales.

Recuerde que aunque retire su consentimiento al envío de comunicaciones de carácter comercial, esto no afectará al resto de tratamiento de sus datos, por lo que podrá seguir siendo cliente y seguiremos manteniendo sus datos para una adecuada gestión administrativa, fiscal y contable de [NOMBRE_EMPRESA].

8. Seguridad de tus datos:

Desde [NOMBRE_EMPRESA] utilizamos las medidas de carácter técnico necesarias para garantizar y proteger los datos e información personal que podemos manejar. En concreto nuestra página web se almacena en servidores seguros protegidos contra los tipos de ataques más habituales y por nuestra parte se realizan controles y auditorías anuales para verificar el correcto funcionamiento para garantizar la seguridad de nuestros sistemas y los datos de carácter personal.

La presente Política de Privacidad podrá ser modificada por [NOMBRE_EMPRESA] para adaptarla a novedades legislativas o jurisprudenciales, así como a prácticas de la industria. En dichos supuestos, anunciaremos en esta página los cambios introducidos con razonable antelación a su puesta en práctica.

9. Datos de contacto:

Dirección postal: [NOMBRE_EMPRESA], [DIRECCION], [POBLACION], [CODIGO_POSTAL], [PROVINCIA]

E-mail: [CORREO_ELECTRONICO]

Teléfono: [NUM_TLF]

(1) Por ej. Sus datos serán usados para poder atender sus solicitudes y prestarle nuestros servicios; para la gestión de las compras efectuadas a través de esta página web, etc

(2) "Con carácter general, sólo el personal de nuestra entidad que esté debidamente autorizado podrá tener conocimiento de la información que le pedimos". De cualquier modo indicar si se cederán datos a terceros. En caso afirmativo, indicar los datos de las empresas a las que se cedan y las finalidades.

(3) Indicar donde consultar o como solicitar la información ampliada, por ej. página web / dirección de email

(4) Conservar sólo aquellos apartados que posea nuestra página web o tienda, es decir, si no hacemos newsletters, o tarjetas de fidelidad, deberemos eliminar todas las referencias a las mismas.

(5) Por ejemplo: Valorar los productos que has comprado en nuestra web; Solicitar que te informemos cuando haya disponibilidad de algún producto sin stock; Recepción de descuentos por puntos acumulados, etc

(6) En su caso indicar el plazo de conservación que corresponda si no es indefinido.

(7) Indicar los modos en que se podrá enviar la newsletter, por ej. por email, sms, aplicación móvil, vía postal, telefónicamente, etc.

(8) Por ej. enviarte información sobre novedades, descuentos asociados a tu cuenta, promociones y ofertas de nuestros productos, noticias de interés y eventos que puedan interesantes para los mismos

(9) A revisar y modificar en caso de efectuar cesiones o transferencias internacionales.

(10) Elegir la opción que corresponda según si se es empresa, autónomo, etc. Cubrir dicha opción y eliminar las otras dos.

ANEXO 2. ESQUEMAS

1. Pasos para la implantación del programa de protección de datos

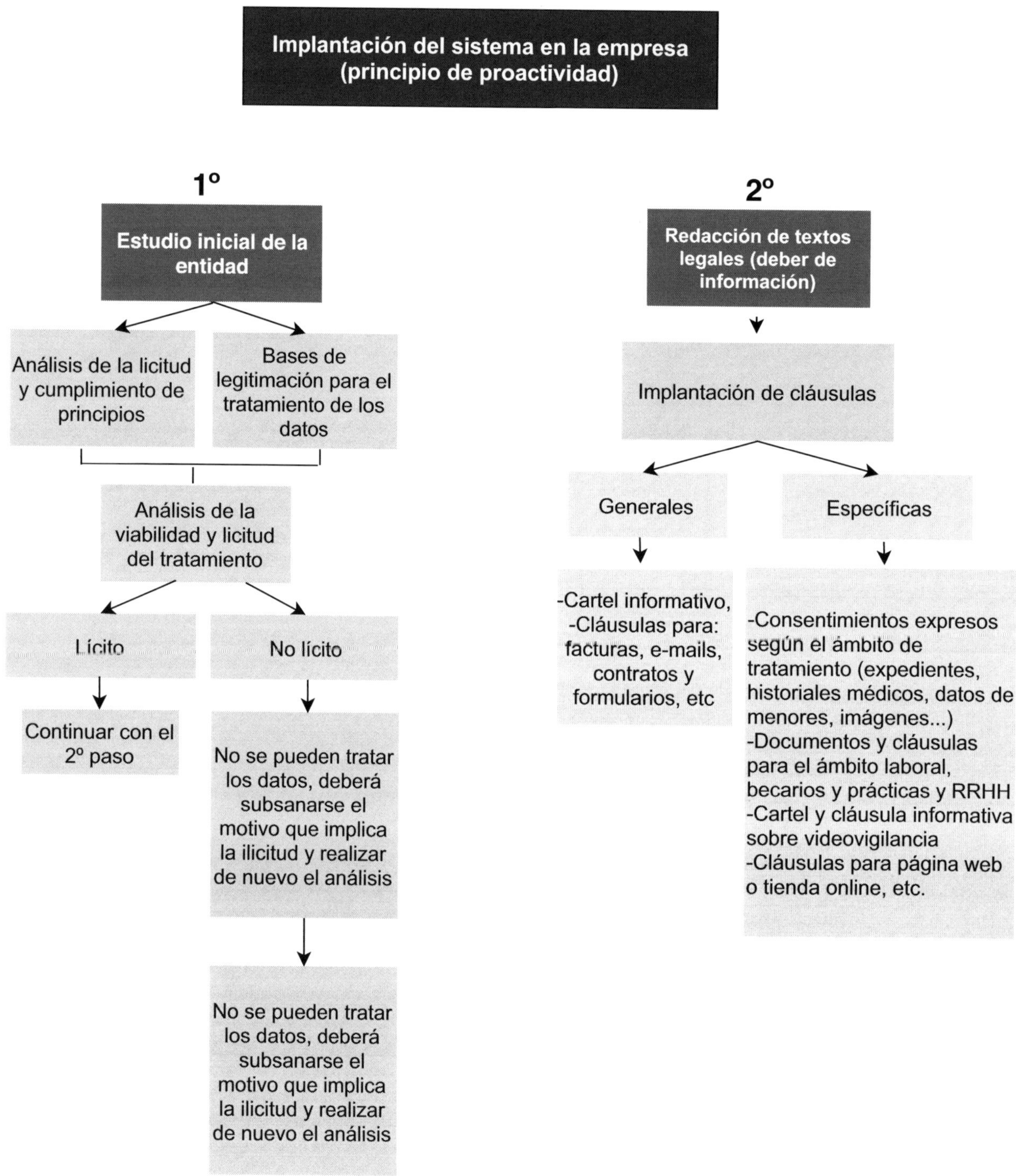

1. Pasos para la implantación del programa de protección de datos

Implantación del sistema en la empresa (principio de proactividad)

3º

Registro interno de las actividades de tratamiento

↓

recomendable siempre, pero sólo obligatorio cuando:

↓

- tratamiento entrañe riesgos
- se incluyan categorias especiales de datos
- datos de condenas e infracciones penales
- empresas con mas de 250 empleados

como Responsable del tratamiento debe contener

↓

Datos de contacto del responsable y, en su caso, corresponsable
Fines del tratamiento
Categorías de interesados y de datos
Destinatarios (cesiones y/o transferencias)
Plazos de supresión, cuando sea posible
Medidas técnicas y organizativas de seguridad o remisión a ciclos

como Encargado del tratamiento debe contener

↓

Datos de contacto del encargado y, de cada responsable por cuenta del que actúe
Categorías de tratamientos por cuenta del responsable
Transferencias internacionales, en su caso.
Medidas técnicas y organizativas de seguridad o remisión a ciclos

4º

Análisis de riesgos

Ciclo de vida de los datos

↓

1º como se capturan los datos
2º categorías de datos (sensibles, protegidos o básicos)
3º modo de almacenamiento
4º partes implicadas (activos, soportes, personal con acceso e interesados)
5º uso o tratamiento previsto
6º cesiones o transferencias
7º plazos previstos de destrucción

Identificación de amenazas

↓

tipo de riesgo según la operación de tratamiento

↓

riesgo concreto

↓

medidas de seguridad

1. Pasos para la implantación del programa de protección de datos

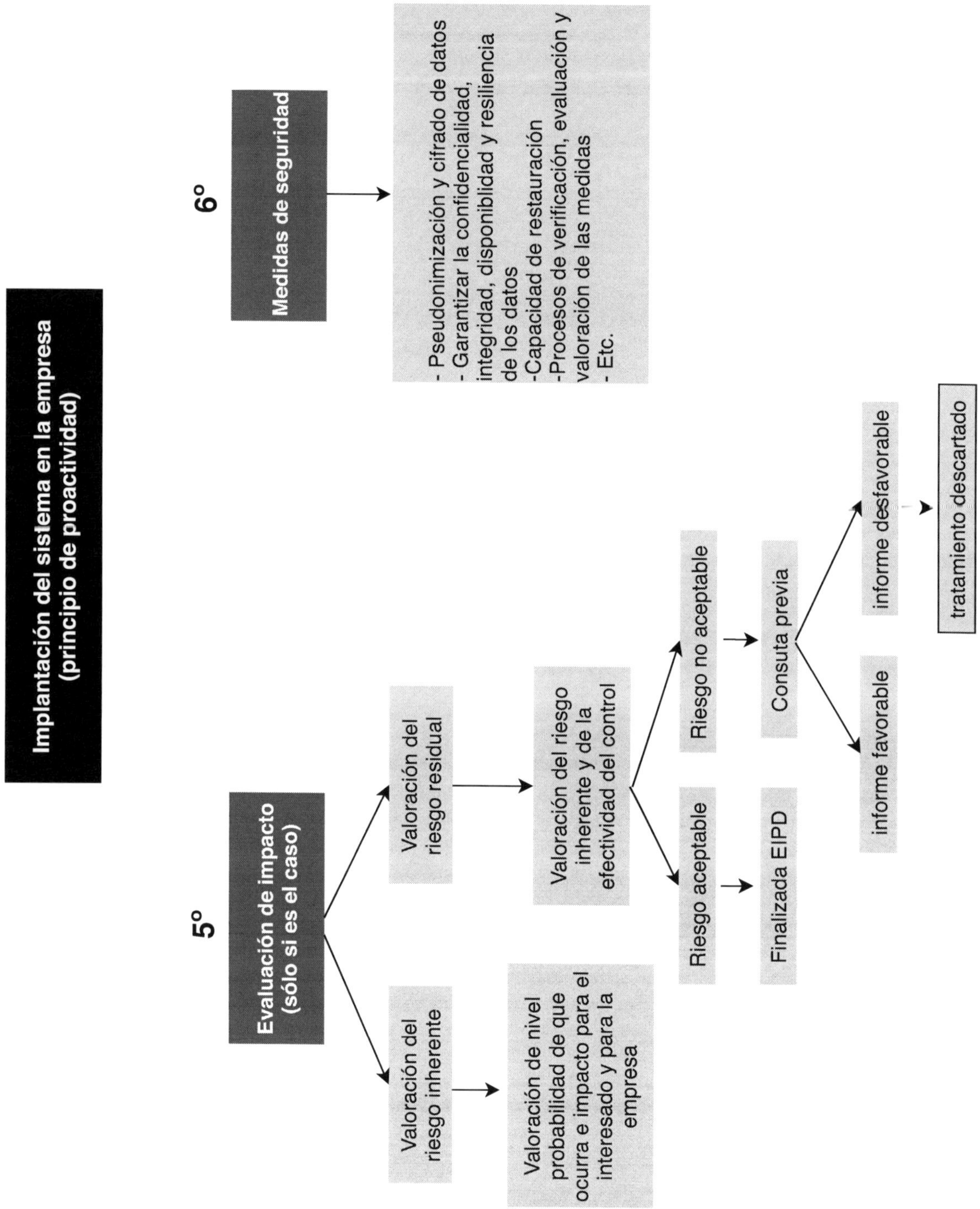

1. Pasos para la implantación del programa de protección de datos

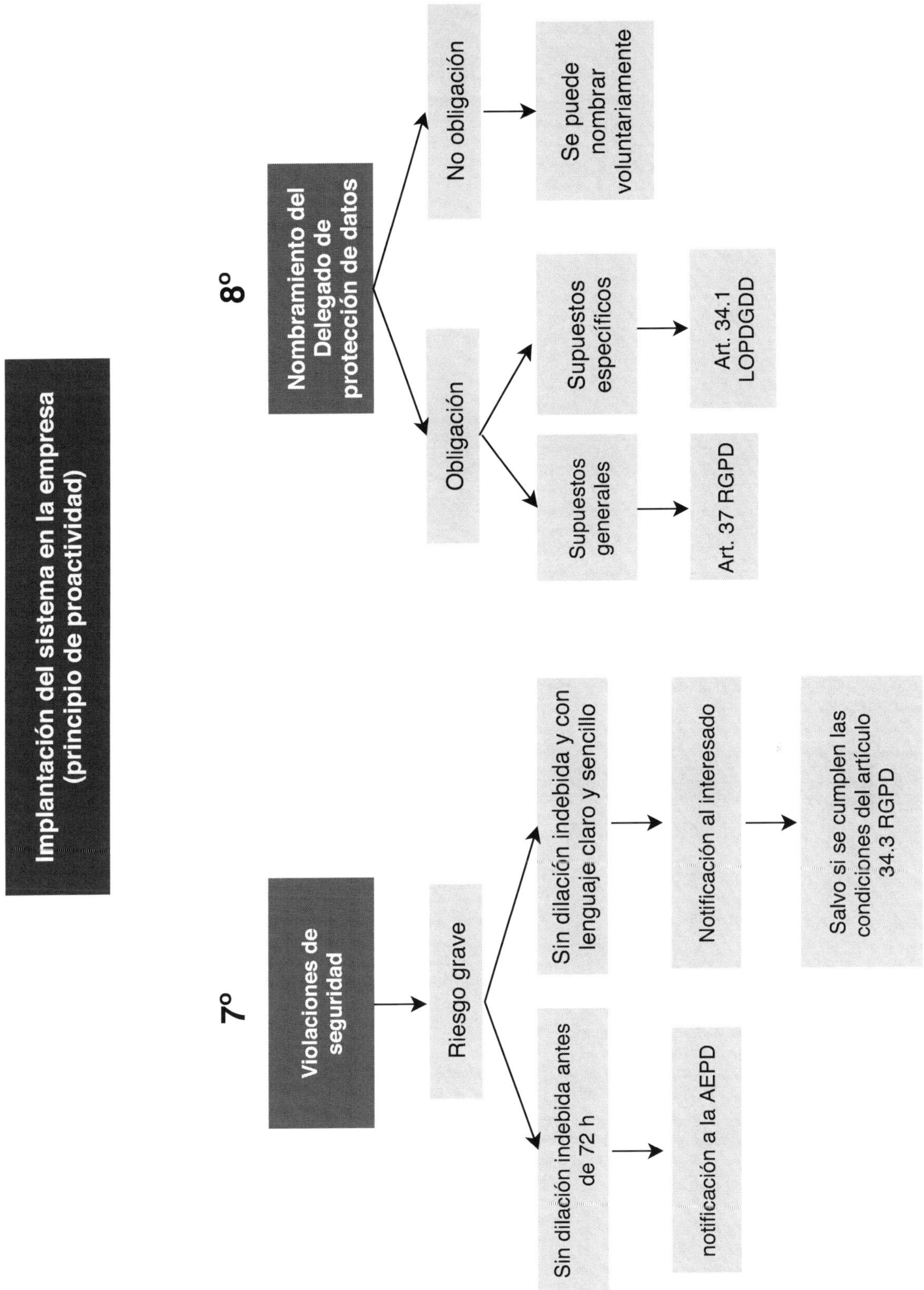

1. Pasos para la implantación del programa de protección de datos

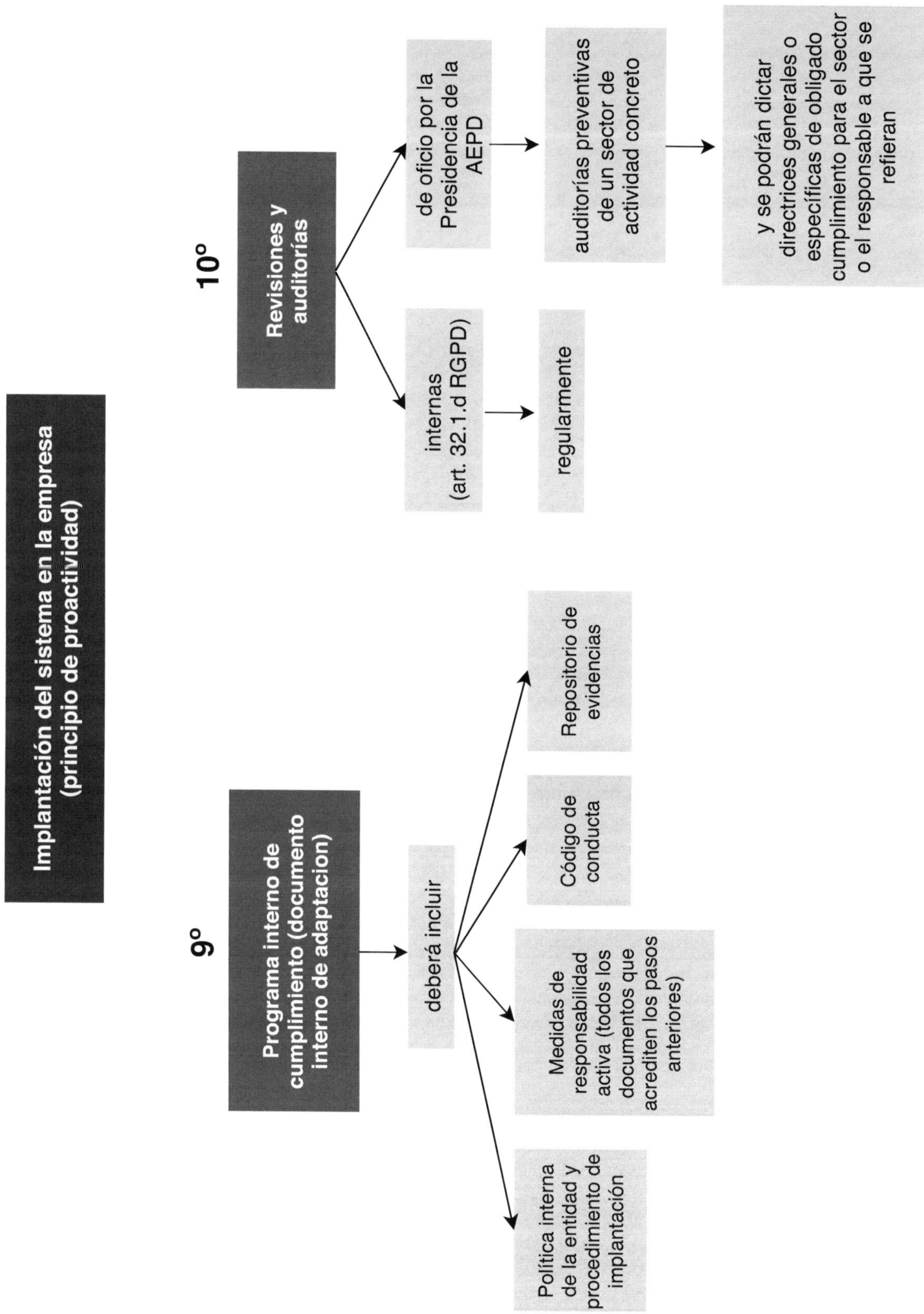

2. Posibilidad de denuncia

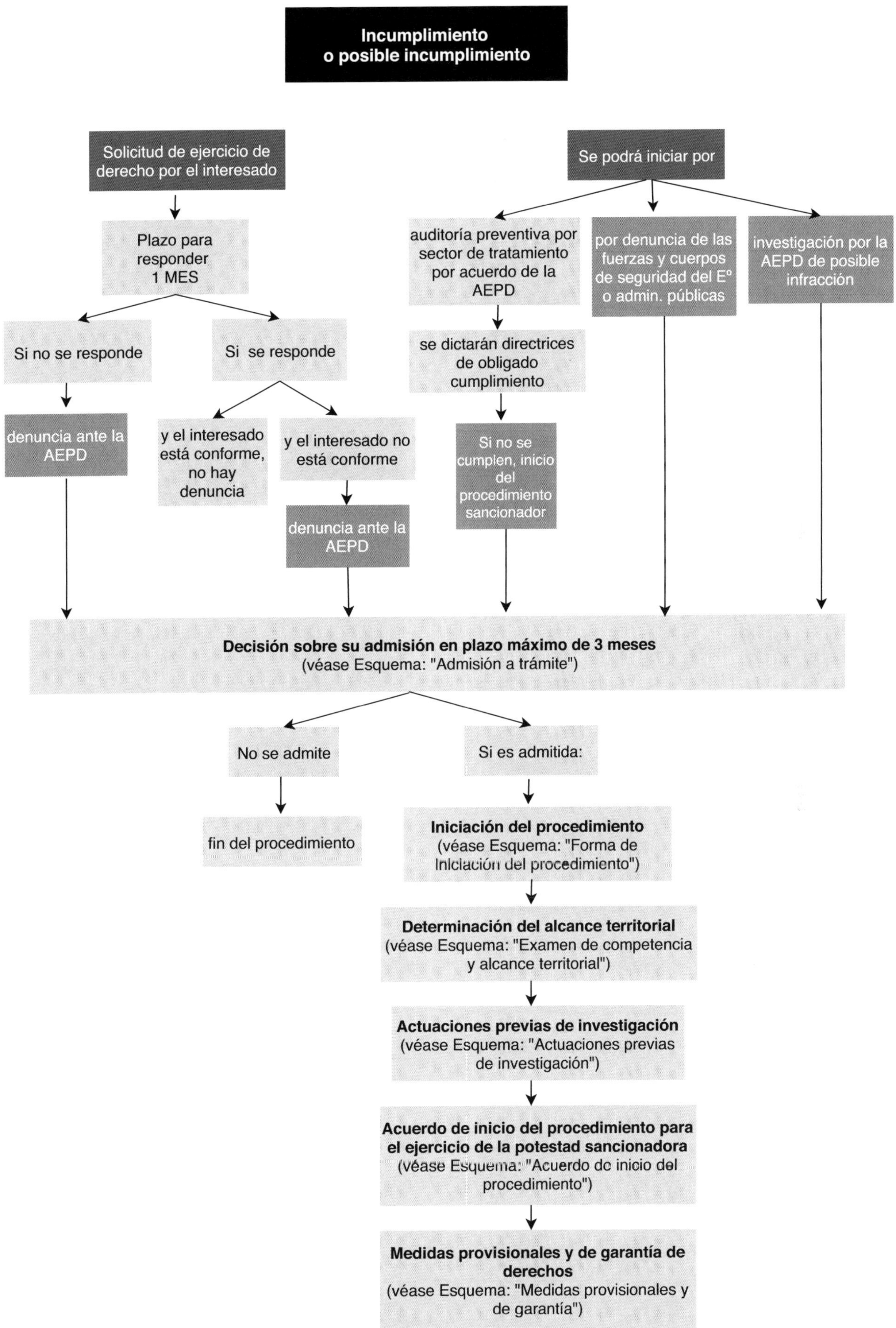

3. Procedimientos en caso de posible vulneración de la normativa de protección de datos

3.1. Forma de iniciación del procedimiento y duración

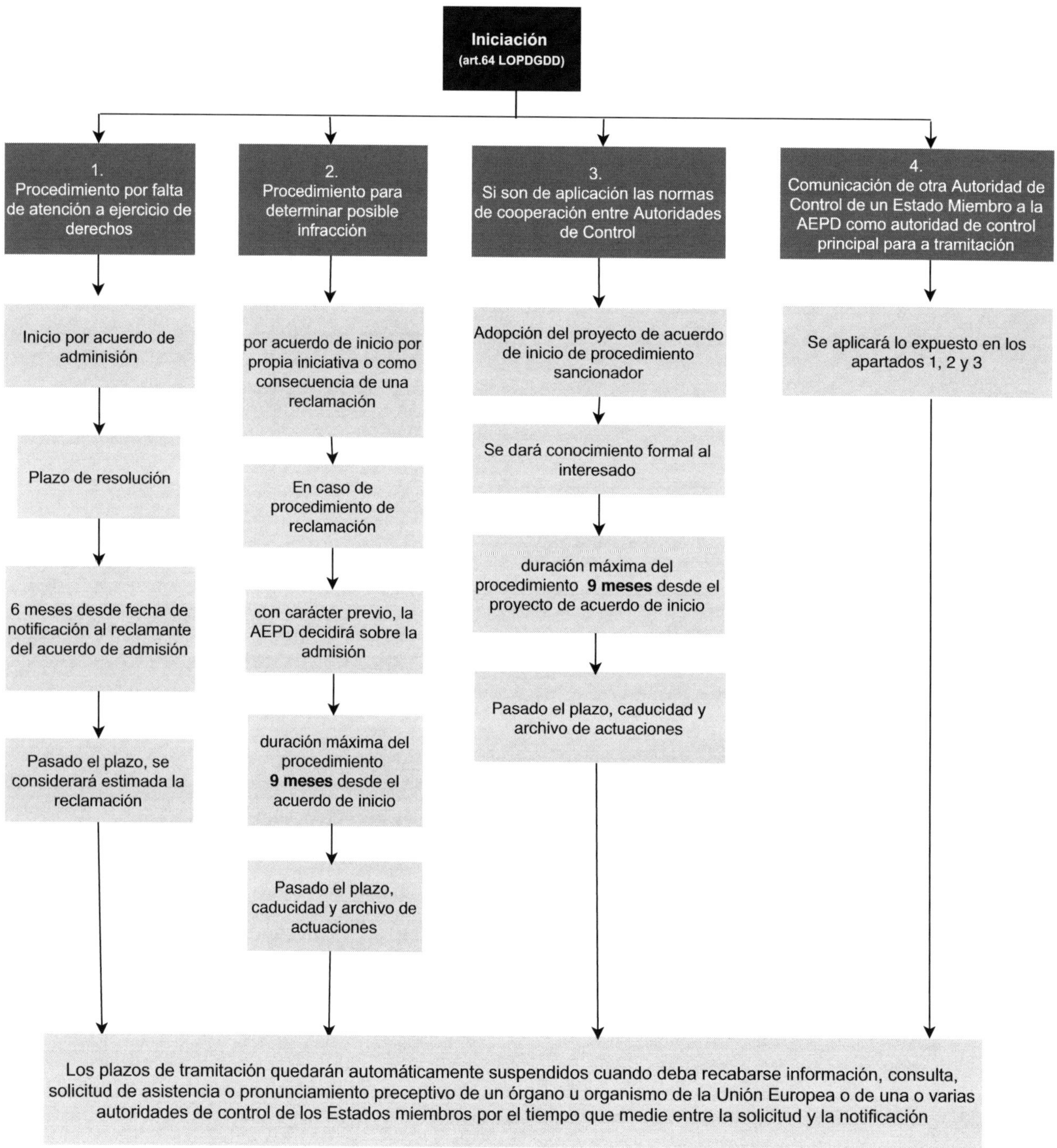

3.2. Admisión a trámite de las reclamaciones

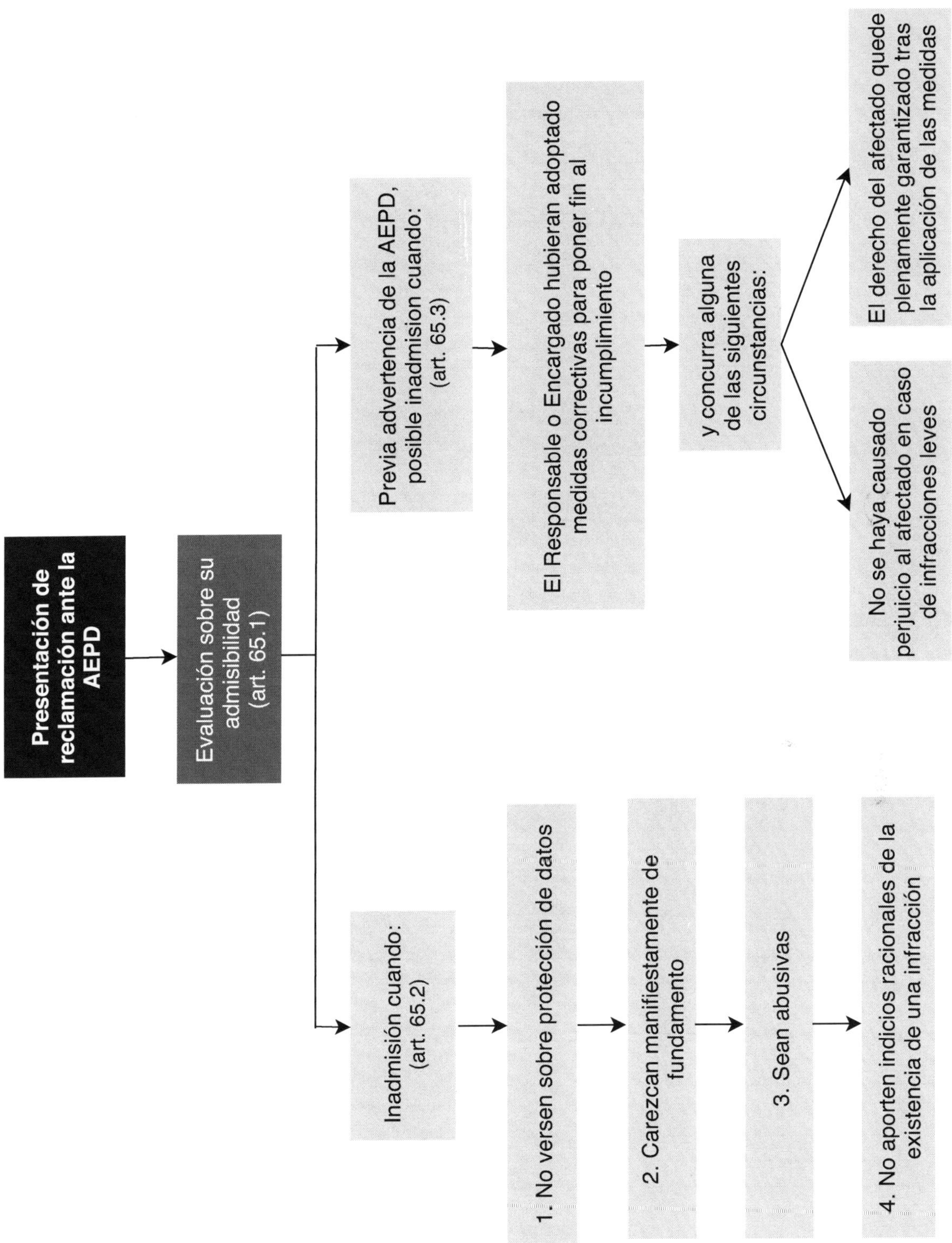

3. Procedimientos en caso de posible vulneración de la normativa de protección de datos

3.2. Admisión a trámite de las reclamaciones (continuación)

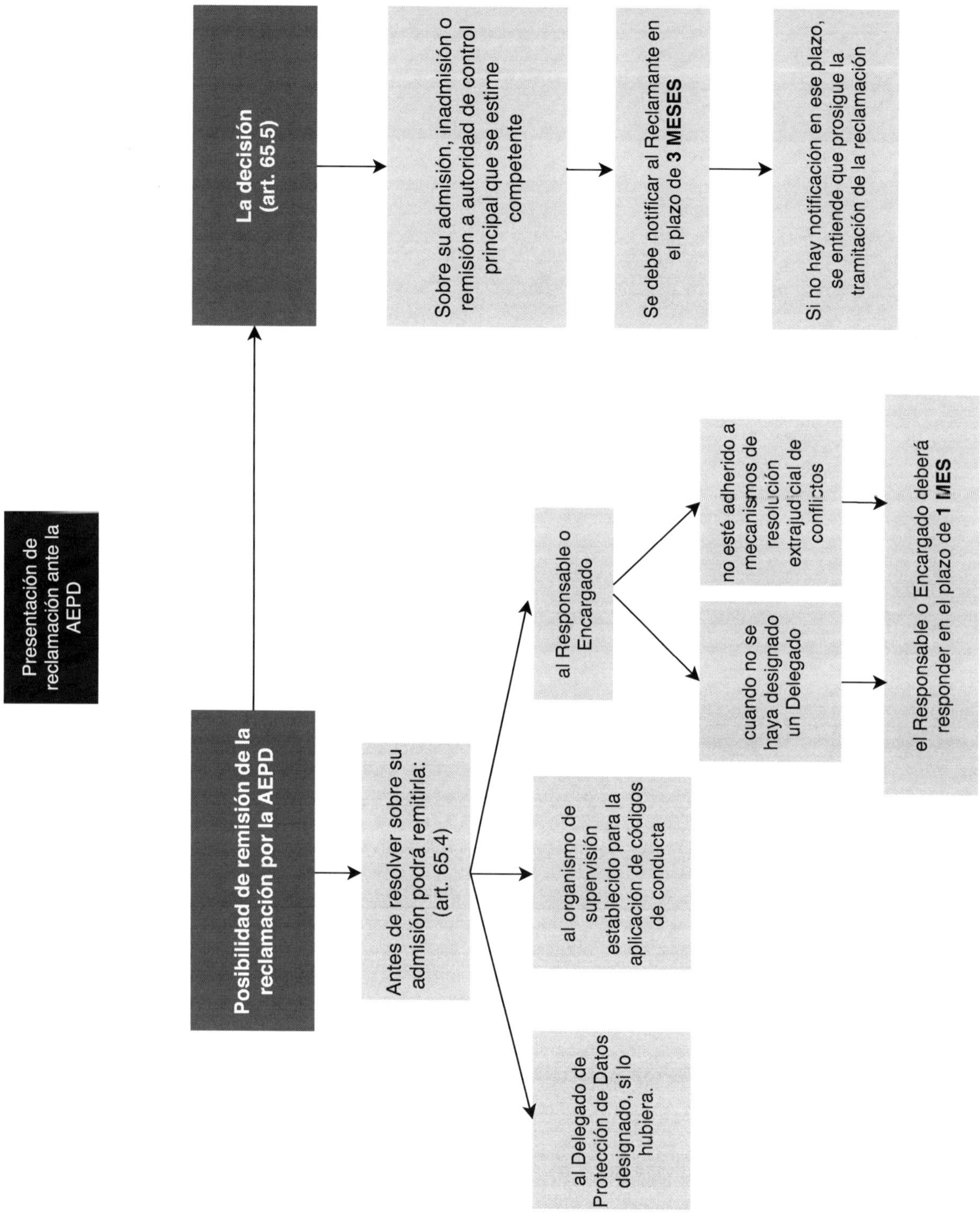

3. Procedimientos en caso de posible vulneración de la normativa de protección de datos

3.3. Determinación del alcance territorial

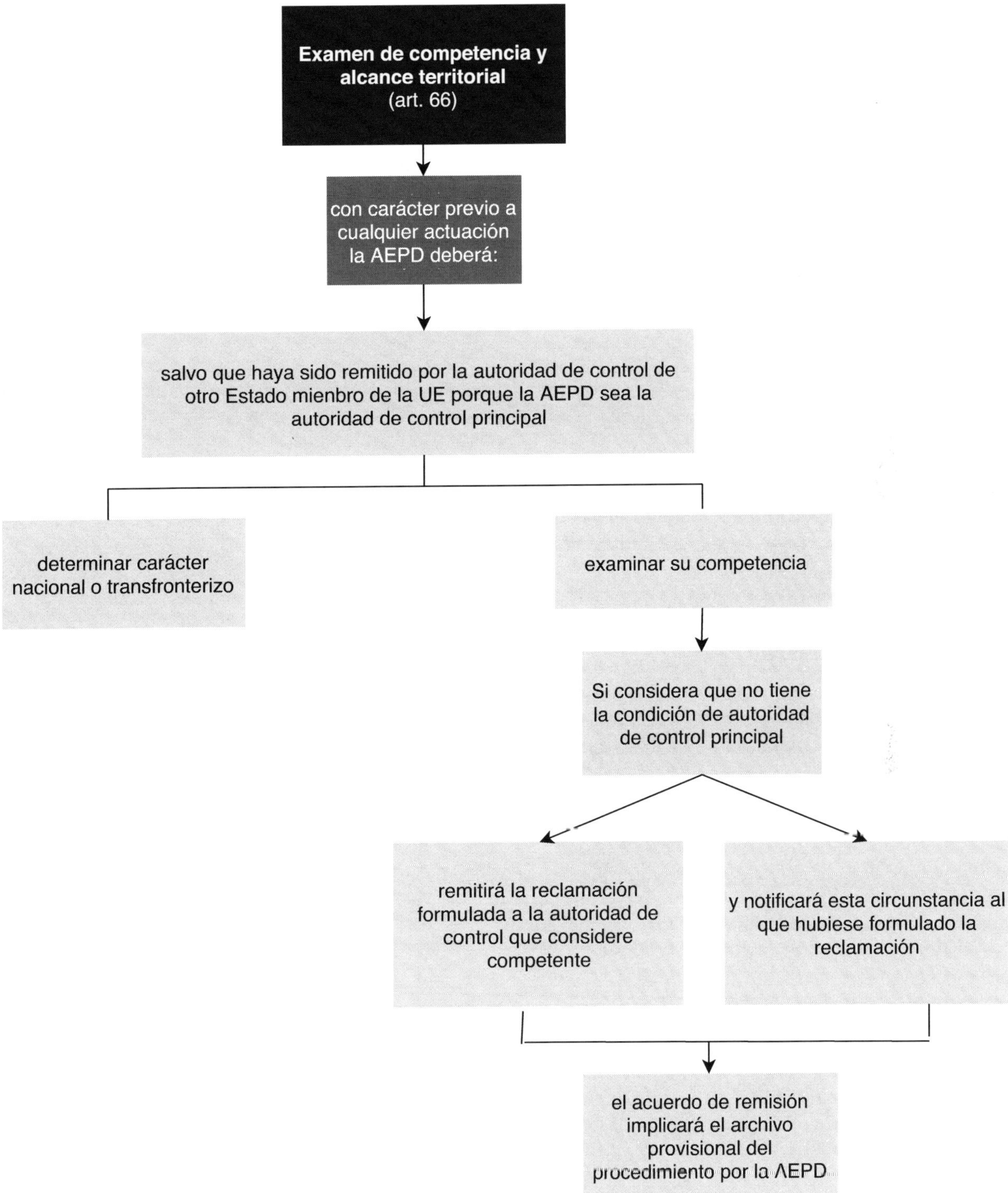

3.4. Actuaciones previas de investigación

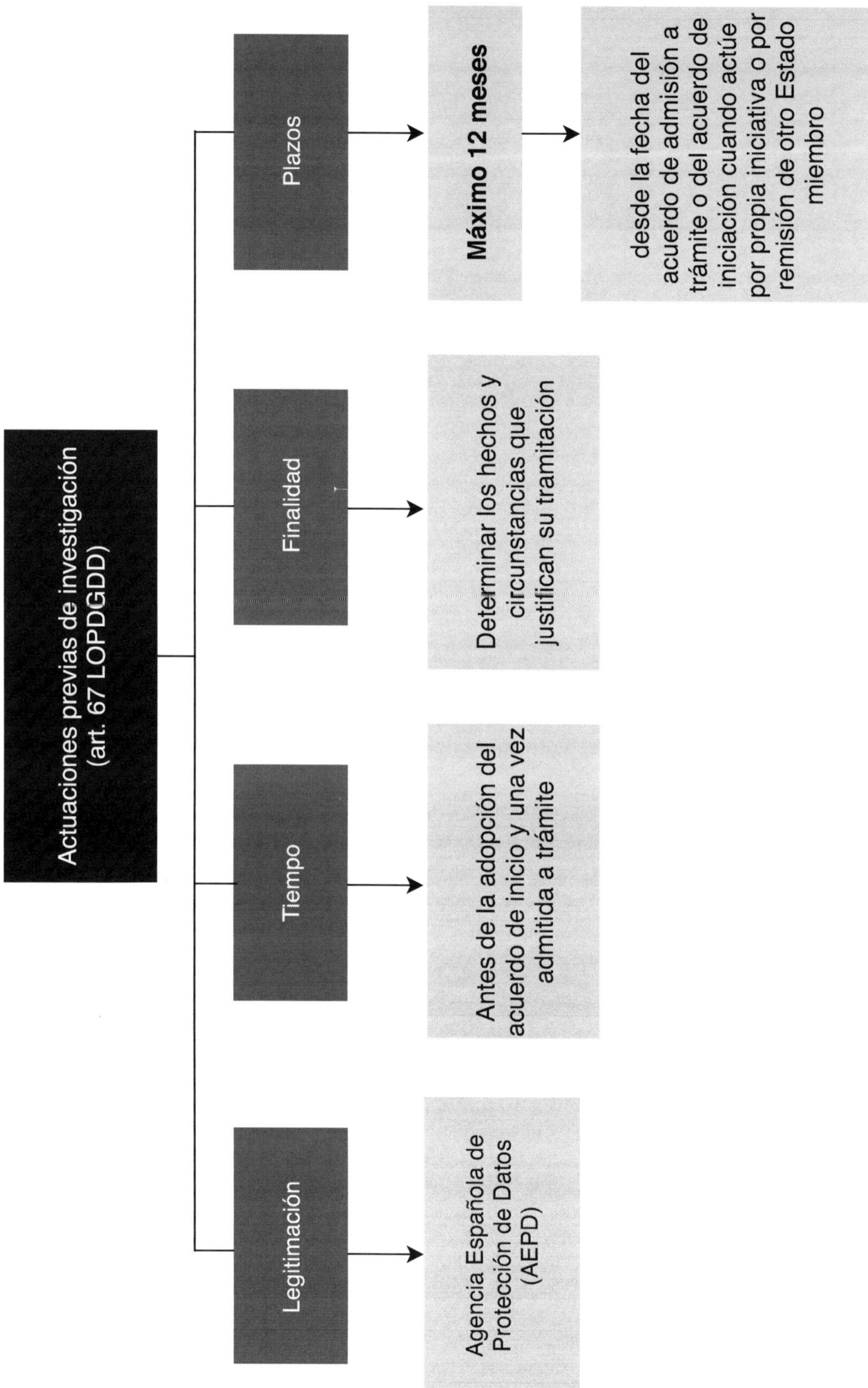

3.5. Acuerdo de inicio del procedimiento para el ejercicio de la potestad sancionadora

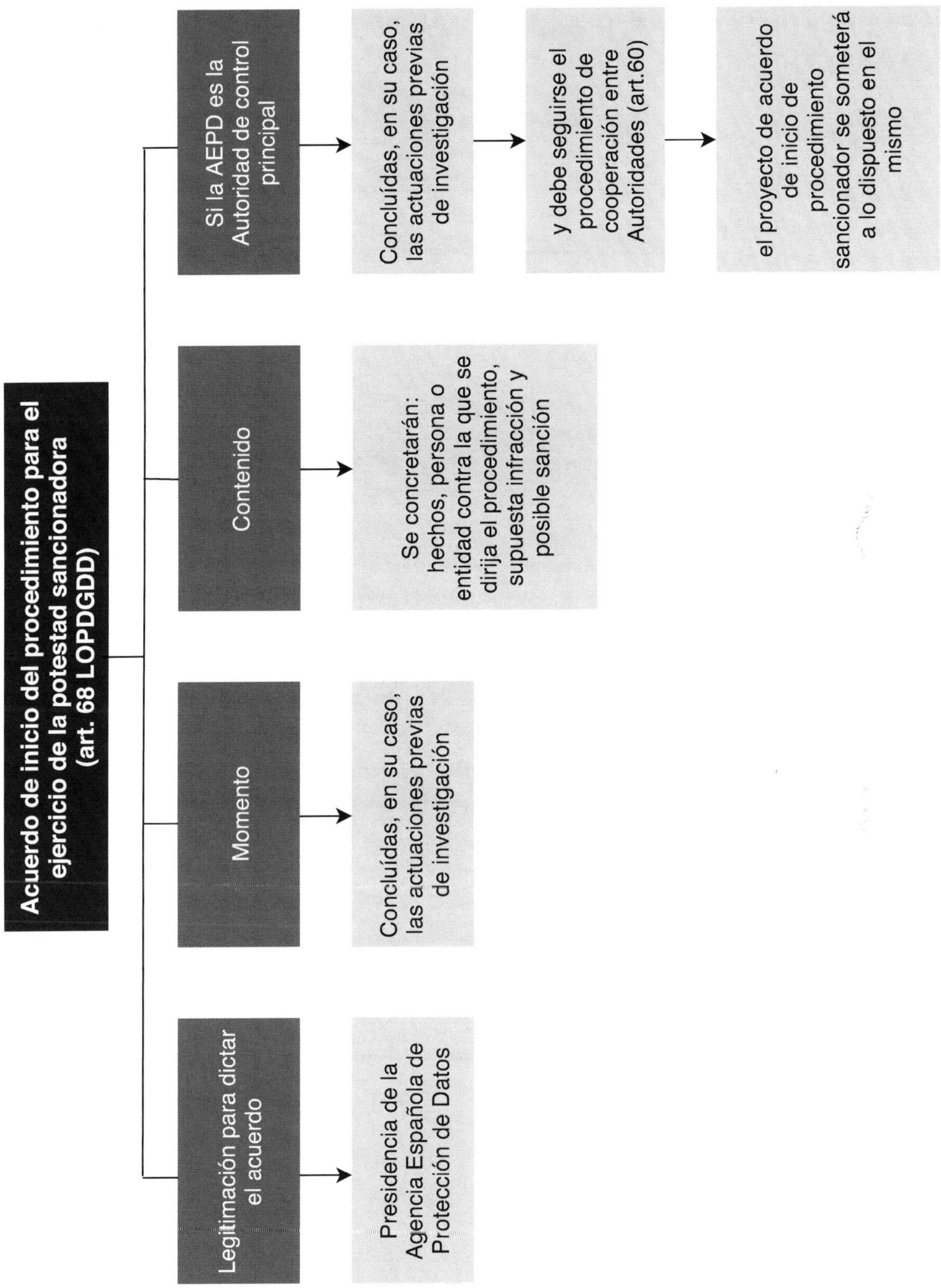

3.6. Medidas provisionales y de garantía de los derechos

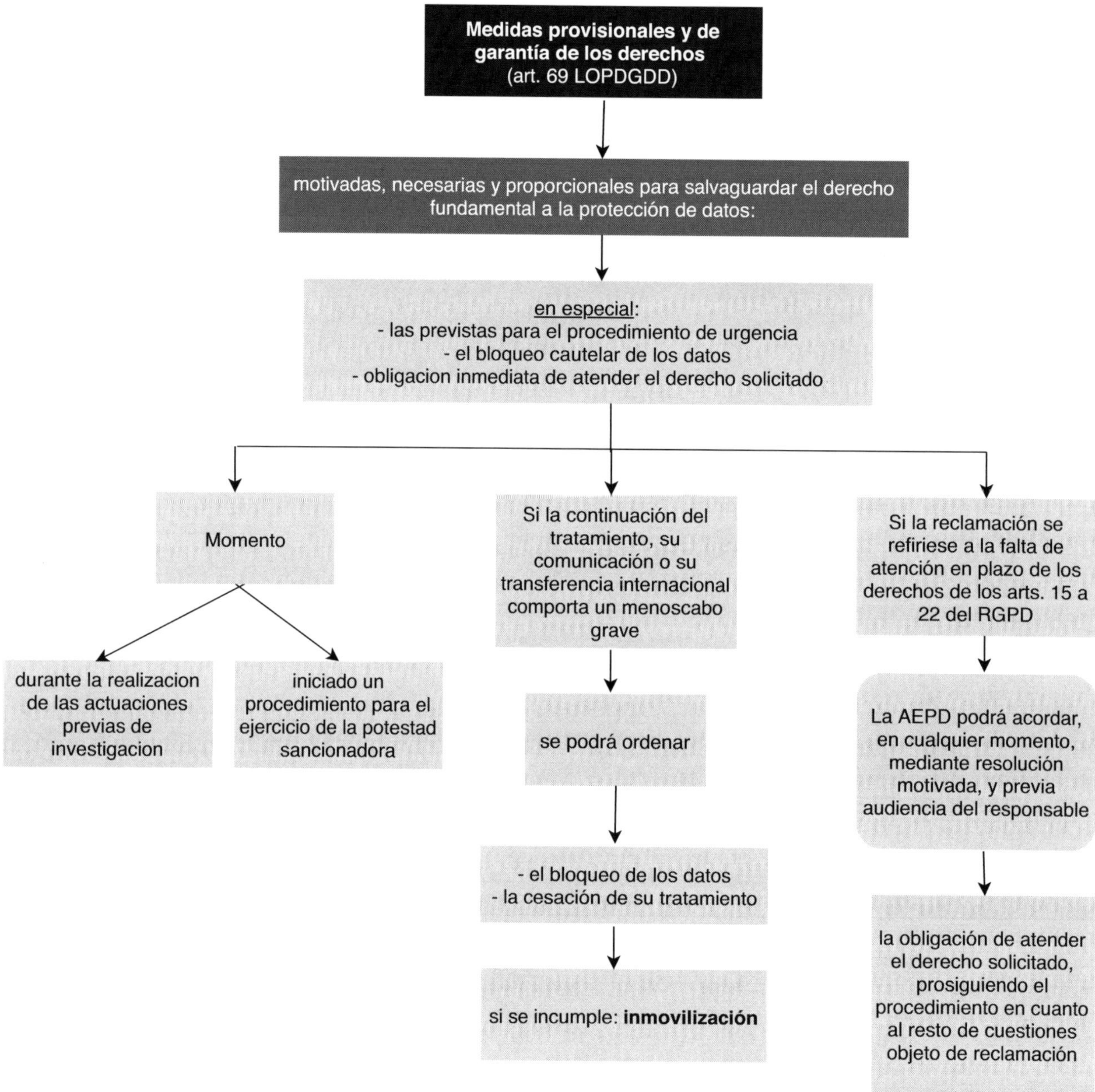

4. Régimen sancionador

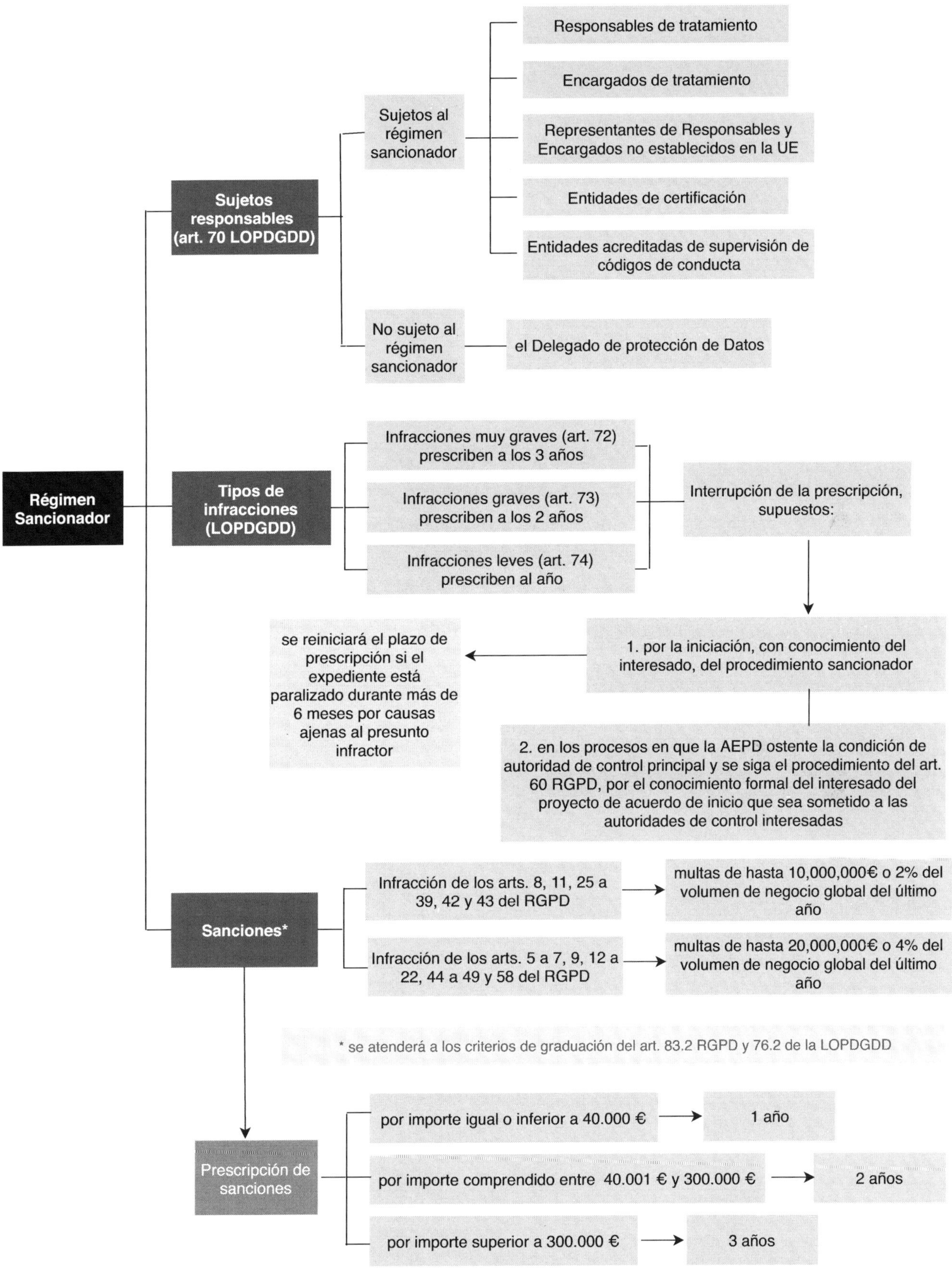

ÍNDICE ANÁLÍTICO ORDENADO ALFABÉTICAMENTE

A

C

D

ÍNDICE ANALÍTICO

E

F

G

I

L

M

N

O

ÍNDICE ANALÍTICO

P

R

S

T

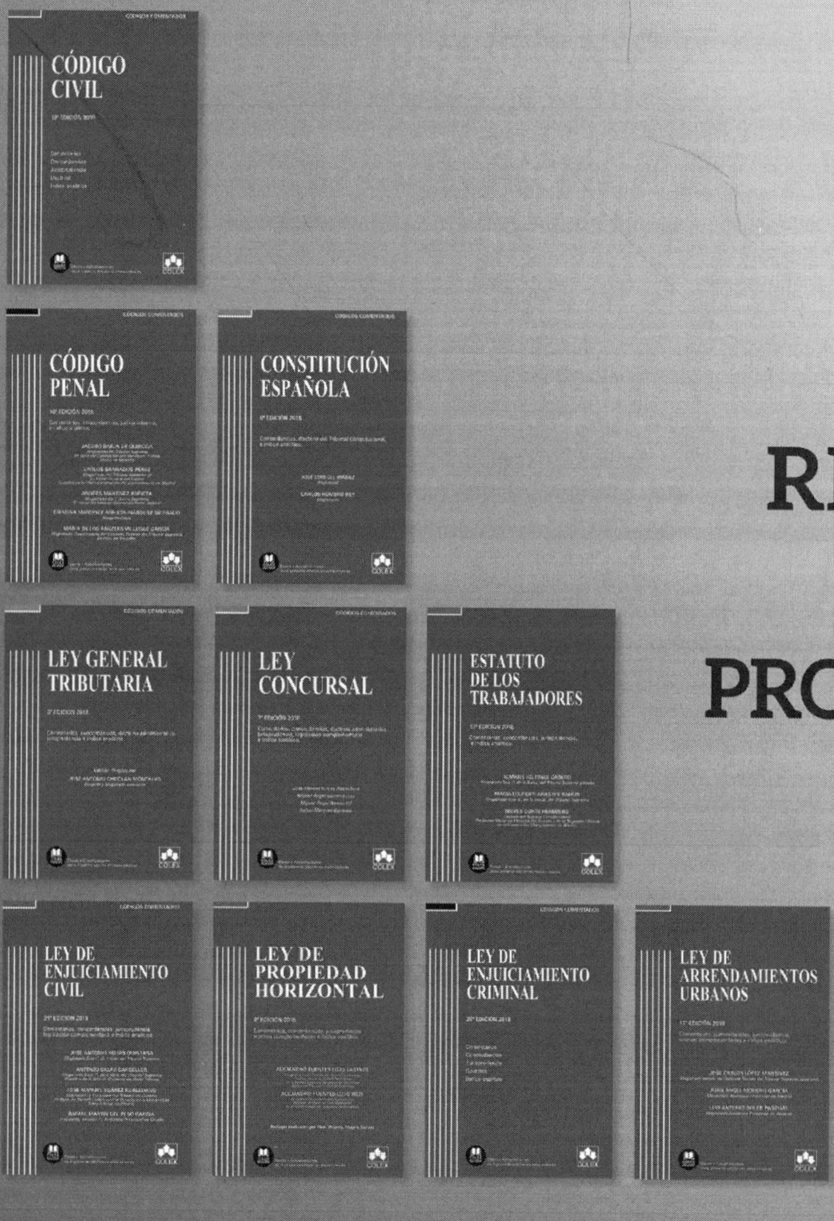
CÓDIGO CIVIL
CÓDIGO PENAL
CONSTITUCIÓN ESPAÑOLA
LEY GENERAL TRIBUTARIA
LEY CONCURSAL
ESTATUTO DE LOS TRABAJADORES
LEY DE ENJUICIAMIENTO CIVIL
LEY DE PROPIEDAD HORIZONTAL
LEY DE ENJUICIAMIENTO CRIMINAL
LEY DE ARRENDAMIENTOS URBANOS